V&R

Matthias Franz / André Karger (Hg.)

Angstbeißer, Trauerkloß, Zappelphilipp?

Seelische Gesundheit bei
Männern und Jungen

Vandenhoeck & Ruprecht

Mit 9 Abbildungen und 9 Tabellen

Bibliografische Information der Deutschen Nationalbibliothek
Die Deutsche Nationalbibliothek verzeichnet diese Publikation in der
Deutschen Nationalbibliografie; detaillierte bibliografische Daten sind
im Internet über http://dnb.d-nb.de abrufbar.

ISBN 978-3-525-45243-1

Weitere Ausgaben und Online-Angebote sind erhältlich unter: www.v-r.de

Umschlagabbildung: © Sibylle Pietrek

© 2015, Vandenhoeck & Ruprecht GmbH & Co. KG,
Theaterstraße 13, 37073 Göttingen/
Vandenhoeck & Ruprecht LLC, Bristol, CT, U.S.A.
www.v-r.de
Alle Rechte vorbehalten. Das Werk und seine Teile sind urheberrechtlich
geschützt. Jede Verwertung in anderen als den gesetzlich zugelassenen Fällen
bedarf der vorherigen schriftlichen Einwilligung des Verlages.
Printed in Germany.

Satz: SchwabScantechnik, Göttingen
Druck und Bindung: ⊕ Hubert & Co GmbH & Co. KG,
Robert-Bosch-Breite 6, 37079 Göttingen

Gedruckt auf alterungsbeständigem Papier.

Inhalt

Matthias Franz und André Karger
Seelische Gesundheit von Männern und Jungen –
eine Einführung 7

Peter Schneider
Männerkrankheiten. Bemerkungen zur sozialen Konstruktion
psychopathologischer Kategorien 19

Peter Angerer
Arbeitsstress bei Männern – Möglichkeiten der Prävention   28

Johannes Siegrist
Männliches Leiden an der Arbeitswelt – Ursachen, Folgen,
Lösungsansätze 45

Heino Stöver
Risikolust am Rausch – doing gender with drugs! 60

Anne Maria Möller-Leimkühler
Gut getarnt ist halb gewonnen? Depression bei Männern 88

André Karger
Gewalt macht krank. Ein Thema (auch) für Männer?
Einige Gedanken über den gesellschaftlichen Umgang mit der
Geschlechterspezifität von (partnerschaftlicher) Gewalt 105

Christoph Schwamm
Westdeutsche Männer in stationärer Psychotherapie bis 1990.
Überlegungen zur Rolle der Vergangenheit für die psychische
Gesundheit von Männern – und was der Wilde Westen
damit zu tun hat 122

Björn Süfke und Wolfgang Neumann
Männer in der Psychotherapie – ein doppeltes Dilemma 142

Heribert Blaß
Seelische Konflikte in der männlichen Entwicklung 165

Matthias Franz
Was macht den männlichen Rollenkäfig
so stabil? 179

Manfred Endres
Gewaltbereite Jugendliche – eine therapeutische
Herausforderung 207

Bernhard Stier
ADHS – warum zappelt Philipp? 219

*Marianne Leuzinger-Bohleber, Katrin Luise Laezer,
Inka Tischer und Birgit Gaertner*
Beschleunigte Jungen – was tun? Zu ausgewählten
Ergebnissen der Frankfurter ADHS-Wirksamkeitsstudie 239

Die Autorinnen und Autoren 269

Matthias Franz und André Karger

Seelische Gesundheit von Männern und Jungen – eine Einführung

Psychotherapeutische Praxen und Kliniken sind ja so etwas wie gesellschaftliche Frühwarnsensoren für die Haarrisse zwischen individuellem Leid und kollektiven Normierungsprozessen. Therapeutinnen und Therapeuten spüren in der Vertraulichkeit ihrer Arbeit schon länger, dass auch Männer unter den Anforderungen des immer noch wirkmächtigen traditionellen männlichen Rollenbildes leiden – und dass sie beginnen, sich im Gespräch zu öffnen und sich in ihrer Bedürftigkeit zu zeigen. Seit etwa zehn Jahren besteht auch in der Öffentlichkeit ein zunehmendes, wenn auch oft kontroverses Interesse an Männerthemen, an der Männerrolle und den mit ihr verbundenen Herausforderungen und Risiken.

Dieser Trend ist inzwischen in eine breite gesellschaftliche Diskussion um den Mann und unsere Männerbilder übergegangen. Und wie so oft, wenn es um Identitätsfragen geht, werden in dieser Diskussion wissenschaftliche Fakten und Befunde nicht immer sofort wahrgenommen. Auch wenn Forschung und Wissenschaft zuweilen instrumentalisiert werden, können uns ihre Ergebnisse helfen, die Kränkungseskalationen oder ideologisch motivierte wechselseitige Schuldzuweisungen, welche die Geschlechterfrage erfahrungsgemäß begleiten, zu begrenzen.

Unser Buch greift deshalb das umstrittene Männerthema aus wissenschaftlicher Sicht auf. Es beschäftigt sich mit der sozialen Konstruktion der Männerrolle und am Beispiel der seelischen Gesundheit von Männern und Jungen mit den erheblichen Risiken, die mit ihr verknüpft sind. Denn: Auch Männer haben eine Seele! Das ist kein larmoyanter Vorwurf an die feministische Adresse, sondern eine dringend notwendige Erinnerung, die sich an die Männer richtet, die immer noch viel zu oft unter Verleugnung ihrer seelisch-emotionalen Bedürfnisse mit rollenkonformer schweigsamer Härte gegen sich und andere so tun, als ob alles in Ordnung wäre – obwohl es schon lange brennt.

Peter Schneider analysiert in seinem einleitenden Beitrag zunächst die Mechanismen der sozialen Konstruktion und Funktionalität psychopathologischer Kategorien von Männlichkeit am Beispiel der Homosexualität, die vor hundert Jahren noch als Devianz galt, mittlerweile den heterosexuellen Beziehungen weitgehend gleichgestellt ist. Soziale Konstruktionsprozesse sind nicht nur für die Definition von Krankheiten bedeutsam, sie definieren das, was als männlich zu gelten hat. Auch Walter Hollstein beschrieb beispielsweise den in den letzten Jahrzehnten und sich abschwächend bis heute stattfindenden Prozess der projektiven Devaluierung von Männlichkeit. Als gesellschaftliche Folgen benennt er – unter Rückgriff auf empirische Daten – Identitätsstörungen, Verhaltensauffälligkeiten, depressive Symptome, die Zunahme männlicher Suizide (bei gleichzeitiger Reduktion der weiblichen), Vandalismus, Gewalt sowie die Körperkrise von – vor allem – jüngeren Männern. Er stellt die Frage nach einer »Rekonstruktion von Männlichkeit« und danach, was für unsere heutige Zeit Männlichkeit bedeutet und sein kann.

Der Männergesundheitsbericht 2013 der Stiftung Männergesundheit sieht ebenfalls Anzeichen dafür, dass psychische Erkrankungen bei Männern ansteigen – mit deutlichen gesundheitsökonomischen Folgen für Arbeitsunfähigkeit und betriebliche Fehltage. Angesichts der im Vergleich zu Frauen bei uns deutlich höheren Vollerwerbsquote von Männern ist beruflicher Stress ein Thema besonders für die Gesundheit von Männern – wie Belastung durch Familienarbeit immer noch ein vorwiegend weiblich besetztes Thema ist.

In den Ländern der EU existiert von Ausnahmen abgesehen ein bemerkenswert starker Zusammenhang zwischen dem Bruttoinlandsprodukt (BIP) und der Vollerwerbsquote von Frauen: Je höher das BIP pro Kopf, umso niedriger die Vollerwerbsquote der Frauen. Je ärmer ein Land, umso höher die Vollerwerbsquote der Frauen. Im Mittel beträgt die Vollerwerbsquote bei Frauen in Europa 68,4 %, in Deutschland 54,2 %. Das sieht für die Männer noch anders aus. Gleichgültig, wie reich oder wie arm ein Land ist, die Quote für Vollzeitberufstätigkeit beträgt bei den Männern etwa 90 %. Das gilt auch und besonders für Väter. Bei ihnen liegt die Vollerwerbsquote in Deutschland bei 95 %, bei den Müttern etwa bei 30 % (Keller u. Haustein, 2012). Aus diesen arbeitsweltlichen Konstellationen können psychosomatische und psychische Belastungen auch für Männer erwachsen.

Zwei Beiträge dieses Buches beleuchten deshalb arbeitsweltliche Einflüsse auf die Gesundheit und die psychische Beeinträchtigung von Männern. Peter Angerer zeigt auf, dass die Empfindlichkeit gegenüber Stress bei Männern und Frauen unterschiedlich ausgeprägt ist. Männer reagieren zum Beispiel unter experimentellen Bedingungen mit stärkeren körperlichen Stressanzeichen, während Frauen stärker emotional, etwa mit Angst oder Trauer, reagieren. Männer reagieren aber auch anders als Frauen auf arbeitsweltlich vermittelten Stress. Aufgrund dieser Beobachtungen folgert Angerer, dass Interventionen zur Verbesserung psychosozialer Arbeitsbedingungen und zur Prävention individueller Stressreaktionen auf geschlechtsspezifische Unterschiede eingehen sollten. Der Autor stellt beispielhaft ein Stressbewältigungsprogramm vor, das sich ausschließlich an Männer richtet, und zieht Schlussfolgerungen für eine spezifisch männliche Stressprävention.

Johannes Siegrist beschreibt in seinem Beitrag die positiven und negativen Aspekte beruflicher Arbeit, von denen Männer in modernen Gesellschaften, so auch in Deutschland, stärker betroffen sind als Frauen (höhere Erwerbstätigenquote, längere Erwerbsbiografie, höhere Prävalenz von Risikoberufen, Zentralität des Berufs für soziale Identität und Geschlechtsrolle). Er sieht vor dem Hintergrund zunehmend verkürzter Innovationszyklen und der Globalisierung neben entlastenden positiven auch negative, Stress auslösende Auswirkungen, beispielsweise aufgrund von Leistungsverdichtung und gesteigerter Instabilität und Diskontinuität von Beschäftigungsverhältnissen. Epidemiologische Studien zeigen für Männer eine insgesamt hohe arbeitsbedingte Krankheitslast. Siegrist belegt dies anhand ausgewählter neuer Befunde zu gesundheitlichen Folgen von Arbeitslosigkeit und betrieblicher Restrukturierung sowie von psychosozialen Arbeitsbelastungen. Letztere wurden anhand des Anforderungs-Kontroll-Modells und des Modells beruflicher Gratifikationskrisen erfasst. Im Zentrum stehen dabei Depressionen und Herz-Kreislauf-Krankheiten sowie Risiken krankheitsbedingter Frühberentung. Aus diesen Erkenntnissen leitet der Autor spezifische praktische Folgerungen für die primäre und sekundäre Prävention ab. Exemplarisch skizziert er Erfolg versprechende Lösungsansätze. Angesichts der Notwendigkeit, mit derartigen Maßnahmen auch die soziale Ungleichheit von Krankheit und frühem Tod in der männlichen Erwerbsbevölkerung zu reduzieren, fordert er eine Stärkung betrieblicher Gesundheitsförderung durch arbeits- und sozialpolitische Programme auf nationaler Ebene.

Seelisches Leid bei Männern stellt immer noch ein Tabuthema dar. Daran können auch diagnostische Rituale und rollenverzerrte Wahrnehmungsroutinen der Medizin beteiligt sein, die zu einer Unterschätzung der Häufigkeit und Ausprägung psychosozial bedingter Beschwerden bei Männern führen (Sieverding u. Kendel, 2012). Laut einer aktuellen Erhebung des Robert Koch-Instituts sind Frauen von fast allen psychischen Erkrankungen deutlich häufiger betroffen als Männer. Es gibt zwei Ausnahmen: die Alkoholerkrankung und den Suizid. Fast jeder fünfte Mann hat dieser Studie zufolge Alkoholprobleme. Sie sind bei Männern viermal, Suizide schon bei Jungen und Männern etwa dreimal so häufig wie bei Mädchen und Frauen. Niemand weiß wirklich, warum das so ist. Wieso eigentlich nicht?

Wenn man sich die geringeren Häufigkeiten diagnostizierter Depressionen und Angsterkrankungen bei Männern (Wittchen u. Jacobi, 2012) vergegenwärtigt, könnte man allerdings auf den Gedanken kommen, dass sich nicht wenige Männer mittels Alkohol vor der verunsichernden Wahrnehmung von Gefühlen wie Niedergeschlagenheit und Angst zu schützen versuchen. Andererseits sind Alkohol- und Drogenkonsum wesentliche Determinanten der Inszenierung und Konstruktion von traditioneller Maskulinität. Dies beschreibt Heino Stöver in seinem Beitrag. Denn der »berauschte Mann« drogiert nicht nur seine Belastungen und Gefühle, er stellt das Phantasma der Männlichkeit auch aktiv mittels der Droge her. »Doing gender with drugs« auch in der aktiven, performativen Dimension zu verstehen, ist eine wichtige Voraussetzung für geeignete Präventions- und Therapiekonzepte.

Die Normen traditioneller Maskulinität fördern die Abwehr der Wahrnehmung von Stress und psychischen Problemen, aber auch der Inanspruchnahme von therapeutischen Hilfen. Immer noch sind zwei Drittel der Klientinnen und Klienten in Psychotherapie weiblich. Anne Maria Möller-Leimkühler beschreibt in ihrem Beitrag die

Bedeutung der männlichen Rollenbilder nicht nur für die Wahrnehmung und den Umgang mit depressiven Symptomen, sondern auch für die Konstruktion der Depression. Denn die Depression wird bei Männern oft unterdiagnostiziert und deshalb unterbehandelt, weil Ärzte und Ärztinnen ihre Patienten oft gar nicht nach depressiven Beschwerden fragen und Fragebogeninstrumente bestimmte Symptommuster wie Ärgerattacken, Suchtmittelgebrauch und Irritabilität nicht angemessen abbilden. Der diagnostische Blick unterliegt einer genderspezifischen Verblindung, da Gefühlskrankheiten weiblich ausgedeutet werden.

Auch die gesellschaftliche und gesundheitspolitische Wahrnehmung von partnerschaftlicher (häuslicher) Gewalt unterliegt einer genderspezifischen Fehlwahrnehmung. André Karger zeigt in seinem Beitrag, dass trotz entsprechender empirischer Befunde immer noch der »Mann als ewiger Gewalttäter« gilt und männliche Gewaltopfererfahrung als relevantes Problem kaum gesellschaftlich ernst genommen wird. Solche Täter-Opfer-Dichotomien verstellen den Blick auf die komplexe Dynamik von gewaltsamen Beziehungen im sozialen Nahraum und verunmöglichen einen angemessenen Umgang mit Gewaltphänomenen innerhalb der Gesellschaft.

In der Psychotherapie entwickelt sich seit etwa zwei Jahrzehnten eine erhöhte Sensibilität für die seelischen Beeinträchtigungen und Bedürfnisse von Männern und Jungen. Männlichkeitsleitbilder, Geschlechterarrangements oder die Möglichkeiten und Grenzen freundschaftlicher Verhältnisse zwischen Männern beeinflussten in der Vergangenheit nicht bloß deren seelische Gesundheit, sondern bestimmten auch, was als psychisch gesund und was als männlich galt und was nicht. Dies belegt Christoph Schwamm anhand qualitativer historischer Untersuchungen und erschütternder Fallbeispiele. Auf der Grundlage von Behandlungsberichten aus der Psychiatrischen Universitätsklinik Heidelberg und dem späteren Zentralinstitut für Seelische Gesundheit in Mannheim verdeutlicht der Autor den heute erschreckend wirkenden Umgang mit psychisch kranken Männern noch in der Mitte des 20. Jahrhunderts. Er zeigt, wie die seelische Gesundheit von Männern und die Therapie von psychischen Störungen von den historischen Veränderungen seit dem Zweiten Weltkrieg geprägt waren. Neben den veränderten Anforderungen an

Männer geht er auch auf den Wandel in Therapie und Krankheitskonzeptionen ein – sowie auf das Fortbestehen des »Rollenkäfigs«.

Heutige Zugangsmöglichkeiten zu einer männerspezifischen Psychotherapie eröffnet der Beitrag von Björn Süfke und Wolfgang Neumann. Denn Männer sind in einer Psychotherapie mit einem Dilemma konfrontiert. Effekt männlicher Sozialisation ist gerade, dass Männer innere Konflikte im Außen, das heißt durch Externalisierung, zu lösen versuchen. In einer Psychotherapie sollen sie nun Lösungen in ihrem Inneren erarbeiten, einem Zugang, der ihnen bisher erschwert war. Männer benötigen daher ein sowohl konfrontatives wie solidarisches Setting, oft auf dem Hintergrund entsprechender Identifikationsangebote ihrer gleichgeschlechtlichen Therapeuten.

Wenngleich immer noch etwa doppelt so viele Frauen psychotherapeutisch behandelt werden wie Männer, haben doch viele psychotherapeutisch tätige Kolleginnen und Kollegen den Eindruck, dass sich Männer zunehmend öffnen und über sich, ihre Belastungen und Ängste reden wollen, anstatt sich als süchtige Selbstversorger zu betäuben. Aktuelle Umfragen zeigen zwar, dass die Nachfrage nach Psychotherapie besonders bei jüngeren Männern und Männern im mittleren Lebensalter immer noch geringer ist als bei Frauen (Kassenärztliche Bundesvereinigung, 2014). Allerdings konnte anhand der Daten der Mannheimer Kohortenstudie zur Epidemiologie psychogener Erkrankungen schon vor vielen Jahren nachgewiesen werden, dass Männer genauso häufig wie Frauen ein Psychotherapieangebot annehmen, wenn es ihnen aktiv und selbstwertprotektiv offeriert wird (Franz, 1997). Entscheidend war, ob es gelang, eine Gesprächsatmosphäre zu schaffen, in der es Männern möglich war, nicht nur über Beschwerden, sondern auch offen über sich und ihre Beziehungsprobleme zu sprechen. Vertrauen da zu schaffen, wo zwischenmenschliche Offenheit als negativ verinnerlicht wurde, erfordert aber bei den Profis die Fähigkeit zur metakommunikativen Erfassung der rollentypisch verzerrten Symptomcodes und des Übertragungsgeschehens in der Beziehung zum Patienten. Genau diese anspruchsvolle diagnostische Leistung wird in unserem Gesundheitssystem für die Männer offensichtlich noch zu selten erbracht.

Psychodiagnostische Professionalisierung und Förderung auch der interaktionellen Kompetenz wären deshalb besonders im primärärztlichen Bereich, in der Arbeitsmedizin, vielleicht auch in der Urologie gefordert, um die Weichen für die Männer in Richtung Psychotherapieakzeptanz zu stellen. Aber auch die Psychosomatische Medizin ist aufgefordert, spezifische Psychotherapieangebote zu entwickeln, die den Bedürfnissen von Jungen und Männer besser gerecht werden.

Das leider immer noch weitverbreitete Vorurteil von der angeblichen Gefühlsblindheit von Männern spricht jedenfalls nicht gegen eine Stärkung der psychotherapeutischen Behandlungsangebote auch für Männer. In einer großen Bevölkerungsstudie konnten wir zeigen, dass Schwierigkeiten im Erleben und in der Wahrnehmung von Gefühlen bei Männern nicht wirklich häufiger sind als bei Frauen. Der Anteil der Personen mit entsprechenden emotionalen Einschränkungen beträgt bei beiden Geschlechtern jedenfalls in Deutschland etwa 10 % (Franz et al., 2008). Nicht das Erleben, sondern das offene Zeigen von Gefühlen ist möglicherweise etwas, was durch den männlichen Rollenkäfig erschwert wird.

Heribert Blaß und Matthias Franz beleuchten aus psychoanalytischer Sicht mögliche Ursachen, die hierfür von Bedeutung sein können. Ihre Beiträge machen verständlich, welche entwicklungspsychologischen und psychohistorischen Prozesse die seelische Gesundheit und Identitätsentwicklung von Jungen und Männern beeinträchtigen und es ihnen bis heute schwer machen, den krank machenden Rollenkäfig zu verlassen. Im Beitrag von Heribert Blaß werden die seelischen Konflikte beschrieben, die für die männliche Entwicklung vom Kindes- bis ins späte Erwachsenenalter hinein besonders typisch sind. Ein erster, über vorsprachliche Empfindungen vermittelter Konfliktbereich betrifft den Bezug des kleinen Jungen zu seinem eigenen Körper. Während der Schwangerschaft sowie bei der Geburt und beim Stillen hat er zwar einen ebenso engen Körperkontakt zur Mutter wie das Mädchen, aber im Gegensatz zum Mädchen unterscheidet er sich anatomisch und geschlechtlich von der Mutter. Diese Tatsache kann aufseiten der Mutter zu unterschiedlichen Gefühlen führen, zum Beispiel Fremdheit oder besonderer Anziehung. Mit der eigenen Wahrnehmung von Penis und Hoden ab der zweiten Hälfte des ersten Lebensjahres kann es aufseiten des Jungen ebenfalls zu verschiedenen Reaktionen kommen: Er kann seine eigene körperliche Andersartigkeit im Vergleich zur Mutter verzichtend betrauern, aber auch mit Betonung von Stolz bis hin zur Abwertung des Weiblichen beantworten. Hier spielt der Einfluss eines emotional präsenten und verfügbaren Vaters für den Jungen eine wesentliche Rolle. Je nach seiner Anwesenheit und in Abhängigkeit vom emotionalen Verständnis der Eltern untereinander wird die weitere Einstellung des Jungen bezüglich Männlichkeit und Weiblichkeit annehmend oder ablehnend geprägt. Vor dem beschriebenen Hintergrund bleiben Männer in Bezug auf ihre Männlichkeit aber meist unsicherer als Mädchen und Frauen in Bezug auf ihre Weiblichkeit. Auch im erwachsenen Lebensalter und Alter kreisen die seelischen Konflikte vieler Männer um das passende Verhältnis von »härterer« Selbstbehauptung und »weicherem« Einfühlungsvermögen. Ungelöste innere Konflikte, die sich um das Verhältnis von körperlich-seelischer Aktivität und Passivität drehen, können sich in Angst oder Flucht vor Bindung und Vaterschaft oder in Sexualstörungen ausdrücken. Die Angst vor dem Verlust bisher gefühlter Stärke und das Annehmen schwindender Kraft wird im Alter für Männer oft konflikthafter als für Frauen. Der Autor schildert beispielhaft seine Erfahrungen aus psychoanalytisch-psychotherapeutischen Behandlungen dieser männlichen Konfliktbereiche.

Matthias Franz beschäftigt sich in seinem Beitrag mit der Frage, was den männlichen Rollenkäfig immer noch so stabil erscheinen lässt. Er benennt insbesondere drei wichtige Einflussfaktoren, die zu einer strukturellen Schwächung der männlichen Identität beitragen. Da wären zum einen die psychohistorische Jahrhundertgenealogie heute dramatisch dysfunktional wirkender metallischer Männer- und devaluierter Väterbilder bis hin zu den zunehmend deutlich werdenden Auswirkungen der im Rahmen von elterlichen Trennungskonflikten entstehenden heutigen Vaterlosigkeit. Die transgenerational wirksamen Einprägungen dysfunktionaler und abwesender Väter zusammen mit den häufig assoziierten verinnerlichten Bildern einer depressiv-bedürftigen Mutter liefern jeweils eigene Beiträge zur Entwicklung einer männlichen Scheinautonomie, eines instabilen männlichen Selbstwertgefühls mit reflexhafter Abwehr von Abhängigkeit und Emotionalität sowie zunehmender familiärer Bindungsängste vieler Männer. Zum anderen sieht der Autor die komplexere und darum gerade unter der Bedingung väterlicher Abwesenheit störungsanfälligere psychosexuelle Entwicklung des Jungen als bedeutsam für eine beeinträchtigte Identitätsentwicklung. Schließlich bringt er auch die weithin unterschätzte männliche Kastrationsangst in Zusammenhang mit männlicher Verunsicherung und kompensatorischen Reaktionsbildungen im Sinne der traditionellen Männerrolle. Abschließend untersucht er anhand von Fallbeispielen subtile weibliche Beiträge zur Stabilisierung des männlichen Rollenkäfigs. Hier kommt aus Sicht des Autors unbewussten idealisierenden Projektionen zur phantasmatischen Abwehr einer dyadischen Refusion mit der präautonomen Mutter eine besondere Bedeutung zu. Diese Konstellationen finden sich aufgrund ihrer kollektiven Verbreitung auch in typischen Übertragungskonstellationen in psychoanalytischen Behandlungen, wofür Fallbeispiele gegeben werden. Eine wertschätzende Haltung und männersensitive Wahrnehmungsbereitschaft jenseits rollentypischer Festlegungen und Idealisierungen könnten nach Ansicht des Autors auch in psychotherapeutischen Behandlungen die Suche nach männlicher Identität unterstützen.

Die Beiträge von Manfred Endres, Bernhard Stier und Marianne Leuzinger-Bohleber beleuchten die psychosomatischen Beeinträchtigungen und Verhaltensprobleme von Jungen und den therapeutischen Umgang mit ihnen an klinischen Beispielen und stellen innovative Behandlungsmöglichkeiten vor. Manfred Endres widmet sich den Herausforderungen der destruktiven Impulsivität von männlichen Jugendlichen, mit der nicht nur Therapeutinnen und Therapeuten, sondern auch Eltern, Lehrer und soziales Umfeld zunehmend konfrontiert sind. Der Autor arbeitet auf der Basis eines entwicklungspsychologischen Modells heraus, worin die Ursachen für destruktives Verhalten in der Adoleszenz liegen. Er zeichnet die Entwicklung der männlichen Identität von Geburt an nach und geht hierbei besonders auf mögliche Brüche in der Identitätsentwicklung ein. Für die Entstehung destruktiven Verhaltens spielen insbesondere traumatische Erfahrungen infolge von Krankheit, Tod oder psychischen Beeinträchtigungen der Eltern oder aber Migrationserfahrungen, die mit dem Verlust von Heimat, Gleichaltrigengruppe etc. einhergehen, eine besondere Rolle. An Fallbeispielen aus der therapeutischen Praxis verdeutlicht Endres diese Zusammenhänge.

Kaum eine Störung des Kinder- und Jugendalters wird medial so heftig diskutiert wie das Hyperkinetische Syndrom (HKS) bzw. die Aufmerksamkeitsdefizit-Hyperaktivitätsstörung (ADHS), die zudem die häufigste psychische Störung des Kindes- und Jugendalters ist. Die 12-Monats-Prävalenz beträgt in Europa ca. 5 %. Bernhard Stier beleuchtet in seinem Beitrag aber kritisch, dass Jungen nicht per se mehr von ADHS betroffen sind als Mädchen. Ihr natürlicher Bewegungsdrang sollte nicht pathologisiert und unreflektiert in die Schublade »Hyperaktivität« gepackt werden. Jungen brauchen konstitutionell mehr Bewegung zum Denken als Mädchen. Der gegenüber dem weiblichen Geschlecht verstärkte Bewegungsdrang ist der Entwicklung des integrierenden Denkens absolut förderlich. Stier fordert, dieses jungenspezifische Entwicklungsmuster nicht pädagogisch einzuschränken oder mit Methylphenidat zu hemmen.

Marianne Leuzinger-Bohleber und ihre Mitautorinnen Katrin Luise Laezer, Inka Tischer und Birgit Gaertner setzen sich ausgehend von den unterschiedlichen Entwicklungsbedürfnissen von Jungen und Mädchen und anhand eindrucksvoller Fallbeispiele ebenfalls kritisch mit der immer häufiger diagnostizierten ADHS-Problematik auseinander. Die Autorinnen stellen die ermutigenden Befunde ihrer naturalistischen Studie zur Wirksamkeit auch psychoanalytischer Behandlungen von Kindern mit der Diagnose ADHS und/oder Störung des Sozialverhaltens (Frankfurter ADHS-Wirksamkeitsstudie) vor. Die Ergebnisse stützen die Annahme, dass Kinder, die psychoanalytisch behandelt werden, mindestens im vergleichbaren Maße von dieser Therapie profitieren und eine vergleichbare Symptomreduktion der Hyperaktivität, der Unaufmerksamkeit und der Störung des Sozialverhaltens erreichen wie Kinder, die verhaltenstherapeutisch/medikamentös behandelt werden. Die Autorinnen plädieren deshalb – unter Berücksichtigung methodenkritischer Aspekte – für eine Erweiterung der Behandlungsangebote um psychoanalytisch orientierte Verfahren, zumal die so erreichbaren Effekte ohne die chronische Einnahme von Psychostimulanzien zustande kamen.

Vieles deutet darauf hin, dass seelisch bedingtes Leiden und Sterben bei Jungen und Männern heute noch unterschätzt und zuweilen sogar übergangen wird. Dies liegt nicht nur an den Männern, sondern auch an kollektiven Abwehr- und Wahrnehmungsbedürfnissen. Wie sieht es also aus mit seelischen Belastungen bei Jungen und Männern? Wie machen sich diese Belastungen an den Themen Arbeit, Sucht, Depression und Gewalt fest? Wieso ist der krank machende Rollenkäfig auch heute noch so stabil? Wie könnten psychotherapeutische und präventive Angebote für Männer und Jungen aussehen? Und was macht die Auseinandersetzung mit diesen Themen mit uns selbst?

Diesen Fragen wollen die Autorinnen und Autoren dieses Buches nachgehen. Wir danken als Herausgeber sehr herzlich dafür, dass wir so viele renommierte Fachleute gewinnen konnten, die bereit waren, ihre Tagungsbeiträge zum Männerkongress 2014[1] als Buchbeiträge einzubringen und aus ihrer wissenschaftlichen und praktischen Tätigkeit heraus zum Thema dieses Buches Stellung nehmen. Herrn Kupresak danken wir für die intensive Unterstützung bei der Korrektur und Organisation. Dem Verlag Vandenhoeck & Ruprecht und stellvertretend Günter Presting und Ulrike Rastin danken wir erneut für die Bereitschaft, das Männerthema so hilfreich und nachhaltig zu begleiten.

Literatur

Franz, M. (1997). Der Weg in die psychotherapeutische Beziehung. Göttingen: Vandenhoeck & Ruprecht.

Franz, M., Popp, K., Schaefer, R., Sitte, W., Schneider, C., Hardt, J., Decker, O., Braehler, E. (2008). Alexithymia in the German general population. Social Psychiatry and Psychiatric Epidemiology, 43 (1), 54–62.

Kassenärztliche Bundesvereinigung (2014). Versichertenbefragung der Kassenärztlichen Bundesvereinigung 2014. Ergebnisse einer repräsentativen

---

1 Der Männerkongress 2014 (www.maennerkongress2014.de) an der Universität Düsseldorf wurde veranstaltet vom Klinischen Institut für Psychosomatische Medizin und Psychotherapie (Direktor: Prof. Dr. Wolfgang Tress) der Universitätsklinik der Universität Düsseldorf und der Akademie für Psychoanalyse und Psychosomatik, Düsseldorf (Vorsitzender: Prof. Dr. Matthias Franz).

Bevölkerungsumfrage. Mannheim: Forschungsgruppe Wahlen. Zugriff am 12.06.2015 unter http://www.kbv.de/media/sp/MHH_Studie_2014_Bericht_24072014.pdf

Keller, M., Haustein, T. (2012). Vereinbarkeit von Familie und Beruf. Ergebnisse des Mikrozensus 2010. Wirtschaft und Statistik, 1, 30–50.

Sieverding, M., Kendel, F. (2012). Geschlechter(rollen)aspekte in der Arzt-Patient-Interaktion. Bundesgesundheitsblatt, 55 (9), 1118–1124.

Wittchen, H. U., Jacobi, F. (2012). Was sind die häufigsten psychischen Störungen in Deutschland? Zugriff am 13.2.2015 unter http://www.rki.de/DE/Content/Gesundheitsmonitoring/Studien/Degs/degs_w1/Symposium/degs_psychische_stoerungen.pdf?__blob=publicationFile

Peter Schneider
Männerkrankheiten
Bemerkungen zur sozialen Konstruktion
psychopathologischer Kategorien

Meine Perspektive auf das Thema des Buches ist vor allem eine im weiteren Sinn epistemologische und historische Perspektive, keine klinische. Ich werde weder zeigen, wodurch diese oder jene *Männerkrankheit* meiner Ansicht nach *verursacht* ist, noch wie und warum die Gesellschaft Männer krank macht.

Mich interessiert vielmehr, wie eine Gesellschaft sich (und die in ihr bestehenden Geschlechterverhältnisse) zu verschiedenen Zeiten in historisch wechselnden Krankheiten thematisiert, problematisiert und reflektiert. Wenn ich von der »sozialen Konstruktion psychopathologischer Kategorien« spreche, so meine ich damit nicht, dass die Gesellschaft Krankheiten erfindet, die es in Wirklichkeit gar nicht gibt. Ich bin weder Vertreter eines psychopathologischen Realismus, der eine Depression für eine von Nierensteinen nicht wesentlich unterscheidbare Krankheit hält, noch bin ich Apologet eines sozialen Konstruktivismus, der von einer »sozialen Konstruktion der Diabetes« sprechen würde (oder wenn, dann allenfalls in dem Sinn, dass bestimmte soziale Traditionen wie etwa Ernährungsgewohnheiten Krankheiten wie Nierensteine oder Diabetes begünstigen). Ich bin das, was Ian Hacking einen *dynamischen Nominalisten* nennt (ein Begriff, den er auch für sich selbst in Anspruch nimmt). Hackings dynamischer Nominalismus macht »geltend, dass viele Arten von Menschen und menschlichen Akten Hand in Hand mit den von uns ersonnenen Bezeichnungen dafür entstehen. Aus meiner Sicht ist dies die einzige verständliche Art von Nominalismus: die einzige, die immerhin anzudeuten vermag, wie man das fein säuberliche Zusammenpassen von Gemeinbegriffen und Benanntem erklären könnte« (Hacking, 2006, S. 134). Man könnte in Anlehnung an Hölderlins Verse »Wo aber Gefahr ist, wächst das Rettende auch« sagen: Wo aber Neues entsteht, wächst auch ein Begriff.

Mich interessiert also, wie Entitäten wie *Burn-out, Autismus, Neurasthenie, Hysterie, häusliche Gewalt, Depression, komplizierte Trauer* oder *ADHS* entstehen, wie sie sich verändern und wie sie möglicherweise auch wieder verschwinden. Dass sie *gesellschaftlich konstruiert* sind, bedeutet nicht, dass sie aus dem Blauen heraus erfunden wurden, es bedeutet aber auch nicht, dass *die Gesellschaft* eine ADHS erzeugt wie Asbest Lungenkrebs.

Biologie und soziale Konstruktion schließen sich nicht aus. Wo hirnphysiologische und genetische Faktoren offensichtlich an bestimmten Psychopathologien beteiligt sind, bedeutet soziale Konstruktion, dass sich diese Faktoren nicht zuletzt dadurch zu einer bestimmten Krankheit bündeln, dass gesellschaftlich ein Kategoriensystem dafür entsteht und angeboten wird, das es dem Individuum erlaubt, auf diese Weise krank zu sein – und auf keine andere. Zwischen der Kategorie und dem Kategorisierten besteht in der Psychopathologie ein *looping effect,* ein wechselseitiger Rückkoppelungseffekt, der *Menschenarten* (human kinds) von *natürlichen Arten* (vgl. Hacking, 2012) unterscheidet: Die Kategorisierten reagieren auf die Kategorisierung, das kategorisierte Subjekt ist nicht mehr dasselbe wie das nicht kategorisierte. Psychopathologische Systeme sind *historische Ontologien,* um einen weiteren Begriff Hackings zu gebrauchen. Sie sind zugleich stabil und wandelbar.

Und nun werde ich eine tatsächlich durchweg männliche Sicht einnehmen, diejenige eines männlichen Homosexuellen von 1900 bis heute. Ich möchte dazu einen Satz zitieren, den ich in einem Zeitungsartikel von Walter Hollstein (2014) gelesen habe: »Die Unterrepräsentation des Vaters und die Überrepräsentation der Mutter haben Folgen: Verwöhnung, Unselbstständigkeit der Söhne, deviantes sexuelles Verhalten […]« – und an dieser Stelle stutzte ich, denn die Aufzählung, die sich auf Annahmen der Psychoanalyse bezieht, findet folgende für mich unerwartete Fortsetzung: »wie Homophobie oder pädophile Neigungen […].«

Das Bild des abwesenden oder schwachen Vaters und der »überpräsenten« Mutter kommt einem sehr bekannt vor – allerdings nicht als Ursache der Homophobie, sondern als klassische ätiologische Bedingung ihres exakten Gegenteils: der Homosexualität.

Homosexualität ist, bis hinein in die 1970er Jahre, *die* Männerkrankheit des 19. Jahrhunderts, und die Abscheu davor – die Homophobie – eine geradezu logische Immunreaktion der *gesunden* männlichen Psyche. Pädophilie wird in dieser Zeit vor allem als eine Art

Begleiterscheinung der Homosexualität wahrgenommen, als perverse Form der Nachwuchsanwerbung sozusagen. Die Perversion Pädophilie gewinnt ihre heutigen Konturen als sowohl abscheuliche als auch nahezu allgegenwärtige sexuelle Seuche erst in den 1980er Jahren, als die Emanzipation – und das heißt: die Entpathologisierung – der Homosexuellen irreversibel gefestigt scheint und die Herauslösung der Pädophilie als einer Spielart der Homosexualität vollzogen ist (vgl. Schneider, 2014).

Die Rolle der Homosexualität in der Geschichte der Psychoanalyse ist eine zwiespältige. 1905, in den »Drei Abhandlungen zur Sexualtheorie«, geht Freud (1905/1942) – noch unter dem Einfluss von Wilhelm Fließ – von einer konstitutionellen Bisexualität aus. Das endgültige Triebschicksal ist nicht das Produkt eines Reifungsprozesses, sondern das Ergebnis der Verdrängung der von Freud sogenannten »polymorph-perversen« infantilen Sexualität. Die »Inversion« – die Homosexualität – ist aufgrund der begrifflichen Befreiung der Sexualität von der Fortpflanzungsfunktion nun genauso erklärungsbedürftig wie die Heterosexualität. Und last, but not least: Der Ödipuskomplex ist noch nicht der zentrale Organisator des Psychischen überhaupt, sondern Effekt der Anlehnung der infantilen Lust an die lebenserhaltenden Betreuungsleistungen der Eltern und Pflegepersonen, ein bunter Mischmasch also aus hetero- und homosexuellen Komponenten. Man kann sich in der im Jahr 1900 zeitgleich mit der »Traumdeutung« entstandenen, aus Diskretionsgründen aber erst 1905 publizierten Dora-Analyse davon überzeugen (vgl. Freud 1905/2007).

Doch der psychoanalytische Zungenschlag ändert sich mit der Zeit. Nicht weil sich Freuds libertäre Haltung gegenüber der Homosexualität geändert hätte, sondern weil sich der Status des Ödipuskomplexes in der Psychoanalyse veränderte. Mit den Versatzstücken der Kastrationsangst und einer gattungsgeschichtlichen Unterfütterung in »Totem und Tabu« (Freud, 1912–13/1944) wird der Ödipuskomplex zum Stahlbad der erwachsenen Männlichkeit, des Gesetzes und der Kultur und zum Schibboleth der psychoanalytischen Religion.[1] Die

---

1 Die Gründe für diese Ödipus-Ideologie sind epistemologischer Art. Wenn all unser Wissen von unbewussten Wünschen kontaminiert ist, wie soll dann psychoanalytische Erkenntnis überhaupt möglich sein? Freud braucht also

Psychoanalyse hat sich an diesem heillos überfrachteten, hypertrophierten Stück ihrer Theorie kräftig überhoben. Sie leidet bis heute an diesen Folgen. Und die Homosexuellen hatten ihrerseits unter der Psychoanalyse zu leiden. Zur psychoanalytischen Ausbildung wurden sie bis Anfang der 1990er Jahre nicht zugelassen.

Wie gesagt: Mit der Ideologisierung des Ödipuskomplexes ab Mitte der 1910er Jahre und deren endgültigen Verfestigung Mitte der 1920er Jahre, welche die Vorstellung eines »korrekten« Ausgangs des Ödipuskonflikts beinhaltet (eines Triebschicksals, an dem man freilich scheitern kann – und scheitern ist nur allzu menschlich), wurde die psychogenetische Auffassung der Homosexualität auf merkwürdige Weise quasibiologisch. Angebahnt hatte sich diese Auffassung aber schon 1912, in Freuds Leonardo-Studie:

»Die homosexuellen Männer, die in unseren Tagen eine energische Aktion gegen die gesetzliche Einschränkung ihrer Sexualbetätigung unternommen haben, lieben es, sich durch ihre theoretischen Wortführer als eine von Anfang an gesonderte geschlechtliche Abart, als sexuelle Zwischenstufen, als ein ›drittes Geschlecht‹ hinstellen zu lassen. Sie seien Männer, denen organische Bedingungen vom Keime an das Wohlgefallen am Mann aufgenötigt, das am Weibe versagt hätte. So gerne man nun aus humanen Rücksichten ihre Forderungen unterschreibt, so zurückhaltend darf man gegen ihre Theorien sein, die ohne Berücksichtigung der psychischen Genese der Homosexualität aufgestellt worden sind. Die Psychoanalyse bietet die Mittel, diese Lücke auszufüllen und die Behauptungen der Homosexuellen der Probe zu unterziehen. Sie hat dieser Aufgabe erst bei einer geringen Zahl von Personen genügen können, aber alle bisher vorgenommenen Untersuchungen brachten das nämliche überraschende Ergebnis. Bei allen unseren homosexuellen Männern gab es in der ersten, vom Individuum später vergessenen Kindheit eine sehr intensive erotische Bindung an eine weibliche Person, in der Regel an die Mutter, hervorgerufen oder begünstigt durch die Über-

---

ein idealtypisches Erkenntnissubjekt, das seine Bindung an die Wunschwelt der infantil-polymorph-perversen Sexualität hinter sich gelassen hat. Dieses Erkenntnissubjekt ist der Mann, der den Ödipuskomplex überwunden hat. (Vgl. Schneider, 2011, 2012.)

zärtlichkeit der Mutter selbst, ferner unterstützt durch ein Zurücktreten des Vaters im kindlichen Leben. Sadger hebt hervor, dass die Mütter seiner homosexuellen Patienten häufig Mannweiber waren, Frauen mit energischen Charakterzügen, die den Vater aus der ihm gebührenden Stellung drängen konnten; ich habe gelegentlich das gleiche gesehen, aber stärkeren Eindruck von jenen Fällen empfangen, in denen der Vater von Anfang an fehlte oder frühzeitig wegfiel, so dass der Knabe dem weiblichen Einfluss preisgegeben war. Sieht es doch fast so aus, als ob das Vorhandensein eines starken Vaters dem Sohne die richtige Entscheidung in der Objektwahl für das entgegengesetzte Geschlecht versichern würde« (Freud, 1912/1945, S. 168 f.).

Psychoanalytischer Vaterkult in der Ödipus-Religion einerseits und ein wohlwollender theoretischer Gleichmut gegenüber der Homosexualität andererseits – wie er in der Erstausgabe der »Drei Abhandlungen« herrschte – sind hier miteinander in Konflikt geraten. Man wundert sich nicht, dass die *theoretischen Wortführer* der Homosexuellen lieber gleich zum Original der biologischen Genese der Eigenart ihrer Objektwahl greifen, als sich der Norm eines *richtigen* Triebschicksals zu unterwerfen.

Die psychoanalytische Bewegung hat spätestens in den 1950er Jahren eine Wende hin zur sogenannten *präödipalen* Mutter vollzogen. Der sogenannte *widening scope* hinsichtlich der Indikationsstellung für die Psychoanalyse (vgl. Stone, 1954) umfasst nun die *frühen Störungen* und rückt statt *des* Vaters *die* Mütter ins Zentrum des Interesses. Im psychoanalytischen Mainstream änderte sich an der ätiologischen Auffassung der Homosexualität deshalb nichts, wohl aber änderte sich die Art und Weise, wie nun die Mütter ins Licht rückten. Bruno Bettelheims *Kühlschrankmutter* (1967) etwa, die Züge einer KZ-Wärterin trägt, wird als Ursache des Autismus dingfest gemacht; und in André Greens (1993) Konzept der *toten Mutter* lebt dieses Gespenst der Sechziger- und Siebzigerjahre munter fort. Gleichzeitig wird Psychoanalyse mehr und mehr als Schuldzuweisungsmaschinerie wahrgenommen, als organisierte Form des *mother bashing* – nicht zu Unrecht.

Die Emanzipation der Schwulen war leider nicht das Verdienst der Psychoanalyse – obwohl dies in den Anfängen der Psychoanalyse eigentlich ein Programm hätte sein können, das sich unmittelbar aus ihrer Theorie hätte herleiten lassen, und obwohl es Psychoanalytiker wie Fritz Morgenthaler gab, die der *Gay Liberation* auch theoretischen Rückenwind gaben. Es war vielmehr der politische Wille der Homosexuellen, sich nicht länger als Kriminelle behandeln zu lassen, der den Wandel brachte. Seltsamerweise verbündete sich die Schwulenbewegung mit einer anderen Tendenz, die man in den Sechziger- und Siebzigerjahren für unrettbar reaktionär hielt – mit der biologistischen, naturalisierenden Anthropologie nämlich. Keine übermächtigen Mütter, keine abwesenden Väter und auch keine Verführung durch den bösen Mann von nebenan machen einen Mann homosexuell: Man wird nicht irgendwie schwul, man ist es. (Umso rührender, wenn sich aufmüpfige Katholiken von der Abschaffung des Zölibats eine Prophylaxe gegen die Pädophilie im Klerus erhoffen.) Ähnlich wie die Schwulen haben auch die Eltern von Autisten auf das Angebot einer biologischen Ätiologie reagiert. Sie erlebten und nutzten es als Befreiung von Schuldzuweisungen, indem sie Betroffenen-Fachleute-Netzwerke schufen, die den Umgang mit Autismus entinstitutionalisierten (vgl. Eyal, Hart, Onculer, Oren u. Rossi, 2010).

Autismus wie ADHS gelten als Störungen, von denen weit mehr Männer als Frauen betroffen sind. Beim Autismus hat Baron-Cohen (2003) sogar eine Ähnlichkeit des autistischen Gehirns mit dem männlichen Gehirn behauptet. Die Welle der Aufregung über die Neurologisierung des Geschlechtsunterschieds ebbte jedoch schnell wieder ab. Man hat sich damit abgefunden, dass Autismus-Spektrum-Störungen nicht heilbar sind und möglicherweise eine eigene Form des Lebens darstellen, die man gar nicht heilen sollte, sondern mit der lediglich ein Umgang zu finden ist: von Autisten wie von Neurotypischen. Auch hier hat es die Biologisierung der Störung – in diesem Fall in Form der Neurologisierung – den Autisten-Aktivisten (allen voran natürlich den Asperger-Autisten) erlaubt, ihr Handicap als eine Lebensform unter anderen zu postulieren.

Bei ADHS ist etwas anderes geschehen. Hier sind die Verhältnisse weit verwickelter und die Schützengräben des *science war* um die Genese der Störung noch immer besetzt (vgl. Netzwerk Entresol, 2012). Zu den Kombattanten gehören Pharmakologen, Pharmaphobiker, Gender-Theoretiker, Psychoanalytiker, Eltern, Lehrer, Gesellschaftskritiker – manche von ihnen tragen mehrere Uniformen gleichzeitig, die Allianzen sind nicht eindeutig.

Ohne Ritalin® wäre ADHS wohl kaum zu jener kompakten Störung geworden, die sie heute ist. ADHS ist zuallererst das, wogegen Ritalin® hilft. Gleichzeitig beunruhigen die immense Zunahme der Ritalin®-Verschreibungen und der spektakuläre Anstieg der Diagnostizierungen in den letzten zwanzig Jahren. Und irritierend ist die Jungen-Mädchen-Ratio, die irgendwo zwischen 1:2 und 1:4 zu liegen scheint. Psychoanalytisch wird auch hier einmal mehr die unzureichende oder fehlende väterliche Triangulation der Mutter-Kind-Dyade in Anschlag gebracht, während Gesellschaftskritiker von einer Zerstreuungs- und Ablenkungsgesellschaft sprechen, die als individuelles Symptom ADHS gebiert, oder, gendertheoretisch, darauf hinweisen, dass in unseren feminisierten Schulen für das von Natur aus unruhigere, auf Auseinandersetzung, Bewegung und Konfrontation ausgerichtete Wesen von Jungen kein Platz mehr ist. Manche Eltern finden es bedenklich, ihre Kinder *mit Chemie* ruhigzustellen; die Mehrzahl von ihnen neigt aber dazu, sich durch das pharmakologische Angebot entlastet zu sehen: vom zappeligen Kind einerseits und von psychogenetischen Schuldzuweisungen andererseits. Pikant an der ADHS-Debatte ist, dass die Biologie auf beiden Seiten der Front vorkommt: als männliche Natur, mit der die weibliche Pädagoginnen- und Therapeutinnenschaft nichts anfangen kann und die sie deshalb pathologisiert, auf der einen Seite und als irgendwie neurologisch begründete Störung, der pharmakologisch gut beizukommen ist, auf der anderen Seite. Möglicherweise wird aber auch die ADHS einmal das Schicksal des Autismus erfahren, in das Spektrum der Neurodiversität eingeordnet zu werden.

Kommen wir zum Schluss noch zum Burn-out. 1973 begann es seine Karriere als Erkrankung von Personen aus helfenden Berufen (Freudenberger, 1974) – inzwischen ist es zum Leitsyndrom der heutigen Arbeitswelt geworden. Ohne Bezug auf die Arbeitswelt ergibt das Burn-out so viel Sinn wie eine Posttraumatische Belastungsstörung ohne Traumatisierung. Anders als die Schmerzstörung steht das Burn-out bei den Sozialversicherungen nicht unter Simulationsverdacht. An ihm kann sich all jene Gesellschaftskritik wieder äußern, die seit dem ausdrücklichen Verzicht auf ätiologische Erklärungen aus den Diagnose-Manualen ausgeschlossen wurde. Das Burn-out steht für: den Zwang zur ständigen Kommunikationsbereitschaft dank E-Mail und SMS, Stress ohne Erfüllung bei der Arbeit, schlechte Führung durch das Management, Arbeitsplatzunsicherheit, geringe Wertschätzung der Arbeit bei gleichzeitiger Forderung nach hochgradiger Identifikation mit der Firma, ermüdende Anforderungen ohne Ende. Als subjektive Bedingungen gelten: eine unterentwickelte Fähigkeit, Nein zu sagen, hohe eigene Erwartungen an die Arbeit, eine gewisse Überschätzung der eigenen Bedeutung und Unentbehrlichkeit. Das Burn-out ist ein weiteres Symptom des *erschöpften Selbst* (Ehrenberg, 2004), dessen Pathologien sich der klassischen Konflikttheorie der Neurose entziehen. Nicht Trieb und Abwehr stoßen hier zusammen, sondern Anspruch (innerer und äußerer) und Wirklichkeit, Anforderungen und psychische Möglichkeiten.

Die Therapien gegen das Burn-out-Syndrom sind derzeit weitgehend unspezifisch; Achtsamkeitsübungen wie Antidepressiva gehören zum therapeutischen Arsenal. Zugleich legen Experten des Burn-out Wert auf die Feststellung, dass es sich beim Ausgebranntsein nicht um eine Depression handelt, wenngleich viele Symptome ähnlich sind. Die wichtigsten Gründe dafür sind der eindeutig reaktive Charakter des Burn-out und die Unmöglichkeit, diese psychische Störung zu biologisieren und wie etwa die Depression de facto zu depsychiatrisieren.

Nichts ist so auffällig sozial konstruiert wie das Burn-out – als Begriff wie als Entität –, ohne dass dies seiner Realität Abbruch täte. Die Antipsychiatrie versuchte vergeblich, aus der Schizophrenie eine Kritik der gesellschaftlichen Vernunft abzuleiten. Was den Antipsychiatern nicht gelungen ist, hat das Burn-out ohne viel Theorie – und zwar im gesellschaftlichen Mainstream – geschafft. Gewiss weniger sexy als der Wahn, aber dafür unambivalent erfolgreich. Das Burn-out ist gleichsam selbsterklärend. Wer über Burn-out schreibt, legt zudem Wert darauf zu betonen, dass diese Erkrankung nicht nur die Geschlechter-, sondern auch die Klassenschranken einebnet. Das Burn-out ist nicht nur eine Pathologie des Individuums, sondern zugleich eine der Arbeitswelt. Vielleicht ist es auch eine Störung, in der bereits jene Geschlechtergerechtigkeit herrscht, die man von der Arbeitswelt fordert.

Literatur

Baron-Cohen, S. (2003). The essential difference: Men, women and the extreme male brain. London: AllenLane/Penguin Books.

Bettelheim, B. (1967). The empty fortress. New York: The Free Press.

Ehrenberg, A. (2004). Das erschöpfte Selbst: Depression und Gesellschaft in der Gegenwart. New York u. München: Campus.

Eyal, G., Hart, B., Onculer, E., Oren, N., Rossi, N. (Eds.) (2010). The Autism matrix: The social origins of the autism epidemic. Cambridge: Polity Press.

Freud, S. (1905/1942). Drei Abhandlungen zur Sexualtheorie. GW V, S. 29–145. Frankfurt a. M.: Fischer.

Freud, S. (1905/2007). Bruchstücke einer Hysterie-Analyse (2. Aufl.). Frankfurt a. M.: Fischer.

Freud, S. (1912/1945). Eine Kindheitserinnerung des Leonardo da Vinci. GW VIII (S. 127–211). Frankfurt a. M.: Fischer.

Freud, S. (1912–13/1944). Totem und Tabu. GW IX. Frankfurt a. M.: Fischer.

Freudenberger, H. J. (1974). Staff burn-out. Journal of Social Issues, 30 (1), 159–165.

Green, A. (1993). Die tote Mutter. Psyche – Zeitschrift für Psychoanalyse, 47, 205–240.

Hacking, I. (2006). Historische Ontologie. Zürich: Chronos.

Hacking, I. (2012). Menschenarten. The looping effects of human kinds. Übers. Patricia Kunstenaar, Peter Scheider u. Josef Zwi Guggenheim. Zürich: Sphères.

Hollstein, W. (2014). Söhne brauchen Väter. Und umgekehrt? Tages-Anzeiger, 10.03.2014, S. 21.

Netzwerk Entresol (Hrsg.) (2012). ADHS – Eine Krankheit wird erwachsen. Zürich: Sphères.

Schneider, P. (2011). Freud, der Vergleich und das ganz andere Geschlecht. In A. Mauz, H. von Sass (Hrsg.), Hermeneutik des Vergleichs. Strukturen, Anwendungen und Grenzen komparativer Verfahren (S. 267–273). Würzburg: Königshausen & Neumann.

Schneider, P. (2012). Hermeneutik, Vergleich und Ödipus-Theologie. In T. Storck (Hrsg.), Zur Negation der psychoanalytischen Hermeneutik (S. 143–153). Gießen: Psychosozial-Verlag.

Schneider, P. (2014). Wie krank ist das denn? Über die (strafrechtliche) Konstruktion der richtigen Sexualität. In D. Fink, S. Steiner, B. F. Brägger, M. Graf (Hrsg.), Sexualität, Devianz, Delinquenz (S. 41–48). Bern: Stämpfli.

Stone, L. (1954). The widening scope of indications for psychoanalysis. Journal of the American Psychoanalytical Association, 2 (4), 567–594

Peter Angerer

Arbeitsstress bei Männern – Möglichkeiten der Prävention

Die Bedeutung von Arbeit im Leben eines Menschen und Arbeitsstress hängen eng miteinander zusammen. Ist zum Beispiel der Verlust der gegenwärtigen Arbeit existenzbedrohend, weil Alternativen fehlen, gibt es wenig Spielraum, sich gegen psychisch belastende Bedingungen zur Wehr zu setzen. Wird das Selbstverständnis wesentlich von der beruflichen Stellung geprägt und ist die Anstrengung für den beruflichen Erfolg besonders groß, wird auch die psychische Verletzlichkeit durch Störungen in der Karriereentwicklung erhöht sein (vgl. den Beitrag von Siegrist in diesem Band). Wenn eine Berufstätigkeit ganztägig ausgeführt wird, ist der Einfluss beruflicher Stressoren quantitativ intensiver als bei einer Teilzeittätigkeit.

Nach wie vor hat der Beruf eine zentrale Bedeutung besonders für das männliche Rollenbild, die Selbstwertregulation wie auch für die Gesundheit, u. a. bedingt durch die Tatsache, dass der Beruf quantitativ in der männlichen Erwerbsbiografie einen erheblich größeren Anteil umfasst als bei Frauen. Dies wird deutlich, wenn man zum Beispiel die dramatisch unterschiedliche Vollzeitquote in Betracht zieht (Keller u. Haustein, 2012). So waren 2010 60 % der Mütter, aber 84 % der Väter mit Kindern unter 18 Jahren aktiv erwerbstätig. Mehr als zwei Drittel (70 %) dieser aktiv erwerbstätigen Mütter arbeiteten im Jahr 2010 in Teilzeit, und die Vollzeitbeschäftigung des Vaters in Kombination mit einer Teilzeittätigkeit der Mutter war das mit Abstand häufigste Arbeitszeitmodell. Und: Trotz Öffnung des Zugangs zu fast allen Berufen für Männer und für Frauen gibt es nach wie vor typische Männer- und typische Frauenberufe, in denen jeweils ein Geschlecht stark dominiert.

Diese Beispiele verdeutlichen, dass es sinnvoll ist, sich mit einer genderspezifischen Prävention von beruflichem Stress zu befassen und speziell auf die Bedürfnisse von Männern einzugehen.

Arbeitsstress – bei Männern und bei Frauen – ist ein komplexes Phänomen, das in den letzten Jahrzehnten durch verschiedene theoretische Konzepte begreifbar gemacht wurde und durch entsprechende Fragebogeninstrumente zuverlässig gemessen werden kann. Üblicherweise wird von Arbeitsstressmodellen gesprochen. Mithilfe dieser Modelle ist es gelungen, die gesundheitlichen Folgen von Arbeitsstress gut abzuschätzen.

Eine Annahme, von der alle Modelle ausgehen, lautet, dass in der Regel Belastungen über längere Zeit, das heißt Monate bis Jahre, einwirken müssen, um zu Veränderungen zu führen, insbesondere zu Krankheiten (Angerer, Gündel u. Siegrist, 2014). Große prospektive epidemiologische Studien mit zum Teil jahrzehntelanger Laufzeit haben die Möglichkeit geschaffen, die theoretischen Annahmen der Arbeitsstressmodelle und die in experimentellen Untersuchungen gewonnenen Erkenntnisse langfristig in der Arbeitswirklichkeit zu überprüfen. Auf diese Weise gibt es eine solide Evidenz, vor allem über die gesundheitlichen Wirkungen der im Folgenden beschriebenen Arbeitsstressmodelle: das Anforderungs-Kontroll-Modell, das Modell beruflicher Gratifikationskrisen und das Modell der Organisationsgerechtigkeit.

Was ist gesundheitsrelevanter Arbeitsstress?

Das Anforderungs-Kontroll-Modell, im internationalen Sprachgebrauch *Job Strain* genannt, entwickelt von Robert Karasek zusammen mit Töres Theorell (Karasek u. Theorell, 1990), geht davon aus, dass die Möglichkeit, auf die eigene Arbeit Einfluss zu nehmen (»Kontrolle«), wesentlich ist, um Arbeitsanforderungen gut bewältigen zu können. Das Verhältnis stresserzeugender und entlastender Faktoren (»Stressoren und Ressourcen«) zueinander ist dabei entscheidend. Dabei sind unter Stressoren zum Beispiel hohe Anforderungsdichte und permanenter Zeitdruck zu verstehen und unter Ressourcen Kontrollmöglichkeiten wie Zeit- und Handlungsspielräume oder Lerngelegenheiten. Sind die Anforderungen hoch und die Kontrollmöglichkeiten gering, entsteht Arbeitsstress.

Das Modell beruflicher Gratifikationskrisen, im internationalen Sprachgebrauch *Effort-Reward-Imbalance,* wurde von Johannes Siegrist entwickelt (Siegrist, 1996; siehe den Beitrag von Siegrist in diesem Band). Stresstheoretisch stehen enttäuschte Erwartungen sozialer Belohnungen im Zentrum. Es geht um die Verletzung der fundamentalen Norm sozialer Reziprozität. Wesentlich ist das Verhältnis von Leistung und Belohnung im Sinne einer Tauschgerechtigkeit in der Arbeit. Folgt auf kontinuierlich hohe Verausgabung nicht eine angemessene Belohnung, kommt es zur Gratifikationskrise. Gratifikationen sind nicht nur als finanzielle Belohnung definiert, sondern auch als Lob und Anerkennung, Arbeitsplatzsicherheit, Karriere und Entwicklungschancen und Ähnliches. Menschen, die zu Überengagement (»Overcommitment«) neigen, ein Verhaltensstil, der Teil des Modells ist, geraten leichter in eine Gratifikationskrise.

Im Konzept der Organisationsgerechtigkeit, verbunden vor allem mit dem Namen Jerald Greenberg (Greenberg u. Cropanzano, 2001), werden neben der Verteilungsgerechtigkeit die Aspekte der prozeduralen und der Beziehungsgerechtigkeit thematisiert. Im Zentrum stehen Vermeidung von Willkür sowie der angemessene Umgang zwischen Vorgesetzten und Mitarbeitern. Prozedurale Gerechtigkeit bedeutet die Beteiligung bei und die Einhaltung von vereinbarten Regeln, die wichtige innerbetriebliche Entscheidungen betreffen. Beziehungsgerechtigkeit meint Fairness und Respekt im Umgang miteinander.

Weitere berufliche Stressoren über die genannten Stressmodelle hinausgehend sind lange Arbeitszeiten und drohende Arbeitslosigkeit. Lange Arbeitszeiten über einen verlängerten Zeitraum sind psychisch und körperlich überfordernd, da sie basale Bedürfnisse nach Regeneration missachten. Drohender Verlust des aktuellen Arbeitsplatzes, der Arbeitsaufgaben, der Arbeitsumgebung, der sozialen Kontakte zum Beispiel durch Umstrukturierungen bis zur Arbeitslosigkeit mit den entsprechenden ökonomischen Konsequenzen kann ein erheblicher Stressor sein und gesundheitliche Konsequenzen nach sich ziehen.

Kardiovaskuläre und depressive Erkrankungen sind aufgrund der lang erforschten physiologischen und psychologischen Wirkungen von Stress auslösenden Situationen am ehesten zu erwarten. Ein maßgeblicher biologischer Mechanismus besteht in einer Überaktivierung der Stressachsen, der sympathoadrenergen und der Hypophysen-Nebennierenrinden-Achse (Grippo u. Johnson, 2009).

Dabei gibt es – unabhängig von Arbeitsstress – einen engen Zusammenhang zwischen Depression und koronarer Herzkrankheit, das heißt, Depressionen treten oft bei Menschen mit kardiovaskulären Erkrankungen auf und koronare Herzkrankheiten oft bei Menschen mit Depressionen (Angerer, Gündel u. Siegrist, 2014). Da Stress die Körperhaltung beeinflusst und die Muskelanspannung erhöht, sind auch muskuloskelettale Beschwerden unter die wahrscheinlichen Stressfolgen zu rechnen.

Dass Arbeitsstress im Sinne der oben genannten Arbeitsstressmodelle das Risiko für eine manifeste depressive Störung erhöht, wird durch eine robuste wissenschaftliche Befundlage belegt (Ndjaboué, Brisson u. Vézina, 2012; Stansfeld u. Candy, 2006). Dies gilt in ähnlicher Weise, wahrscheinlich mit etwas geringerer Effektstärke, für das Risiko, einen Herzinfarkt zu erleiden (Kivimäki, Vahtera, Elovainio, Virtanen u. Siegrist, 2007; Backé, Seidler, Latza, Rossnagel u. Schumann, 2012). Die parallelen Untersuchungen zu den drei Stressmodellen sprechen für Komplementarität der Modelle, die offenbar unterschiedliche Aspekte von Arbeitsstress abdecken. Somit steigt das Erkrankungsrisiko, wenn mehrere Arbeitsstressfaktoren einwirken. Viele Befunde sprechen auch für ein erhöhtes Risiko muskuloskelettaler Beschwerden, insbesondere Schmerzen, die Evidenz ist aber nicht ganz so stark wie für die beiden anderen Erkrankungen (Lang, Ochmann, Kraus u. Lang, 2012).

Unspezifische Maßnahmen gegen Arbeitsstress

Klassische Maßnahmen gegen eine Überlastung durch die Arbeit, somit auch gegen Arbeitsstress, sind die Einhaltung geregelter Arbeitszeiten und die Organisation regelmäßiger Pausen. Wenn wöchentliche Arbeitszeiten von über fünfzig Stunden pro Woche auf Dauer das Risiko für Herzinfarkte und Depressionen erhöhen (Virtanen et al., 2010; Virtanen et al., 2011), dann wäre ein Achten auf eine Begrenzung der Arbeitszeit auf die bei uns üblichen vierzig Stunden bereits eine Stresspräventionsmaßnahme. Über deren Wirksamkeit gibt es verständlicherweise keine randomisierten Studien.

Ein »Klassiker« gesunder Arbeitsgestaltung ist das regelmäßige Einhalten von Pausen. Dabei gilt sowohl für die körperliche als auch für die geistige Ermüdung, dass bei gleicher Gesamtzeit häufigere kurze Pausen wirksamer sind als lange seltene Pausen. Ähnliches gilt auch für Urlaube: Der Erholungseffekt hält nur wenige Tage an, daher sind häufigere Kurzurlaube vermutlich erholsamer als einzelne längere Urlaube. Jedoch sollte bei dieser Überlegung nicht vergessen werden, dass der Urlaub nicht nur der Erholung dient, sondern auch dazu, auch solchen Tätigkeiten nachgehen zu können, die während der Arbeitswochen nicht möglich sind. Abschalten im Urlaub fällt leichter mit alternativen lustvollen Aktivitäten als mit reiner Muße. Auch für Pausen und Urlaub gilt, dass der abschwächende Effekt auf den – chronischen – Arbeitsstress nur vermutet werden kann in Analogie zu der bekannten positiven Wirkung von Pausen und Urlauben auf die Erholung. Kontrollierte Studien dazu gibt es nicht (Gündel, Glaser u. Angerer, 2014, S. 145).

Als dritte unspezifische Maßnahme sei noch die ubiquitär wirksame Ressource der sozialen Unterstützung erwähnt. Die mächtige gesundheitliche Wirksamkeit von sozialer Unterstützung in verschiedenen Lebenssituationen ist durch umfangreiche Studien dokumentiert. In einer eindrücklichen Metaanalyse (Holt-Lunstad, Smith u. Layton, 2010) wurden die Effekte verschiedener Präventionsmaßnahmen auf die Lebensdauer des Menschen zusammengestellt. Starke Effekte lassen sich zum Beispiel durch das Beenden des Rauchens bei Patienten mit manifester koronarer Herzerkrankung erzielen oder mit körperlicher Aktivität. Einen alles überragenden Effekt, stärker als die beiden genannten biologischen bzw. toxikologischen Einflüsse, bewirkt soziale Unterstützung, soziale Integration und allgemein gut gestaltete soziale Beziehungen. Soziale Unterstützung ist ein expliziter Bestandteil des Anforderungs-Kontroll-Modells und ist implizit im Gratifikationskrisen-Modell und im Modell der Organisationsgerechtigkeit vorhanden. In randomisierten Studien kaum experimentell testbar, lässt sich nur aus der Epidemiologie schließen, dass gute zwischenmenschliche Beziehungen am Arbeitsplatz, Unterstützung durch Kollegen und Vorgesetzte oder gute Gestaltung von Teams die negativen Auswirkungen von Arbeitsstress zu puffern bzw. den Arbeitsstress bereits primär zu reduzieren vermögen.

Spezifische Maßnahmen gegen Arbeitsstress

Es hilft, gedanklich zu unterscheiden zwischen Interventionen, die sich auf die Situation, das heißt auf die Verhältnisse, hier auf die Arbeitsverhältnisse, richten, und solchen, die das Verhalten des Individuums im Fokus haben. Die arbeitsmedizinische und arbeitspsychologische Grundüberzeugung stellt die verhältnisbezogenen vor die verhaltensbezogenen Interventionen: Wenn Arbeitsstress Ursache für eine Fehlbeanspruchung des Einzelnen ist, scheint die logische Herangehensweise in der Beseitigung der Ursache zu liegen (Verhältnisprävention), nicht in der besseren Bewältigung der individuellen Folgen (Verhaltensprävention). Viele Facetten von Arbeitsstress lassen sich jedoch – so zeigt die Praxis – schwerlich beeinflussen, sodass auch die verhaltensbezogene Intervention ihre Berechtigung und ihren Nutzen hat.

Eine umfangreiche und sehr sorgfältig durchgeführte Metaanalyse (Richardson u. Rothstein, 2008) hat insgesamt 36 randomisierte Interventionsstudien ausgewertet, deren Ziel die Reduktion von Arbeitsstressfolgen war. Insgesamt waren in diese Studien 2.847 Personen eingeschlossen worden mit einem mittleren Alter von 35,4 Jahren, und 59 % der Teilnehmenden waren Frauen. Die mittlere Dauer der Interventionen betrug 7,4 Wochen mit einer Spannweite von drei Tagen bis sieben Monaten. Als typische Endpunkte wurden das Erleben von Stress, Angst, Depressionen, aber auch körperliche Reaktionen wie Blutdruckerhöhungen untersucht. Unter dieser Vielzahl von Interventionsstudien fanden sich nur fünf, die Veränderungen der Organisation zum Gegenstand hatten. Der Effekt dieser organisationsbezogenen Interventionen auf das individuelle Wohlbefinden der Teilnehmenden war jedoch klein und statistisch nicht abzusichern.

Da theoretisch der Effekt von organisationsbezogenen Interventionen besonders groß sein müsste, fragt sich, wie dieses Ergebnis zu verstehen ist. Es gibt mehrere Erklärungen: Organisationsbezogene Interventionen entziehen sich meist einer wissenschaftlichen Evaluation in einem entsprechend strengen Design, wie es in einer klinischen randomisierten kontrollierten Studie (randomized controlled trial = RCT) praktiziert wird. RCTs gelten als der Goldstandard der

Untersuchung von Interventionen allgemein, sind aber für komplexe Interventionen in der Arbeitswelt nur bedingt anwendbar. So ordnen sich Abteilungen oder Bereiche einer Organisation im laufenden Betrieb nur in seltenen Glücksfällen einem experimentellen Design unter und verhalten sich über Monate bzw. Jahre so, wie die Experimentatoren sich dies wünschen. Der Studienaufwand ist darüber hinaus in der Regel ungeheuer groß. Daher sind viele Interventionen nur klein, kurzzeitig oder unterliegen solchen starken externen Einflüssen, dass die eigentlich zu testende Intervention kaum mehr zu Buche schlägt. Somit ist der fehlende Nachweis einer Wirksamkeit in keiner Weise ein Beleg für die prinzipielle Wirkungslosigkeit einer Verbesserung von Arbeitsbedingungen auf die Gesundheit der Mitarbeiterinnen und Mitarbeiter. Entsprechend kommt eine anders angelegte Metaanalyse von Lamontagne, Keegel, Louie, Ostry und Landsbergis (2007) auch zu anderen Ergebnissen. Sie haben aus der Literatur 18 Untersuchungen zu Interventionen zusammengetragen, die ausschließlich auf die Veränderung von Arbeitsbedingungen oder auf Veränderungen der Schnittstelle zwischen Arbeitsbedingungen und Individuum ausgerichtet waren. Bezogen auf die Verhältnisse in der Organisation, also auf die unmittelbare Wirkung, berichteten zwei Drittel dieser Studien positive Effekte der Interventionen, das heißt die Verbesserung der Arbeitsbedingungen unabhängig von den Effekten auf die arbeitenden Individuen. Dort, wo die Arbeitsbedingungen erfolgreich geändert werden konnten, waren entsprechende positive Auswirkungen auch auf der individuellen Ebene nachzuweisen. Dies lässt sich auch in einer neueren großen randomisierten Einzelstudie modellhaft zeigen (Bourbonnais, Brisson u. Vézina, 2011).

In der oben erwähnten Metaanalyse fassen Richardson und Rothstein (2008) auch die Wirkungen individuenzentrierter Stressmanagement-Programme zusammen. Die gefundene Evidenz ist stark, dass Stressprävention positiv gegen Stresserleben und die Symptomatik psychischer Erkrankungen wie Depressionen wirkt. Dabei zeigen sich mittlere bis große Effektstärken. Programme, die auf den Prinzipien der kognitiv-verhaltensorientierten Psychotherapie basieren, zeigen die stärksten Effekte. Die Wirkungen der Programme wurden jedoch meist kurzfristig nach Beendigung der Intervention untersucht, entsprechend den oben genannten Interventionslaufzeiten bis maximal ein halbes Jahr, sodass die Frage offenbleibt, ob Stressprävention dauerhaft das Stresserleben und die Stressfolgen verhindern oder positiv beeinflussen kann. (Dieser Frage gehen wir gegenwärtig in einer Neun-Jahres-Katamnese der unten beschriebenen MAN-GO-Studie nach.)

In einer noch aktuelleren Zusammenfassung von elf Metaanalysen und zwölf konventionellen Übersichtsarbeiten konnten Bhui, Dinos, Stansfeld und White (2012) zeigen, dass kognitiv-verhaltensorientierte Stressbewältigungsmanagement-Programme einen deutlichen Einfluss auf die psychische Gesundheit im Sinne der Prävention von Angst- und Depressionserkrankungen haben. Sinngemäß gilt jedoch auch hier das oben über die Nachverfolgungszeit Gesagte.

Warum macht eine geschlechterspezifische Stressprävention Sinn?

Wenn wir somit festhalten können, dass Stressprävention wirkt, stellt sich die Frage, ob bei Arbeitsstress unterschieden werden müsste zwischen Arbeitsstress, den Frauen, und dem, den Männer empfinden. Was die kurzfristigen biologischen Stressreaktionen angeht, meist gemessen als Antwort auf experimentelle Stressoren, zeigen sich bei Männern stärkere physiologische Stressreaktionen; Männer haben zum Beispiel stärkere Cortisol-Anstiege als Frauen (Kudielka u. Kirschbaum, 2005).

Ein interessanter psychologischer bzw. soziologischer Befund stammt aus einer Umfrage unter mehr als tausend Beschäftigten großer Firmen in den USA. Die Autoren wollten wissen, welche Unterschiede zwischen Männern und Frauen hinsichtlich der Bewertung von Arbeit existieren. Frauen werteten demnach Freunde und Beziehungen, Anerkennung und Respekt, Kommunikation, Fairness und Gleichstellung, die Güte von Teams und Kooperationen sowie die Vereinbarkeit von Familie und Arbeit höher, als Männer das tun. Männer dagegen werteten Bezahlung in Geld und Zusatzleistungen, Macht, Autorität und Status höher als Frauen (Peterson, 2004).

In einer dänischen Kohortenstudie an über 4.000 berufstätigen Männern und Frauen wurde der Einfluss von Arbeitsbedingungen, über die die Teilnehmenden selbst berichtet hatten, auf das spätere Auftreten von Depressionen untersucht. Dabei zeigte sich ein Geschlechterunterschied: Frauen mit geringem Einfluss am Arbeitsplatz und geringer sozialer Unterstützung durch Vorgesetzte hatten ein erhöhtes Risiko für eine Depression. Dagegen war bei Männern Arbeitsplatzunsicherheit prädiktiv für das Auftreten einer depressiven Symptomatik (Rugulies, Bültmann, Aust u. Burr, 2006).

Im deutschsprachigen Raum wurden Manager zu Arbeitsbedingungen und Arbeitsstress-assoziierten Beschwerden befragt. Männer wie Frauen berichteten, dass hohe Kontrolle im Sinne von großem Tätigkeitsspielraum und viel sozialer Unterstützung den negativen Effekt von hohen Anforderungen puffern kann. Jedoch zeigte sich im Unterschied zu Männern, dass Frauen einen Puffereffekt vor allem durch soziale Unterstützung erfahren, Männer neben hoher Unterstützung auch vom hohen Tätigkeitsspielraum profitieren (Gadinger et al., 2010).

Schließlich zeigt ein Blick in eine Umfrage unter mehr als 8.000 Beschäftigten in Andalusien weitere Unterschiede in der wahrgenommenen psychischen Belastung als Reaktion auf Arbeitsstress zwischen Männern und Frauen: Bei Frauen hängt Stress vor allem von den emotionalen und kognitiven Anforderungen ab; ebenso wie in den deutschsprachigen Ländern wird der Effekt stärker gepuffert durch soziale Unterstützung. Dagegen werden Männer vor allem durch die quantitativen Anforderungen in Stress versetzt, der Effekt wird insgesamt schwach gepuffert, wie in der vorgenannten Arbeit durch Tätigkeitsspielraum und durch soziale Unterstützung (Rivera-Torres, Araque-Padilla u. Montero-Simó, 2013).

Somit kann man schließen, dass zumindest andeutungsweise ein Muster in der Befundlage erkennbar wird, nachdem soziale Unterstützung eine größere Schutzwirkung für Frauen als für Männer hat, die wiederum mehr von Autonomie zu profitieren scheinen. Unbeantwortet bleibt die Frage, ob es Unterschiede in der Wirkung sozialer Unterstützung zwischen Männern und Frauen gibt oder ob Männer und Frauen unterschiedlich in der Lage sind, soziale Unterstützung für sich zu nutzen. Dazu unten weitere Gedanken.

Geschlechtsspezifische Wirksamkeit von Interventionen gegen Arbeitsstress

Wenn Männer stärker mit einem Cortisol-Anstieg auf Stress reagieren, wenn Arbeit für Männer eine andere Bedeutung hat, sie mehr von Geld, Macht, Autorität und Status abhängig sind in ihrem Wohlbefinden als Frauen, wenn sie soziale Unterstützung weniger als hilfreich empfinden und weniger davon profitieren, dann müssten sich Interventionen, je nachdem, wie sie gestaltet sind, auch unterschiedlich auswirken. Die Frage der geschlechtsspezifischen Auswirkung wird jedoch nur in wenigen Interventionsstudien untersucht, und diese geben ein heterogenes Bild ab. In einer japanischen Arbeit zur Stressprävention von Produktionsarbeitern in einem elektrotechnischen Betrieb identifizierten und modifizierten Vorgesetzte vor allem organisationsbezogene Stressoren wie Arbeitshindernisse, mangelnde Ausbildungsförderung und zu große Führungsspanne (d. h. zu viele Mitarbeiter pro Führungskraft) im Betrieb. Diese Maßnahmen wirkten sich nur auf die Verbesserung von Depressivität bei Männern aus, nicht bei Frauen. Als mögliche Erklärung schlugen die Autoren vor, dass männliche Vorgesetzte auf die Bedürfnisse der in der Mehrzahl männlichen Arbeiter besser eingehen als auf die der Frauen: Es wurden vor allem die Stressoren berücksichtigt, unter denen Männer litten (Kawakami, Araki, Kawashima, Masumoto u. Hayashi, 1997).

Ebenfalls in einem Betrieb der Metallverarbeitung in Japan wurden neun Abteilungen zur Intervention und 36 zur Kontrolle eingeteilt. Die Intervention bestand in einer Arbeitsplatzanalyse, also einer organisationsbezogenen »Diagnostik«, gefolgt von Stresspräventions-Workshops, bei denen sich die Teilnehmenden der Interventionsgruppe aktiv um Lösungen der Probleme bemühten, die ihnen Stress verursachten. In der Folge verbesserten sich fachliche Unterforderung, Unterstützung von Kollegen insbesondere durch Vorgesetzte, psychische Gesundheit und Arbeitszufriedenheit, jedoch nur bei Frauen. Die Autoren interpretieren dies so, dass organisationsbezogene Stressprävention mit hoher Beteiligung der Mitarbeitenden vor allem für Frauen in niedrigen Positionen gesundheitsförderlich ist (Kobayashi, Kaneyoshi, Yokota u. Kawakami, 2008).

In ähnliche Richtung einer stärkeren Wirksamkeit bei Frauen deutet eine Interventionsstudie an Beschäftigten von IT- und Mediafirmen in Schweden, die an einem webbasierten Arbeitsstress-Präventionsprogramm teilnahmen. Die Intervention, eingeleitet von einer Fragebogendiagnostik und Aufklärung, schloss auch Stressmanagement-Übungen über das Internet ein. Die Teilnahmerate bei Frauen war doppelt so hoch wie bei Männern, ein Ergebnis, das mit der Erfahrung mit anderen Gesundheitsförderungsmaßnahmen in Betrieben in Einklang steht (Hasson, Brown u. Hasson, 2010).

Insgesamt lässt sich aus diesen und wenigen weiteren Studien wenig Handfestes zur geschlechterspezifischen Gestaltung von Stresspräventionsmaßnahmen ableiten.

Die Arbeiten in Kombination mit den Erkenntnissen über die Inanspruchnahme von Hilfsangeboten bei psychischen Problemen im Betrieb (Rothermund et al., 2014) erlauben jedoch die Hypothese, dass Männer von Präventionsangeboten zum Arbeitsstress wahrscheinlich genauso profitieren wie Frauen, wenn sie sie entsprechend nutzen. Die höhere und vielleicht auch intensivere Beteiligung von Frauen an solchen Programmen erklärt möglicherweise, warum sie stärker profitieren. Der Schlüssel läge somit in Hilfsangeboten, die Männer besser erreichen.

Eigene Erfahrungen mit Stressprävention bei Männern – das Projekt MAN-GO I

Ziel dieser randomisierten und kontrollierten Studie mit Förderung durch das BMBF war es, bei – ausschließlich männlichen – produktionsnahen Führungskräften eines großen Produktionsbetriebs für Lastwagenbau, das heißt Industriemeistern mit Führungsverantwortung und hohen Führungsspannen, den Umgang mit ihren individuellen beruflichen Belastungssituationen mittels eines Stressbewältigungstrainings zu verbessern. Diese Zielgruppe – Männer in einem Männerberuf mit relativ niedrigen Bildungsabschlüssen, stark auf konkretes Handeln konzentriert, typischerweise »weichen« Themen gegenüber eher verschlossen – gilt als schwer zu erreichen für Gesundheitsförderung oder gar psychologische Themen.

Das Stressbewältigungstraining bestand aus einem zweitägigen

Basisseminar mit je acht Doppelstunden und zwei halbtägigen Folgetreffen in den anschließenden sechs bis acht Monaten. Pro Training nahmen im Schnitt acht bis zehn Personen teil. Auf der Basis eines manualisierten und bereits zuvor als erfolgreich getesteten Stressbewältigungstrainings, theoretisch fußend auf dem Gratifikationskrisen-Modell, wurde ein eigenständiges Programm entwickelt. Dessen Ziele waren die verbesserte Wahrnehmung der Frühsymptome körperlicher und seelischer Belastung, das Erkennen und Analysieren von Arbeitsstress in konkreten Situationen, die Vermittlung und praktische Anwendung verschiedener Techniken zur bestmöglichen Bewältigung von individuellen beruflichen Stresssituationen und die Übung innerhalb des Gruppensettings. Als psychologische Schlüsselkompetenz sollte das Seminar die Fähigkeit fördern, mit anderen Betroffenen in Kontakt und Austausch zu kommen und sich so gegenseitig zu unterstützen. Auch ging es darum, den persönlichen Umgang mit dem Erkennen und gegebenenfalls dem Verbalisieren von belastenden Emotionen zu fördern.

In den Folgetreffen erfolgte vor allem der gemeinsame Rückblick auf den Zeitraum nach Beendigung des Basisseminars. Hier wurde thematisiert, ob die persönlichen Ziele erreicht werden konnten, die jeder Teilnehmer am Ende der zweitägigen Intervention formuliert hatte, ob Schwierigkeiten aufgetreten waren, wie diese überwunden werden konnten und gegebenenfalls wie sich die Bedeutung der Arbeitsstresssituationen für die Teilnehmer geändert hatte.

174 Mitarbeiter, 66 % des angesprochenen Gesamtkollektivs (171 Männer, Alter 40,9 ± 7,78 Jahre), erklärten ihre Bereitschaft zur Teilnahme an der Ausgangsuntersuchung und wurden randomisiert in eine Interventions- und eine Warte-Kontroll-Gruppe. Von diesen nahmen 154 bzw. 131 (88,5 % bzw. 76 %) an den Folgeuntersuchungen nach einem bzw. zwei Jahren teil.

Hauptzielparameter des RCT war die subjektive Stressreaktivität (Stress-Reaktivitätsskala, SRS). Die Wirksamkeit des Trainings zur Stressbewältigung konnte in Form verminderter Stressreaktivität in der Interventionsgruppe nach einem Jahr nachgewiesen werden (Limm et al., 2011).

Ein wichtiges qualitatives Ergebnis der Intervention ist, dass eine risikobelastete, für psychosoziale Interventionen eher schwer erreichbare Zielgruppe von Männern zur engagierten und kontinuierlichen Teilnahme motiviert werden konnte. Neben der Verbesserung individueller Fähigkeiten im Umgang mit (beruflichem) Stress waren gerade ein verbessertes gegenseitiges Verständnis und ein verbesserter Zusammenhalt in den Gruppen zu beobachten.

Eine wichtige Voraussetzung für die gute Teilnahmerate der Zielgruppe war sicherlich die Studienteilnahme innerhalb der Arbeitszeit. Weiter war das Projekt – trotz starker Prägung durch Experten und das strenge Studiendesign – insofern partizipativ, als die Zielgruppe Untersuchungen und Stressmanagementtraining als ihr Anliegen auffasste, in den Trainings individuelle Themen der Teilnehmer besprochen wurden und dass weitere Interessengruppen (Werksleitung, Personalentwicklung, Gesundheitsdienst) in die Planung der Intervention von Anfang an eingebunden waren. Das führte zu sehr guter innerbetrieblicher Unterstützung des Projektes über die gesamte Projektlaufzeit.

Die Frage, was an der Intervention männerspezifisch war, lässt sich nur kasuistisch beschreiben. Dem Eindruck nach ging es um ubiquitäre, nicht geschlechtsspezifische Stress- und Arbeitsstresssituationen, wie sie in den Arbeitsstressmodellen beschrieben werden, die aber durch Rahmenbedingungen und Inhalte eines komplett Männer-dominierten Berufszweigs ihre ganz spezifische Ausprägung erhalten. So ist zum Beispiel die Androhung körperlicher Gewalt in Konflikten nichts ausschließlich Männliches, wird aber in einem von körperlicher Arbeit geprägten männlichen Berufszweig häufiger vorkommen. Die folgenden Kasuistiken sollen einen Einblick in typische in den Stressbewältigungstrainings verhandelte Themen gewähren.

Autoritätskonflikte und aggressive Emotionen: Unser Teilnehmer weist, als Vorgesetzter, einen Mitarbeiter (Staplerfahrer) an, er solle in der Halle bei der Montage mitarbeiten. Der Mitarbeiter widersetzt sich und bedroht den Vorgesetzten verbal (Verweis auf Betriebsrat, Androhung persönlicher Rache). Die Reaktion des Teilnehmers: Er fühlt sich in seiner Autorität und Rolle als Führungskraft missachtet und hat Angst vor der Aggression.

Konflikte im Selbstverständnis: Unserem Teilnehmer »platzt der Kragen« in einer Besprechung, wo er einen jüngeren Mitarbeiter, der offensichtlich Unsinn spricht, vor allen harsch zurechtweist. Die Reaktion des Teilnehmers: Während der Besprechung dominiert die Wut, danach eine Mischung aus schlechtem Gewissen bzw. Angst, Porzellan zerschlagen zu haben.

Empfundene Ungerechtigkeit der Organisation: Unser Teilnehmer ist als Meister für die Urlaubsplanung zuständig und hält sich an die konfliktträchtige Vorgabe, maximal drei Wochen Sommerurlaub zu genehmigen. Ein Mitarbeiter setzt seinen sechswöchigen Urlaub über den Betriebsrat und den Vorgesetzten des Teilnehmers durch. Die Reaktion des Teilnehmers: Er fühlt sich in die Rolle des Sündenbocks gedrängt und empfindet die Organisation als unfair.

Gratifikationskrise: Unser Teilnehmer, ein langjähriger, engagierter Meister, hat einen neuen »obersten Chef« (Spartenleiter), der einen fachlichen Disput beendet mit den Worten: »Sie müssen sich überlegen, ob Sie hier der richtige Mann sind.« Die Reaktion des Teilnehmers: Er ist wütend, gekränkt, seine langjährige Arbeit werde nicht wertgeschätzt, er hat Angst vor Versetzung und Arbeitsplatzverlust.

Hohe Anforderung – niedrige Kontrolle – geringe Unterstützung: Unser Teilnehmer als Segmentleiter hat zusätzlich ein zweites Segment übernommen; unerwartet ist das Segment von einer hohen Anzahl von Problemen und Fehlern belastet. Er versucht, sich in dem Wirrwarr zurechtzufinden, sein Chef will von ihm täglich Informationen und Lösungen, die er teilweise noch nicht geben kann. Die Reaktion des Teilnehmers: Er fühlt sich überfordert, vom Chef ungerecht behandelt und im Stich gelassen.

Zusammenwirken beruflicher und privater Belastungen: Unser Teilnehmer ist als Gruppenleiter in der Vormontage eingesetzt, wo überdurchschnittlich viele leistungsgewandelte Mitarbeiter arbeiten. Er ist mit vielen Fehlern der Mitarbeiter konfrontiert, die er auszugleichen versucht. Er ist zusätzlich familiär belastet durch die Trennung von Frau und Kindern, für die er Unterhalt zahlen muss, den er durch eine zusätzliche Arbeit (Zeitungsaustragen vor der eigentlichen Arbeit) zu verdienen sucht. Die Reaktion des Teilnehmers: Er fühlt sich extrem unter Druck, überlastet, hoffnungslos, depressiv.

Fazit

Prävention von Arbeitsstress ist machbar und wirksam – bei beiden Geschlechtern. Was ein Präventionsprogramm wirksam spezifisch für Männer macht, ist nicht ausreichend untersucht, sehr wahrscheinlich aber werden Männer über »männerspezifische« Zugangswege erreicht, zum Beispiel über betriebliche Angebote für definierte Zielgruppen und über einen partizipativen Ansatz.

Aus unseren Erfahrungen mit einem großen Stresspräventionsprogramm für Männer leiten wir die Hypothese ab, dass Männer beruflichen Stress als ihr Thema akzeptieren können, das Angebot, in geschütztem Rahmen ihre Erlebnisse im Gespräch auszudrücken und sich über emotionale Themen mit anderen auszutauschen, gerne annehmen und gegenseitige soziale Unterstützung sehr gut nutzen können. Niedrigschwellige betriebsnahe Angebote können somit gerade Männern den Zugang zu Stresspräventionsprogrammen erleichtern.

Literatur

Angerer, P., Gündel, H., Siegrist, K. (2014). Stress: Psychosocial work load and risks for cardiovascular disease and depression. Deutsche Medizinische Wochenschrift, 139, 1315–1319.

Backé, E. M., Seidler, A., Latza, U., Rossnagel, K., Schumann, B. (2012). The role of psychosocial stress at work for the development of cardiovascular diseases: A systematic review. International Archives of Occupational and Environmental Health, 85, 67–79.

Bhui, K. S., Dinos, S., Stansfeld, S. A., White, P. D. (2012). A synthesis of the evidence for managing stress at work: A review of the reviews reporting on anxiety, depression, and absenteeism. Journal of Environmental and Public Health, 515874; doi: 10.1155/2012/515874.

Bourbonnais, R., Brisson, C., Vézina, M. (2011). Long-term effects of an intervention on psychosocial work factors among healthcare professionals in a hospital setting. Occupational and Environmental Medicine, 68 (7), 479–486.

Gadinger, M. C., Fischer, J. E., Schneider, S., Terris, D. D., Krückeberg, K., Yamamoto, S., Frank, G., Kromm, W. (2010). Gender moderates the health-effects of job strain in managers. International Archives of Occupational and Environmental Health, 83 (5), 531–541.

Greenberg, J., Cropanzano, R. (Eds.) (2001). Advances in organizational justice. Stanford: Stanford University Press.

Grippo, A. J., Johnson, A. K. (2009). Stress, depression, and cardiovascular dysregulation: A review of neurobiological mechanisms and the integration of research from preclinical disease models. Stress, 12, 1–21.

Gündel, H., Glaser, J., Angerer, P. (2014). Arbeiten und gesund bleiben. Berlin u. Heidelberg: Springer.

Hasson, H., Brown, C., Hasson, D. (2010). Factors associated with high use of a workplace web-based stress management program in a randomized controlled intervention study. Health Education Research, 25 (4), 596–607.

Holt-Lunstad, J., Smith, T. B., Layton, J. B. (2010). Social relationships and mortality risk: A meta-analytic review. PLoS Med, 27 (7), e1000316.

Karasek, R., Theorell, T. (1990). Healthy work: Stress, productivity, and the reconstruction of working life. New York: Basic Books.

Kawakami, N., Araki, S., Kawashima, M., Masumoto, T., Hayashi, T. (1997). Effects of work-related stress reduction on depressive symptoms among Japanese blue-collar workers. Scandinavian Journal of Work, Environment & Health, 23 (1), 54–59.

Keller, M., Haustein, T. (2012). Vereinbarkeit von Familie und Beruf. Ergebnisse des Mikrozensus 2010. Wirtschaft und Statistik, 1, 30–50.

Kivimäki, M., Vahtera, J., Elovainio, M., Virtanen, M., Siegrist, J. (2007). Effort-reward imbalance, procedural injustice and relational injustice as psychosocial predictors of health: Complementary or redundant models? Occupational and Environmental Medicine, 64, 659–665.

Kobayashi, Y., Kaneyoshi, A., Yokota, A., Kawakami, N. (2008). Effects of a worker participatory program for improving work environments on job stressors and mental health among workers: A controlled trial. Journal of Occupational Health, 50 (6), 455–470.

Kudielka, B. M., Kirschbaum, C. (2005). Sex differences in HPA axis responses to stress: A review. Biological Psychology, 69 (1), 113–132.

Lamontagne, A. D., Keegel, T., Louie, A. M., Ostry, A., Landsbergis, P. A. (2007). A systematic review of the job-stress intervention evaluation literature, 1990–2005. International journal of occupational and environmental health, 13 (3), 268–280.

Lang, J., Ochsmann, E., Kraus, T., Lang, J. W. (2012). Psychosocial work stressors as antecedents of musculoskeletal problems: A systematic review and meta-analysis of stability-adjusted longitudinal studies. Social Science & Medicine, 75 (7), 1163–1174.

Limm, H., Gündel, H., Heinmüller, M., Marten-Mittag, B., Nater, U. M., Siegrist, J., Angerer, P. (2011). Stress management interventions in the workplace improve stress reactivity: A randomised controlled trial. Occupational and Environmental Medicine, 68 (2), 126–133.

Ndjaboué, R., Brisson, C., Vézina, M. (2012). Organisational justice and mental health: A systematic review of prospective studies. Occupational and Environmental Medicine, 69 (10), 694–700.

Peterson, M. (2004). What men and women value at work: Implications for workplace health. Gender Medicine, 1 (2), 106–124.

Richardson, K. M., Rothstein, H. R. (2008). Effects of occupational stress management intervention programs: A meta-analysis. Journal of Occupational Health Psychology, 13, 69–93.

Rivera-Torres, P., Araque-Padilla, R. A., Montero-Simó, M. J. (2013). Job stress across gender: The importance of emotional and intellectual demands and social support in women. International Journal of Environmental Research and Public Health, 14, 10 (1), 375–389.

Rothermund, E., Gündel, H., Kilian, R., Hölzer, M., Reiter, B., Mauss, D., Rieger, M. A., Müller-Nübling, J., Worner, A., von Wietersheim, J., Beschoner, P. (2014). Treatment of psychosomatic disorders occurring in the vocational context – concept and first findings. Zeitschrift für Psychosomatische Medizin und Psychotherapie, 60 (2), 177–189.

Rugulies, R., Bültmann, U., Aust, B., Burr, H. (2006). Psychosocial work environment and incidence of severe depressive symptoms: Prospective findings from a 5-year follow-up of the Danish work environment cohort study. American Journal of Epidemiology, 15, 163 (10), 877–887.

Siegrist, J. (1996). Adverse health effects of high-effort/low-reward conditions. Journal of Occupational Health Psychology, 1 (1), 27–41.

Stansfeld, S. A., Candy, B. (2006). Psychosocial work environment and mental health – a meta-analytic review. Scandinavian Journal of Work, Environment & Health, 32, 443–462.

Virtanen, M., Ferrie, J. E., Singh-Manoux, A., Shipley, M. J., Stansfeld, S. A., Marmot, M. G., Ahola, K., Vahtera, J., Kivimäki, M. (2011). Long working hours and symptoms of anxiety and depression: A 5-year follow-up of the Whitehall II study. Psychological Medicine, 41 (12), 2485–2494.

Virtanen, M., Ferrie, J. E., Singh-Manoux, A., Shipley, M. J., Vahtera, J., Marmot, M. G., Kivimäki, M. (2010). Overtime work and incident coronary heart disease: The Whitehall II prospective cohort study. European Heart Journal, 31 (14), 1737–1744.

Danksagung

Mein Dank gilt Frau Edith Brandolisio für die Hilfe bei der Erstellung und Verbesserung dieses Beitrags.

Johannes Siegrist

Männliches Leiden an der Arbeitswelt – Ursachen, Folgen, Lösungsansätze

Besondere Bedeutung des Berufs für Männer

Es lässt sich wohl nicht bestreiten, dass der Erwerbsarbeit eine fundamentale Bedeutung für die individuelle Lebensgestaltung in modernen Gesellschaften zukommt. Mit ihr wurden vormoderne Abhängigkeiten von Familienverband und staatlicher Fürsorge überwunden und Individualisierung und Autonomie fördernde Entwicklungen angestoßen. Mit der die gesellschaftliche Dynamik prägenden Triade von Ausbildung, beruflichem Status und Erwerbseinkommen haben sich die Sozialstrukturen industrieller und postindustrieller Gesellschaften herausgebildet, deren Qualität und Zukunftsfähigkeit wesentlich von den produktiven Leistungen der Erwerbsbevölkerung bestimmt wird. Nach wie vor bildet der Beruf für einen Großteil der erwachsenen Bevölkerung die entscheidende der kontinuierlichen Daseinssicherung dienende Erwerbschance, und neben dieser fundamentalen Tatsache der Erzielung eines kontinuierlichen Einkommens spielt der Beruf bei der Festlegung des sozialen Status im Leben Erwachsener eine führende Rolle. Mit diesem Status sind nicht nur Chancen gesellschaftlicher Anerkennung verknüpft, sondern auch Möglichkeiten des Zugangs zu sozialen Kreisen und Erfahrungen der Vergesellschaftung außerhalb von Primärgruppen. Berufsarbeit stärkt im positiven Fall die soziale Identität, da die Erbringung von Leistungen und die Ausübung von Verantwortung wichtige psychische Bedürfnisse, insbesondere die wiederkehrende Erfahrung von Selbstwirksamkeit und positiver Selbstbestätigung, erfüllen. Darüber hinaus stellt der Beruf wiederkehrende Anforderungen an das Leistungsvermögen der Arbeitenden, er eröffnet vielen Menschen neue Lernchancen und stimulierende Erfahrungen.

Allerdings stehen diese grundsätzlich positiv zu bewertenden Aspekte der Erwerbsarbeit nicht allen Menschen in gleicher Weise zur Verfügung. Vielen jungen Menschen ist der Zugang zum Arbeitsmarkt verschlossen oder zumindest erschwert. Menschen mit geringer Qualifikation oder gesundheitlichen Einschränkungen sind in erhöhtem Maß von langfristigem Arbeitsplatzverlust bedroht. Für manche ist die Ausübung des Berufs mit Erschwernissen und Gefährdungen verbunden, und jede Entwicklung persönlicher Fähigkeiten und kreativer Neigungen wird durch Zwänge monotoner, fremdbestimmter Arbeit im Keim erstickt. Ausgeprägte soziale Ungleichheiten im Zugang zu und in der Qualität der täglichen Erwerbsarbeit stellen eine ernst zu nehmende Hypothek unseres Gesellschaftssystems dar, und sie tragen, worauf weiter unten hingewiesen wird, zu den nach wie vor bestehenden ausgeprägten gesundheitlichen Ungleichheiten bei.

Warum sollen die positiven und negativen Aspekte der Erwerbsarbeit für Männer bedeutsamer sein als für Frauen? Ist dies ein billiges Vorurteil oder eine durch empirische Evidenz belegte Behauptung? Zunächst lassen sich an der Oberfläche der Betrachtung einige schlichte Tatsachen feststellen. Obwohl die Berufstätigkeit Männern und Frauen in gleicher Weise offensteht und obwohl der Anteil berufstätiger Frauen in den vergangenen Jahrzehnten kontinuierlich gestiegen ist, sind im Allgemeinen mehr Männer als Frauen im erwerbsfähigen Alter faktisch erwerbstätig. In der Europäischen Union sind gegenwärtig etwa 70 % der Männer und etwa 58 % der Frauen erwerbstätig. In Deutschland liegen diese Zahlen etwas höher. Insbesondere ist hier der Anteil der Vollzeitbeschäftigten bei Männern deutlich höher als bei Frauen. Weibliche Erwerbstätige sind in Deutschland etwa fünfmal so häufig wie männliche in Teilzeitarbeit beschäftigt. Damit zusammenhängend sind Männer in den Haushalten der meisten modernen Gesellschaften in größerem Umfang als Frauen Hauptverdiener und damit für die materielle Grundlage ihrer Familie hauptsächlich verantwortlich. Die Gesamtheit der Lebensjahre, die im Durchschnitt in der Erwerbstätigkeit verbracht werden, mithin die Kontinuität beruflicher Arbeit, ist bei Männern wesentlich höher als bei Frauen. Dies zeigt sich u. a. auch in der höheren Beschäftigtenquote von Männern im Vergleich zu Frauen in der Phase der Berufstätigkeit vor Renteneintritt (Wahrendorf u. Siegrist, 2011).

Mit der längeren Expositionsdauer im Beruf erfahren Männer die positiven und negativen Aspekte der Erwerbstätigkeit intensiver als Frauen. Dies zeigt sich besonders deutlich an negativen Folgeerscheinungen wie einer höheren Rate von Berufskrankheiten oder einer höheren Prävalenz arbeitsbedingter Unfälle. Auch sind Männer häufiger als Frauen in risiko- und belastungsreichen Berufen wie beispielsweise Baugewerbe, Bergbau, Transportsektor, Militär und Polizei tätig, und sie üben häufiger körperlich schwere Arbeiten aus. Ergonomische Belastungen wie Heben schwerer Lasten, Konfrontation mit Hitze und Kälte, starkem Lärm, aber auch toxischen Substanzen erfahren Beschäftigte mit geringer Qualifikation oder in prekären Beschäftigungsbeziehungen wie Leih- und Saisonarbeit besonders häufig. Auch hier ist der Anteil von Männern höher als derjenige von Frauen. Schließlich liegt auch der Anteil von Erwerbsminderungsrenten an allen Rentenformen bei Männern mit etwa 20 % höher als bei Frauen mit etwa 15 %. Vier Diagnosegruppen stehen bei Neuzugängen zu Erwerbsminderungsrenten im Vordergrund: Psychische und Verhaltensstörungen, Krankheiten des Muskel-Skelett-Systems, Krebserkrankungen und Krankheiten des Kreislaufsystems. Mit Ausnahme der erstgenannten Gruppe ist die absolute Zahl entsprechender Diagnosen bei Männern stets höher als bei Frauen (Dragano, 2007; Robert Koch-Institut, 2006).

Ein zweiter Grund für die höhere Bedeutung, welche die Berufstätigkeit mit ihren positiven und negativen Folgen für Männer im Vergleich zu Frauen besitzt, kann in dem Umstand vermutet werden, dass es männertypische Muster der Bewältigung beruflicher Anforderungen gibt. Die erwähnte Zentralität des Berufs in typischen männlichen Lebensentwürfen wird durch entsprechende Praktiken der Sozialisation gewährleistet und verfestigt, speziell durch die Verinnerlichung von Attributen der traditionellen männlichen Geschlechtsrolle. Hier mischen sich konstitutionell-biologische Geschlechtsdifferenzen mit gesellschaftlichen Rollenerwartungen an heranwachsende Männer. In ihnen werden Durchsetzungsfähigkeit, Konkurrenzstreben und latente Feindseligkeit, exzessive Leistungsorientierung, aber auch emotionale Gehemmtheit, Abwehr und Bagatellisierung von Belastungen vermittelt. Werden diese Bewältigungsstile im Alltag der Berufsarbeit praktiziert, so können sie kurz- und mittelfristig funktional sein und zu Erfolgen bei der Sicherung und Verbesserung des sozialen Status führen. Längerfristig trägt eine exzessive berufliche Verausgabungsneigung, gepaart mit Feindseligkeit und mangelnder Rücksicht auf die eigene Befindlichkeit, zu einer massiven Kumulation des Stresserlebens bei, welche mit den vorhandenen Anpassungs- und Kompensationsleistungen nicht mehr ausgeglichen werden kann und damit zum Ausbruch einer stressassoziierten Erkrankung prädisponiert (Siegrist u. Möller-Leimkühler, 2012).

Damit wird ein dritter, vorwiegend die negativen gesundheitlichen Folgen der Erwerbsarbeit bei Männern bezeichnender Aspekt beleuchtet: Bei manchen, bei Männern häufiger als bei Frauen zu beobachtenden Krankheitsbildern stellt die berufliche Stressbelastung einen eigenständigen Risikofaktor der Krankheitsentwicklung dar. Indem Männer dieser Stressbelastung häufiger und länger ausgesetzt sind bzw. diese durch ihre Bewältigungsmuster stärker begünstigen, erhöht sich dementsprechend auch die stressassoziierte Krankheitslast. Dies gilt, wie nachfolgend gezeigt wird, in besonderer Weise für die koronaren Herzkrankheiten, möglicherweise auch für Alkoholabhängigkeit (Head, Stansfeld u. Siegrist, 2004) und für muskuloskelettale Erkrankungen (da Costa u. Viera, 2011). Es scheint jedoch weniger für depressive Störungen zu gelten, da diese bei Frauen häufiger als bei Männern diagnostiziert werden. Allerdings ist hierbei das ernst zu nehmende Argument der Unterdiagnostizierung von Depressionen bei Männern zu beachten (siehe den Beitrag von Möller-Leimkühler in diesem Band). Wie gezeigt wird, sind die stressassoziierten Depressionsrisiken bei Männern mindestens ebenso hoch wie bei Frauen.

Zusammenfassend können wir festhalten, dass die Zentralität der Berufsrolle in männlichen Lebensentwürfen im Allgemeinen stärker als in weiblichen ausgeprägt ist, dass die im Beruf verbrachte Lebenszeit bei Männern höher ist und dass bestimmte Bewältigungsmuster in Kombination mit berufstypisch erhöhten Erkrankungsrisiken die gesundheitlichen »Kosten« von Männern gegenüber denjenigen von Frauen erhöhen.

Arbeitsstress und Krankheitslast

Wenn wir nach negativen Auswirkungen der Berufsarbeit auf die Gesundheit von Beschäftigten fragen, dann darf nicht vergessen werden, dass die Tatsache, von einer Beschäftigung infolge von Langzeitarbeitslosigkeit ausgeschlossen zu sein, mit einer zumindest vergleichbaren, wenn nicht sogar höheren Krankheitslast einhergeht (Dupre, George, Liu u. Peterson, 2012; Holleder, 2013). Ebenso wenig darf außer Acht gelassen werden, dass qualitativ hochwertige berufliche Beschäftigungsverhältnisse mit einem deutlichen Gesundheitsgewinn einhergehen. Dennoch ist es angezeigt, nach einer genaueren Bestimmung der arbeitsbedingten Krankheitslast zu fragen, insbesondere angesichts der Herausforderungen einer globalisierten Wirtschaftswelt. Wenn von der modernen Arbeitswelt und ihren Risiken für die Gesundheit der Beschäftigten die Rede ist, dann meinen wir vor allem, dass die folgenden Herausforderungen in ihrer Intensität und in ihrem Zusammenspiel etwas Neuartiges darstellen: (1) eine spürbare Zunahme des Leistungs- und Wettbewerbsdrucks, insbesondere als Folge der ökonomischen Globalisierung; (2) gesteigerte Anforderungen an Flexibilität, Mobilität und Anpassungsfähigkeit der Erwerbstätigen; (3) die zunehmende »Fragmentierung« der Erwerbsbiografie durch Berufswechsel, Umschulung, Zeitverträge, Perioden der Arbeitslosigkeit und generell gesteigerte Arbeitsplatzunsicherheit sowie (4) eine steigende »Tertiarisierung« des Arbeitsmarktes, das heißt ein wachsender Anteil von Beschäftigten in Dienstleistungsberufen, in denen entweder personenbezogene Dienste oder mit Informationsproduktion und -verarbeitung befasste Tätigkeiten ausgeübt werden.

Im Verein mit der Ausbreitung neuer Technologien einschließlich elektronischer Medien ergeben sich aus diesen Herausforderungen einschneidende Veränderungen, insbesondere auch unter dem Aspekt demografischen Alterns. Im Zusammenhang mit der erwähnten Zunahme des Leistungsdrucks moderner Erwerbsarbeit erscheint es wichtig, darauf hinzuweisen, dass die wirtschaftliche Globalisierung hierbei eine treibende Kraft darstellt. Denn mit dem dadurch erfolgenden Export von Marktwirtschaft und moderner Technologie in Schwellenländer wird nicht nur der Kapital- und Warenmarkt mit einer bisher unbekannten Dynamik ausgeweitet, sondern ebenso sehr der Arbeitsmarkt. In den Hochlohnländern entsteht damit ein globales Angebot an Arbeitskräften, und aufgrund internationaler Lohnkonkurrenz wächst der Rationalisierungsdruck. Dieser Druck manifestiert sich in Form von Restrukturierungen, zumeist verbunden mit Personalabbau, Firmenzusammenschlüssen und dem Auslagern weniger produktiver Bereiche. Als Folge erleben Beschäftigte vermehrt eine Intensivierung ihrer Arbeit, eine Zunahme der Arbeitsplatzunsicherheit bei gleichzeitiger Stagnation von Löhnen und Gehältern und begrenzten Aufstiegschancen. Diese negativen Erfahrungen sind sozial ungleich verteilt. Sie treffen beruflich geringer Qualifizierte und Angehörige von Randbelegschaften in besonderem Maße und spiegeln eine fortschreitende Segmentierung des Arbeitsmarktes in privilegierte versus benachteiligte Beschäftigtengruppen wider.

Die Identifizierung und Messung von Arbeitsstress, das heißt von krank machenden *psychosozialen Belastungen* moderner Erwerbsarbeit, sowie die Ermittlung ihres Einflusses auf das zur Diskussion stehende Erkrankungsrisiko stellen angesichts der Komplexität und Vielfalt von Arbeitsbedingungen eine große Herausforderung an die Forschung dar. Anhand eines theoretischen Modells können jedoch bestimmte Aspekte dieser komplexen Arbeitswelt herausgefiltert, auf einer abstrakten, das heißt verallgemeinerbaren Ebene identifiziert und in ihrem Zusammenspiel spezifiziert und anhand verfügbarer Methoden der empirischen Sozialforschung gemessen werden. Ein solches theoretisches Modell benennt somit diejenigen Bedingungen, die für das Zustandekommen arbeitsbedingter Gesundheitsstörungen ausschlaggebend sind. Zwei Arbeitsstressmodelle sind in den vergangenen 25 Jahren mit besonderer Intensität im Rahmen epidemiologischer Studien untersucht worden, wodurch umfangreiche Erkenntnisse zu ihrem Einfluss auf stressbedingte Erkrankungsrisiken gewonnen worden sind: das Anforderungs-Kontroll-Modell und das Modell beruflicher Gratifikationskrisen.

Das *Anforderungs-Kontroll-Modell* (Karasek u. Theorell, 1990) konzentriert sich auf bestimmte Aspekte des Tätigkeitsprofils, welches den Beschäftigten die Erfahrung von Autonomie und Selbstwirksamkeit ermöglicht oder verwehrt. Danach sind diejenigen Personen durch Arbeitsstress gesundheitlich besonders gefährdet, die hohen quantitativen Anforderungen ausgesetzt sind (z. B. permanenter Zeitdruck), ohne dass sie ausreichende Kontrolle und Entscheidungsmacht über die Ausführung ihrer Tätigkeit besitzen. Eine zusätzliche Dimension dieses Modells betrifft die verfügbare soziale

Unterstützung am Arbeitsplatz, welche im positiven Fall die erfahrene Belastung abzumildern vermag. Das in unserer Arbeitsgruppe entwickelte *Modell beruflicher Gratifikationskrisen* (zusammenfassend Siegrist, 2015) befasst sich mit den vertraglichen Bedingungen der Arbeit, das heißt dem Tauschprozess zwischen Leistung und Gegenleistung. Wird der Grundsatz der Tauschgerechtigkeit bei der Arbeit in der Form verletzt, dass einer hohen Verausgabung keine angemessene Belohnung gegenübersteht, dann werden »gratifikationskritische« Stressreaktionen ausgelöst. Belohnungen umfassen nicht allein Lohn oder Gehalt, sondern ebenso Aufstiegschancen, Arbeitsplatzsicherheit sowie nichtmaterielle Anerkennung und Wertschätzung des Geleisteten. Aufseiten der Verausgabung differenziert das Modell zwischen externen Anforderungen und einer intrinsischen Verausgabungsneigung der arbeitenden Person, welche in übersteigerter Ausprägung die stressassoziierte gesundheitliche Gefährdung ebenfalls erhöht.

Als Goldstandard der Forschung zur Beantwortung der Frage nach Auswirkungen von Arbeitsstress auf erhöhte Erkrankungsrisiken dient die prospektive epidemiologische Kohortenstudie. Hierbei handelt es sich um eine Längsschnittstudie an einer großen Zahl beschäftigter Personen, die bei Einschluss in die Studie frei von der untersuchten Krankheit sein müssen und bei denen zu Beginn das Ausmaß der Stressbelastung am Arbeitsplatz ermittelt wird (Expositionsmessung). Nach einer bestimmten Beobachtungszeit (typischerweise fünf Jahre) wird ermittelt, wer zwischenzeitlich an der interessierenden gesundheitlichen Störung neu erkrankt ist und ob die Neuerkrankungsrate bei Beschäftigten mit hoher Stressbelastung gegenüber denjenigen mit niedriger oder fehlender Stressbelastung erhöht ist. Dieses Chancenverhältnis schätzt die relative Risikoerhöhung anhand eines Zahlenwerts. Beispielsweise bedeutet ein relatives Risiko (bzw. eine Odds Ratio) von 2.0 eine Verdoppelung des Erkrankungsrisikos bei den von Arbeitsstress Betroffenen im Vergleich zur Gruppe der Beschäftigten ohne ausgeprägte Stressbelastung, deren Bezugsgröße 1.0 ist.

Zur stressbedingten Erhöhung des Risikos einer koronaren Herzkrankheit, vor allem eines nicht tödlichen oder tödlichen akuten Herzinfarkts, liegen aktuell Ergebnisse aus mehr als einem Dutzend solcher prospektiver Studien vor. Zusammenfassend lässt sich sagen, dass für jedes der beiden beschriebenen Modelle bei der Mehrzahl der Studien Risikoerhöhungen in einem Bereich von 1.2 bis 1.8 beobachtet worden sind (Backé, Seidler, Latza, Rossnagel u. Schumann, 2012; Steptoe u. Kivimäki, 2012). Bei Beschäftigten an Arbeitsplätzen, welche durch eine Kumulation belastender Erfahrungen nach beiden Arbeitsstressmodellen gekennzeichnet sind, erhöht sich das Risiko zusätzlich. Arbeitsstress trägt nicht nur zur Steigerung der Neuerkrankungsrate sowie der Wiedererkrankung nach überstandenem Erstinfarkt bei, sondern wirkt sich auch auf die Ausbildung wichtiger kardiovaskulärer Risikofaktoren (insbesondere Bluthochdruck) und auf den Verengungsprozess der Herzkranzgefäße (sog. Atherosklerose) negativ aus (Siegrist, 2015). Angesichts der Feststellung, dass etwa jeder vierte Beschäftigte von psychosozialen Arbeitsbelastungen in Form der beschriebenen Modelle betroffen ist, und angesichts der Tatsache, dass Herz-Kreislauf-Krankheiten noch immer die wichtigste Ursache vorzeitiger Sterblichkeit bei Männern darstellen, ergeben sich aus den genannten neuen Forschungsresultaten gesundheitspolitisch wichtige Folgerungen für die Prävention (siehe unten).

Noch umfangreicher ist die wissenschaftliche Beweislage zum Einfluss psychosozialer Arbeitsbelastungen auf das Depressionsrisiko, wobei hierzu Studienergebnisse bei Männern wie bei Frauen vorliegen. Neben den beiden erwähnten Modellen sind zusätzliche Aspekte belastender Arbeitsbedingungen im Zusammenhang mit depressiven Störungen untersucht worden, so insbesondere die erfahrene Ungerechtigkeit in den Arbeitsbeziehungen (Ndjaboulé, Brisson u. Vézina, 2012), die gesteigerte Arbeitsplatzunsicherheit (Ferrie, Shipley, Newman, Stansfeld u. Marmot, 2005) sowie exzessive Mehrarbeit (Virtanen, Stansfeld, Fuhrer, Ferrie u. Kivimäki, 2012). Eine neuere Übersicht über Ergebnisse zum Anforderungs-Kontroll-Modell gibt die Arbeit von Bonde (2008). Sie zeigt in der Mehrzahl der Fälle deutlich erhöhte Erkrankungsrisiken, wobei nicht stets die Kombination beider Modellkomponenten hierfür ausschlaggebend ist. Aktuell liegen die Resultate aus zehn prospektiven Studien zum Depressionsrisiko bei Vorliegen beruflicher Gratifikationskrisen vor. Sie zeigen übereinstimmend eine erhöhte Gefährdung bei beiden Geschlechtern, wobei dies nicht nur für Beschäftigte in europäischen Ländern, sondern auch in Amerika gilt (Siegrist, 2013, 2015). Gesundheitspolitisch bedeutsam ist der Tatbestand, dass Anerkennungskrisen im Beruf nicht nur bei Neuerkrankungsraten an depressiven Störungen, sondern auch bei depressionsbedingten Frühberentungen eine deutliche Rolle spielen (Juvani et al., 2014).

Es ist zu befürchten, dass die aus prospektiven epidemiologischen Studien ermittelten Befunde kein vollständiges Bild der tatsächlichen psychischen Gefährdung von Männern in der Arbeitswelt wiedergeben. Dies hängt mit der Tatsache zusammen, dass solche Studien in der Regel in Großbetrieben durchgeführt werden, in denen der Anteil stabil und qualifiziert Beschäftigter besonders hoch ist, denn hier ist am ehesten die Gewähr gegeben, die untersuchte Kohorte über einen längeren Zeitraum ohne gravierende Mobilitätsverluste verfolgen zu können. Studien über prekär beschäftigte Männer oder Männer mit diskontinuierlichen Erwerbsbiografien sind selten und in der Regel auf eine weniger aussagekräftige Querschnitterhebung begrenzt. Es gibt jedoch eine Reihe von Befunden, die zeigen, dass die erwähnten Arbeitsbelastungen bei spezifischen Risikogruppen besonders stark ausgeprägt sind und ebenfalls besonders starke Effekte auf die psychische Gesundheit ausüben.

Im Vordergrund steht die Gruppe der beruflich gering qualifizierten, in niedrigen Positionen in Betrieben beschäftigten Personen. Sie unterscheidet sich von den übrigen Gruppen häufig durch einen doppelten Problemdruck. Zum einen sind Angehörige niedriger sozialer Schichten häufiger von einer depressiven Krankheit betroffen als Angehörige höherer Schichten (Lorant et al., 2003), zum andern leiden sie häufiger als andere unter den oben definierten psychosozialen Arbeitsbelastungen (vor allem niedrige Kontrolle, Ungleichgewicht von Verausgabung und Belohnung) (Wahrendorf, Dragano u. Siegrist, 2013). So erstaunt es nicht, dass auch die Stärke des Effekts von Arbeitsstress auf depressive Symptome bei der niedrigsten sozioökonomischen Statusgruppe am stärksten ausgeprägt ist. Dies konnte für das Modell beruflicher Gratifikationskrisen im Querschnitt (Wege et al., 2008) und im Längsschnitt (Rugulies et al., 2013) nachgewiesen werden. Von Interesse ist ferner das Ergebnis einer australischen Längsschnittstudie, welches zeigt, dass die psychische Gesundheit der psychosozial am stärksten belasteten, am unteren Ende der betrieblichen Hierarchie stehenden Beschäftigten sich im Zeitverlauf im Vergleich zu besser gestellten Gruppen am deutlichsten verschlechterte und dass ihre Gesundheitswerte sogar schlechter waren als diejenigen von Arbeitslosen (Butterworth et al., 2011).

Koronare Herzkrankheiten und Depressionen sind nicht die einzigen, aber die bisher am intensivsten im Rahmen prospektiver Studien untersuchten stressassoziierten Krankheitsbilder. Die vorliegenden Befunde zeigen, dass die dadurch verursachte, besonders bei Männern erhöhte Krankheitslast kein unveränderliches Schicksal ist, sondern dass sie durch eine gezielte Verbesserung von Arbeit und Beschäftigung zumindest verringert werden kann.

Folgerungen für die Prävention

Ein erstes praktisches Ziel besteht darin, den aktuellen wissenschaftlichen Kenntnisstand zum Zusammenhang zwischen Arbeitswelt und stressbedingten Erkrankungsrisiken einflussreichen Entscheidungsträgern in Wirtschaft, Politik und medizinischem Versorgungssystem sowie einer größeren interessierten Öffentlichkeit zu vermitteln. Noch immer behindern weitverbreitete Vorurteile über die Rolle von Arbeitsstress bei der Entwicklung körperlicher und psychischer Störungen, Nichtwissen und Verharmlosungsstrategien angesichts des skizzierten Problemdrucks die ernsthafte Suche nach Lösungen. Adressaten eines solchen Vermittlungsprozesses sind in erster Linie Akteure auf betrieblicher und überbetrieblicher Ebene sowie Fachexperten und Politiker, welche die sozial- und wirtschaftspolitischen Entwicklungen auf lokaler, regionaler und nationaler Ebene mitgestalten. Weitere Ziele beinhalten den Ausbau von Früherkennungs- und Gesundheitsförderungsprogrammen in Betrieben und Organisationen sowie die Umsetzung von Maßnahmen medizinischer und beruflicher Rehabilitation von Personen, die aufgrund stressbedingter psychischer oder körperlicher Erkrankungen für längere Zeit ihrem Arbeitsplatz ferngeblieben sind und nun die berufliche Reintegration anstreben. Insgesamt sollten schließlich sozial- und arbeits- bzw. beschäftigungspolitische Rahmenbedingungen gestärkt werden, die einer Verbesserung der Arbeitsqualität dienen. Es ist einsichtig, dass konkrete Maßnahmen nach Problem- und Geltungsbereichen differenziert und bezüglich Umsetzungschancen in kurz-, mittel- und langfristige Zielsetzungen unterschieden werden müssen.

Auf der betrieblichen Ebene stellen optimierte Früherkennung und frühzeitige, leitliniengerechte Behandlung gesundheitlich gefährdeter, von psychischen und somatischen Krisen und Störungen betroffener Beschäftigter ein wichtiges Desiderat einer nachhaltig organisierten *Sekundärprävention* dar. Hierbei kann eine kompetente betriebsärztliche Erfassung und Bewertung von Informationen zu psychosozialen Arbeitsbelastungen die Entscheidungsfindung über therapeutische Maßnahmen sowie über zu empfehlende Tätigkeits- und Arbeitsplatzwechsel unterstützen. Bereits zeigen Modelle guter Praxis betrieblicher Wiedereingliederung insbesondere psychisch Kranker günstige Effekte einer integrativen, biopsychosoziale Aspekte des Krankheitsgeschehens berücksichtigenden Versorgungsstrategie (Siegrist, 2012). *Primäre Prävention* befasst sich demgegenüber vorrangig mit *Maßnahmen einer gesundheitsfördernden Organisations- und Personalentwicklung*. Dabei können Erkenntnisse aus der Grundlagenforschung in eine entsprechende Maßnahmenentwicklung integriert werden. Beispielsweise lassen sich dem erwähnten *Anforderungs-Kontroll-Modell* gezielt Anregungen entnehmen, den Entscheidungs- und Kontrollspielraum bei der Erledigung von Arbeitsaufgaben zu erweitern, indem Beschäftigte vermehrt Tätigkeiten vollständig ausführen können (»job enrichment«, »job enlargement«). Erweiterte Entscheidungsmöglichkeiten sind auch bezüglich der Mitgestaltung von Arbeitszeiten wünschenswert. Lernchancen bei der Ausübung täglicher Arbeit zu ermöglichen und intellektuelle Anforderungen zu stellen, erweist sich als eine sowohl die Arbeitsmotivation wie auch die psychische Gesundheit von Beschäftigten fördernde Aufgabe.

Strukturelle Änderungen im Rahmen betrieblicher Personalentwicklung beziehen sich nach den Ausführungen zum *Modell beruflicher Gratifikationskrisen* auf den Ausbau inner- und überbetrieblicher Qualifizierung, auf die Einbeziehung sogenannter Lebensarbeitszeitmodelle in die Personalplanung und auf die Etablierung einer fairen Lohnpolitik, die u. a. auch kompensierende Lohndifferenziale und von Arbeitnehmern erwerbsbiografisch erbrachte Investitionen angemessen berücksichtigen. Der zuletzt genannte Aspekt ist auch bei Entscheidungen über Umsetzungen und betriebsbedingte Kündigungen bedeutsam. Neben dem Belohnungsmittel Geld und neben der zentralen Bedeutung des Erhalts und der Weiterentwicklung beruflicher Positionen kommt nicht monetären Gratifikationen in Form von Wertschätzung geleisteter Arbeit und Anerkennung der Mitarbeiter durch ihre Vorgesetzten eine wichtige Funktion zu, da sie nicht nur Arbeitsklima und Wohlbefinden der Betroffenen, sondern auch stressassoziierte Erkrankungsrisiken zu beeinflussen vermögen. Die *Schulung guten Führungsverhaltens* ist daher eine notwendige Komponente aller Bemühungen um gesundheitsfördernde Organisations- und Personalentwicklung. Die Ergebnisse mehrerer an den erwähnten Arbeitsstressmodellen orientierter Interventionsstudien zeigen, dass durch solche Maßnahmen Gesundheit und Wohlbefinden der Beschäftigten verbessert und darüber hinaus in erheblichem Maß Kosten eingespart werden können, nicht zuletzt dadurch, dass der Umfang von Fehlzeiten verringert, die Rate von Fehlern bei der Arbeitsleistung gesenkt und zeitraubende Konflikte vermieden werden. Erfolgreiche Beispiele der Interventionsforschung aus Schweden und aus Kanada unterstreichen dies (Bourbonnais, Brisson u. Vézina, 2011; Romanowska et al., 2011).

Angesichts der Tragweite und Dynamik von Arbeitsbelastungen in einer globalisierten, von neoliberalen Kräften des Marktes bestimmten Wirtschaft reichen allerdings die auf einzelne Unternehmen und Organisationen oder auf ausgewählte Branchen begrenzten präventiven Maßnahmen nicht aus, um das Ausmaß arbeitsbedingter Krankheitslast auf der Ebene ganzer Populationen spürbar zu senken. Daher sind weitreichendere Bemühungen auf überbetrieblicher, staatlicher Ebene erforderlich, mit dem Ziel, die Erwerbsbevölkerung vor krank machenden Arbeitsbedingungen zu schützen und sie bei der Entwicklung gesundheitsfördernder Arbeit zu unterstützen. Hierzu eignet sich ein Bündel nationaler arbeits- und sozialpolitischer Programme. Im Zentrum stehen Maßnahmen der sozialen Absicherung gegen Existenzrisiken im Fall von Arbeitslosigkeit und Erwerbsunfähigkeit, ein leistungsgerechtes Rentensystem, vor allem jedoch Programme aktiver Arbeitsmarktpolitik, welche möglichst vielen arbeitsfähigen Personen den (Wieder-)Eintritt ins Erwerbsleben ermöglichen, beispielsweise bei bestehender Behinderung, nach längerer Krankheit oder bei zu kompensierenden Leistungsdefiziten (sog. Integrationsleistungen). In einer europaweit vergleichenden Studie konnten wir beispielsweise zeigen, dass ein enger statistischer Zusammenhang zwischen dem durchschnittlichen Niveau von Arbeitsstress bei den Beschäftigten eines Landes und dem Ausmaß an Investitionen besteht, welche das entsprechende Land in Programme einer integrativen Arbeitsmarktpolitik tätigt: Je höher diese Investitionen sind, desto niedriger ist die Ausprägung von Arbeitsstress (Wahrendorf u. Siegrist, 2014). Indirekt kann dadurch auch eine Senkung der dem Arbeitsstress zuzurechnenden Krankheitslast erzielt werden.

Abschließend lässt sich festhalten, dass eine Verringerung arbeitsbedingter Krankheitslast bei Beschäftigten, und besonders bei stärker und intensiver betroffenen männlichen Beschäftigten, durch den konsequenten Ausbau von Prävention, Therapie und Rehabilitation vordringlich ist. Entsprechende Maßnahmen bedürfen einer Verstärkung und Verstetigung durch nachhaltige Programme der Arbeits- und Sozialpolitik auf nationaler Ebene. Längerfristig sind Chancen gesunder Arbeit jedoch nur dann umfassend zu gewährleisten, wenn es gelingt, die destruktiven Wirkungen des unser Wirtschaftssystem dominierenden Prinzips »Eigennutz« durch die Stärkung von Solidarität und Tauschgerechtigkeit zu bekämpfen. Im Zuge einer solchen Entwicklung wird es auch erforderlich sein, von traditionellen Idealen und Rollenbildern der Männlichkeit Abschied zu nehmen und insbesondere das eindimensionale Leistungsstreben durch kreative Formen der Selbstentfaltung und eine Kultur des »Miteinander« zu ersetzen.

Literatur

Backé, E., Seidler, A., Latza, U., Rossnagel, K., Schumann, B. (2012). The role of psychosocial stress at work for the development of cardiovascular disease: A systematic review. International Archives of Occupational and Environmental Health, 85, 67–79.

Bonde, J. P. (2008). Psychosocial factors at work and risk of depression: A systematic review of the epidemiological evidence. Occupational and Environmental Medicine, 65, 438–445.

Bourbonnais, R., Brisson, C., Vézina, M. (2011). Long-term effects of an intervention on psychosocial work factors among healthcare professionals in a hospital setting. Occupational and Environmental Medicine, 68, 479–486.

Butterworth, P., Leach, L. S., Stradzdins, L., Olesen, S. C., Rodgers, B., Broom, D. H. (2011). The psychosocial quality of work determines whether employment has benefits for mental health: Results from a longitudinal national household survey. Occupational and Environmental Medicine, 68, 806–812.

Da Costa, B. R., Viera, E. R. (2011). Risk factors for work-related musculoskeletal disorders: A systematic review of recent longitudinal studies. American Journal of Industrial Medicine, 53, 285–323.

Dragano, N. (2007). Arbeit, Stress und krankheitsbedingte Frührenten. Wiesbaden: VS Verlag für Sozialwissenschaften.

Dupre, M. E., George, L. K., Liu, G., Peterson, E. D. (2012). The cumulative effect of unemployment on risks for acute myocardial infarction. Annals of Internal Medicine, 172, 731–737.

Ferrie, J. E., Shipley, M. J., Newman, K., Stansfeld, S. A., Marmot, M. (2005). Self-reported job insecurity and health in the Whitehall II study: Potential explanations of the relationship. Social Science & Medicine, 60, 1593–1602.

Head, J., Stansfeld, S., Siegrist, J. (2004). Psychosocial work environment and alcohol dependence. Occupational and Environmental Medicine, 61, 219–224.

Holleder, A. (2013). Beeinträchtigung der psychischen Gesundheit von Männern in Arbeitslosigkeit – ein Überblick. In L. Weißbach, M. Stiehler (Hrsg.), Männergesundheitsbericht 2013 (S. 159-171). Bern: Huber.

Juvani, A., Oksanen, T., Salo, P., Virtanen, M., Kivimäki, M., Pentti, J., Vahtera, J. (2014). Effort-reward imbalance as a risk factor for disability pension: The Finnish Public Sector Study. Scandinavian Journal of Work Environment and Health, 40, 266–277.

Karasek, R. A., Theorell, T. (1990). Healthy Work. New York: Basic Books.

Lorant, V., Deliège, D., Eaton, W., Robert, A., Philippot, P., Ansseau, M. (2003). Socioeconomic inequalities in depression: A meta-analysis. American Journal of Epidemiology, 157, 98–112.

Ndjaboué, R., Brisson, C., Vézina, M. (2012). Organisational justice and mental health: A systematic review of prospective studies. Occupational and Environmental Medicine, 69, 694–700.

Robert Koch-Institut (2006). Gesundheitsbedingte Frühberentung. Gesundheitsberichterstattung des Bundes, Heft 30. Berlin: Robert Koch-Institut.

Romanowska, J., Larsson, G., Eriksson, M., Wikström, B., Westerlund, H., Theorell, T. (2011). Health effects on leaders and co-workers of an art-based leadership development program. Psychotherapy and Psychosomatics, 80, 78–87.

Rugulies, R., Aust, B., Madsen, I. E. H., Burr, H., Siegrist, J., Bultmann, U. (2013).

Adverse psychosocial working conditions and risk of severe depressive symptoms. Do effects differ by occupational grade? European Journal of Public Health, 23, 415–420.

Siegrist, J. (2013). Berufliche Gratifikationskrisen und depressive Störungen. Der Nervenarzt, 84, 33–37.

Siegrist, J. (2015). Anerkennung in der Arbeitswelt. Forschungsevidenz und Prävention stressbedingter Erkrankungen. München: Elsevier.

Siegrist, J., Möller-Leimkühler, A. M. (2012). Gesellschaftliche Einflüsse auf Gesundheit und Krankheit. In F. W. Schwartz, U. Walter, J. Siegrist, P. Kolip, R. Leidl, M. Dierks, R. Busse, N. Schneider (Hrsg.), Public Health. München: Urban & Fischer.

Siegrist, K. (2012). Psychische Erkrankungen im Beruf. Expertise im Auftrag der VBG. Hamburg. Unveröffentlichtes Manuskript.

Steptoe, A., Kivimäki, M. (2012). Stress and cardiovascular disease. Nature Reviews in Cardiology, 9, 360–370.

Virtanen, M., Stansfeld, S. A., Fuhrer, R., Ferrie, J. E., Kivimäki, M. (2012). Overtime work as a predictor of major depressive episode: A 5-year follow-up of the Whitehall II study. PLoS One, 7, e30719.

Wahrendorf, M., Dragano, N., Siegrist, J. (2013). Social position, work stress and retirement intentions: A study with older employees from 11 European countries. European Sociological Review, 29, 792–802.

Wahrendorf, M., Siegrist, J. (2011). Working conditions in mid-life and participation in voluntary work after labour market exit. In A. Börsch-Supan, M. Brandt, K. Hank, M. Schröder (Eds.), The Individual and the Welfare State (pp. 179–188). Berlin: Springer.

Wahrendorf, M., Siegrist, J. (2014). Proximal and distal determinants of stressful work: Framework and analysis of retrospective European data. BMC Public Health, 14, 849.

Wege, N., Dragano, N., Moebus, S., Stang, A., Erbel, R., Jöckel, K. H., Siegrist, J. (2008). When does work stress hurt? Testing the interaction with socioeconomic position in the Heinz Nixdorf Recall Study. Journal of Epidemiology and Community Health, 62, 338–341.

Heino Stöver

Risikolust am Rausch – doing gender with drugs!

Frauen und Männer, Mädchen und Jungen haben je ihre eigenen Formen, ihr Geschlecht zu inszenieren und Weiblichkeits- bzw. Männlichkeitsformen in einer Welt zu konstruieren, die voll von kulturell relativ festgefügten Erwartungen und Anforderungen an das Verhalten beider Geschlechter ist. Insbesondere im Gesundheitsverhalten zeigen sich beide Geschlechter unterschiedlich, bezogen auf Wahrnehmungen, Zur-Sprache-Bringen von Störungs-/Krankheitssymptomen (vgl. kritisch: Dinges, 2007, S. 32), Gesundheitsbewusstsein (z. B. Risiko-/Gefahrenabschätzung), Inanspruchnahme von Vorsorgeuntersuchungen (Rohe, 1998) und Arbeitsunfähigkeiten (DAK, 2008). Männer bemerken Krankheitszeichen nicht nur später, sie negieren diese auch oft und gehen demgemäß seltener zum Arzt. Zusätzlich gibt es wichtige Unterschiede bezüglich der Möglichkeiten von Frauen und Männern, Gesundheit zu thematisieren: Mädchen und Frauen sind eher gewohnt und in der Lage, über ihren Körper zu sprechen, Veränderungen wahrzunehmen, sich darüber vorwiegend mit anderen Mädchen/Frauen auszutauschen und bestimmte Gesundheitsstrategien in diesem Prozess zu entwickeln.

Dieser Beitrag widmet sich dem Zusammenhang von Männlichkeitskonstruktionen und dem Gesundheitsverhalten, insbesondere dem Drogenkonsumverhalten von Jungen und Männern, und versucht, Antworten auf die Fragen zu finden, warum Männer so viel mehr Drogen nehmen als Frauen, warum traditionelle männliche Geschlechterkonstruktionen mit traditionellen Gesundheitsimperativen kollidieren müssen und wie man Jungen und Männer mit männerreflektierten Gesundheitsbotschaften erreichen kann.

Traditionelle Männlichkeitsproduktion

Bei Jungen und Männern in den meisten Ländern Europas kollidiert der Gesundheitsdiskurs immer wieder mit der Konstruktion von Männlichkeiten: »Je mehr die Gesundheitsforschung den Mann zum Gegenstand ihrer wissenschaftlichen Arbeit macht, desto deutlicher wird, wie krank Männer sind und wie krankmachend die gesellschaftlichen Bedingungen, unter denen Männlichkeit gelebt und exerziert werden muss« (Hollstein, 2001, S. 7). Der Maßstab traditioneller Männlichkeit »ist der vollerwerbstätige, heterosexuelle deutsche Mann mittleren Alters, der sich durch Leistungsstärke, Funktionstüchtigkeit, Anpassungsfähigkeit, Belastbarkeit, psychische und gesundheitliche Stabilität auszeichnet« (Lenz, 1998, S. 139). Die Abspaltung von sozialen, emotionalen Bedürfnissen und Bedürftigkeiten (Schwäche, Trauer, Ängste etc.) ist überaus wirksam, denn Emotionen sind weiblich konnotiert und verschwinden aus der männlichen Lebens- und Erfahrungswelt. Wer den traditionellen männlichen Normen von Stärke und Härte nicht genügen kann, sucht bei sich selbst nach Defiziten.

Traditionell wird von Männern erwartet, »ihren Mann zu stehen« in der Kindheit, im Beruf, in der Partnerschaft/Familie und unter Männern. Mut, Risikobereitschaft/-lust und -verhalten, Grenzüberschreitung bzw. Suchen von Grenznähe, Durchhalten in schwierigen und belastenden Lebenslagen sowie Aushalten von Schmerzen und psychisch belastenden Strukturen sind die Ingredienzien von Männlichkeitskonstruktionen. Gesundheitsverhalten als vorausschauende, erkennende und permanente Alltagsaufgabe findet hier keinen Platz. Getreu dem Motto »Was von allein kommt, geht auch von allein wieder weg« werden Professionelle und Selbsthilfegruppen bei auftretenden Störungen und Erkrankungen eher gemieden. Selbst ist der Mann, Inanspruchnahme von Hilfe ist ein Zeichen von Schwäche.

Im Grunde gelten nach wie vor die von Brannon und David (1976) entwickelten Leitbilder traditioneller Männlichkeiten in unserer Kultur:
- Der Junge und spätere Mann muss alles vermeiden, was auch nur den Anschein des Mädchenhaften, Weichen und Weiblichen erweckt. Seine männliche Identität erreicht er nur in klarer Absetzung vom anderen Geschlecht (»no sissy stuff«).
- Der Junge und spätere Mann muss erfolgreich sein. Erfolg stellt sich ein über Leistung, Konkurrenz und Kampf. Erfolg garantiert Position und Status. Nur wer Erfolg hat, ist ein richtiger Mann; der Erfolglose hingegen ist ein Versager (»the big wheel«).

- Der Junge und spätere Mann muss wie eine Eiche im Leben verwurzelt sein. Er muss jederzeit seinen Mann stehen, hart, zäh, unerschütterlich, unbesiegbar (»the sturdy oak«).
- Der Junge und spätere Mann ist wie ein Pionier im Wilden Westen oder wie ein Held auf dem Baseball-Feld. Er wagt alles, setzt sich ein, ist aggressiv, mutig, heftig und wild; er riskiert alles, ist der Siegertyp par excellence (»giv'em hell«).

Nach Böhnisch und Winter (1993) sind die Grundprinzipien männlicher Sozialisation außerdem durch die Aspekte Rationalität, Kontrolle, Körperferne, Stummheit, Gewalt und Externalisierung bestimmt. Die traditionelle männliche Rolle erwartet von einem Mann, dass er sich über seine Leistung definiert, als feminin konstruierte Eigenschaften vermeidet, Abenteuer und Risiken sucht und Schwächen verheimlicht oder nur in geschützten Bereichen (Partnerschaft, Familie) offenbart (Bockholt, Stöver u. Vosshagen, 2009).

In welchen Bereichen männlichen Lebens wir auch immer Männlichkeitskonstruktionen auf der Spur sind, werden wir gesundheitlich hoch problematischen Konsequenzen begegnen, die in weiten Teilen weder analysiert noch thematisiert werden. Mittlerweile ist auch in die Mainstream-Diskussion der Gesundheitsberichterstattung von Krankenkassen eingegangen, dass männliches Gesundheitsverhalten »häufig mit traditionellen Männlichkeitsidealen wie Leistungsorientierung und Verneinung von Schwäche begründet [wird] und [...] sicherlich auch dazu bei[trägt], dass der durchschnittliche Krankenstand der Männer im Vergleich zu den Frauen niedriger ist« (DAK, 2008, S. 98). Pointiert gesagt: Zum Mannsein gehören zwar Gesundheit und Fitness, nicht aber ein dauerhaftes Gesundheitsverhalten.

Drogenkonsum als eine Form von Kompensation der Belastungen traditioneller Männlichkeitskonstruktionen

Drogenkonsum, Rausch und Sucht sind neben Gewalt wesentliche Determinanten für Männlichkeitskonstruktionen und Männlichkeitsinszenierungen. Mit Drogen lassen sich die Folgen traditioneller Männlichkeitsrollen kompensieren, mit ihnen lassen sich auch Vorstellungen tradierter Männlichkeitsbilder von Vitalität und Tatendrang sowie Wertvorstellungen von Erfolg, Geld und Status inszenieren, sie unterstützen Männer bei Grenzüberschreitungen, füttern Omnipotenz- und Unverletzlichkeitsgefühle bis hin zum Größenwahn und oftmals kompletter Fehleinschätzung der eigenen Ressourcen.

Drogen spielen in männlichen Lebenskonzepten daher eine herausragende Rolle als Demonstrationsmittel von Stärke, als Anti-Stressmittel, als Symbol von Grenzüberschreitung und Gefährlichkeitssuche, als Kommunikations- oder Rückzugsmittel oder als soziales Schmiermittel überhaupt. Auch bei den nicht stoffgebundenen Süchten findet sich ein hoher Anteil an Männern, wie dem pathologischen Glücksspiel (Relation Männer zu Frauen etwa 9:1). Dies ist vor allem deshalb eine Männerdomäne, weil sich damit der große männliche Traum von Größe durch Geld am besten träumen lässt. Drogenkonsum, auch in exzessiven Formen, macht Sinn und hat in der männlichen Sozialisation seinen festen rituellen Platz: Doing gender with drugs (vgl. Haase u. Stöver, 2009).

Der Konsum psychotroper Substanzen, ob gelegentlich oder dauerhaft, moderat oder exzessiv, scheint für viele Jungen und (junge) Männer ein probates Mittel, grundsätzliche Probleme wie Sprachlosigkeit, Ohnmacht, Isolation, Bedeutungsverlust, Armut oder Identitätskrise für einige Zeit zu lösen. Auf Dauer und in hohen Dosen genommen, verschärfen sich jedoch viele Probleme durch nicht mehr zu ignorierende gesundheitliche, soziale oder familiäre Folgen. Jungen und Männer sind bei Problemen resultierend aus Alkohol- und Drogenabhängigkeit besonders stark betroffen. Gleichzeitig sind ihre Fähigkeiten, Ressourcen und Aussichten, diese Problematik zu bewältigen, unterentwickelt – angefangen bei der geringeren und oft sehr späten Inanspruchnahme von Hilfeangeboten bis hin zu der gefühlten und gefürchteten Erosion des eigenen Männlichkeitskonzepts, nicht zu sprechen von geringeren Kommunikations- und Kooperationskompetenzen: »Lonesome Cowboy« bedeutet immer noch für viele Männer, alles mit sich abzumachen und die Hilfe anderer als Schwäche zu erleben.

Drogenkonsum unter Männern und Jungen – aktuelle Daten

Bei allen Drogenkonsumformen liegt der Männeranteil bedeutend höher als der Frauenanteil. Nur in einzelnen Alterskorridoren und meist nur vorübergehend lassen sich Annäherungstendenzen beobachten.

Rauchen: Der Anteil der aktuell Rauchenden liegt in der Erwachsenenbevölkerung bei 28 %. Dabei ist die Raucherquote bei Männern signifikant höher als bei Frauen (31 % vs. 24 %; vgl. RKI, 2014b, S. 113).

Alkoholkonsum: Ein Drittel der befragten Männer und gut ein Fünftel der befragten Frauen sind Risikokonsumenten. Frauen (27 %) geben im Vergleich zu Männern (14 %) deutlich häufiger an, nie Alkohol zu trinken. Bei Männern und Frauen ist der Anteil der Risikokonsumenten im jungen Erwachsenenalter zwischen 18 und 29 Jahren am höchsten. Mit 42 % liegt der Anteil bei den Männern dieser Altersgruppe aber signifikant höher als bei den Frauen mit 33 % (vgl. RKI, 2014b, S. 116).

Rauschtrinken: Das mindestens wöchentliche Rauschtrinken (d. h. sechs oder mehr Gläser alkoholische Getränke bei einer Trinkgelegenheit) ist bei jungen Männern zwischen 18 und 29 Jahren mit 9 % am weitesten verbreitet; ab einem Alter von dreißig Jahren sinkt der Anteil mindestens wöchentlicher Rauschtrinker bei Männern auf etwa 4 % bis 5 %. Bei Frauen ist das wöchentliche Rauschtrinken deutlich seltener (vgl. RKI, 2014b, S. 120).

Illegale Drogen: Mehr Männer als Frauen weisen eine substanzbezogene Störung auf. Lediglich für Medikamente zeigt sich ein höherer Anteil an weiblichen Abhängigen (vgl. DBDD, 2014, S. 28). Grundsätzlich werden alle illegalen Substanzen häufiger von Männern als von Frauen konsumiert (RKI, 2014a, S. 130), ebenso beim Gebrauch anabol-androgener Steroide (Schuppe, 2013).

Nicht stoffgebundene Süchte: Die Liste ließe sich beliebig fortsetzen, etwa im Bereich »nicht stoffgebundene Abhängigkeitserkrankungen«, und hier insbesondere beim »pathologischen Glücksspiel« oder »gestörten Medienkonsum«.

Funktionalität und Funktionen von Rausch in der männlichen Identitätsfindung

Rausch ist eine Herauslösung aus dem Wachbewusstsein – technisch gesprochen. Aber indem wir wissen, was uns erwartet, wenn wir die Grenzen unseres Wachbewusstseins übertreten – was kommt, kommen kann und kommen darf –, erfüllt der Rausch subjektiv und kollektiv bestimmte Funktionen: Wir setzen ihn zielbewusst als Medium der Handlungs- und Erlebenserweiterung ein. Der Ausspruch eines Jugendlichen: »Ich bin hier, um die Kontrolle zu verlieren«, drückt den zielbewussten Einsatz von »Rauschmitteln« in unserer hochkontrollierten Gesellschaft aus. Der negativ konnotierte Kontrollverlust wird durch die Umwertung des »gezielten Kontrollverlustes« kompensiert, drogeninduzierter Kontrollverlust als legitime und in hohem Maße bei Männern akzeptierte Verhaltensweise verankert. »Kampf- und Komatrinken« oder »binge drinking« (Wirkungstrinken innerhalb kurzer Zeit) vorwiegend unter männlichen Jugendlichen ist nur die aktuell am häufigsten diskutierte Form eines kollektiv gestalteten Kontrollverlustes und der bewussten Überschreitung des Wachbewusstseins.

Was auch immer an Handlungsgewinn durch Drogenkonsum erzielt wird, es kann nicht geschlechtsneutral diskutiert werden. Männliches »Rauschausleben« ist denn auch vor allem auf den Koordinaten von Macht, Drohung und Empfinden von Kollektivität einzuordnen. Die Macht ist von Bedeutung, weil sich viele Funktionalitäten des Rausches darauf konzentrieren, Macht auszuüben – über das weibliche Geschlecht und auch über andere, vorwiegend als »schwach« definierte Geschlechtsgenossen. Rausch hat bei Männern auch eine wichtigere Funktion als Initiationsritus, »Schmiermittel«, »Gefühlsmanager«, als Kommunikationsmittel und -enklave und als Form der Reduktion von Komplexität als bei Frauen. Das Besondere dabei ist, dass der männliche Rausch im öffentlichen Raum und meist in einem kollektiven männlichen Zusammenhang stattfindet. In diesem Kontext beinhaltet der Rausch in der Regel:
- Kollektiverfahrungen,
- bewusst gestaltete und beabsichtigte Regelverletzungen,
- Tabubrüche und Übergriffe,

- Abbau von Blockaden, Überwindung von Hemmschwellen und
- eine Erhöhung der Risikobereitschaft allgemein.

Diese Übertretungen werden vor allem bei der Verstärkung männlicher, zum Teil verborgener oder im Alltag nicht lebbarer Verhaltensweisen relevant wie (Fremd-/Auto-)Aggression und Gewaltanwendungen. Diese Äußerungen und Funktionalisierungen des Rausches führen im öffentlichen Raum und im Männerkollektiv für die Männer selbst und ihr soziales Umfeld zu erheblichen Problemen. Insofern ist der männliche Rausch eher substanz- und substanzwirkungs- als beziehungsorientiert.

Der berauschte Mann – Konstruktion von Männlichkeit – doing gender with drugs

Die Konstruktion sozialer Geschlechtlichkeiten (doing gender) kann den Blick für einen Verstehensansatz öffnen, Drogenkonsum weniger als Reaktion auf Problemlagen, sondern als bewusstes, gezielt eingesetztes und damit funktionales Instrument zur Herstellung von Geschlechtsidentitäten zu verstehen. Hier wird nicht das passive Moment, sondern die Aktivität der Person betont. Der Drogenkonsum ist ein traditionelles und hoch besetztes Medium, um Männlichkeiten herzustellen. Allein die Analyse von männlichen Sprachbildern über Alkohol zeigt, welche Bedeutung Alkohol für eine mutige und imponierende Männlichkeit besitzt und wie darüber »Helden« und »Versager« ausgedrückt werden (Schmitt, 2011).

Drogen – insbesondere der intensive Konsum von Alkohol, Tabak und illegalen Substanzen – bieten Abgrenzungsmöglichkeiten zum weiblichen Drogenkonsum und Differenzierungsmöglichkeiten (Ausschluss, Abwertungen, Abgrenzungen, Stärke- und Machthierarchien) unter den Männern selbst. Vor allem aber kann der (bestimmte) Konsum psychotroper Substanzen etwas freisetzen, das zur Herstellung und öffentlichen Äußerung von Männlichkeiten genutzt werden kann:
- Unverletzlichkeitsphantasien auszuleben,
- Größenwahn,
- intensives Erleben von Gruppe und Dynamik,

- Quantifizierung des (Sich-)Erlebens im »Kampf- und Komatrinken«,
- Trophäensammlung,
- Demonstration und Ausleben von Stärke und Macht.

Neben der Beeinflussung des bewussten Erlebens kommt beispielsweise dem exzessiven Alkoholkonsum also immer auch eine Symbolisierungsfunktion zu, die zu einer bestimmten Form von Kommunikation in der »Sprache des Alkohols« führt. Dabei sind das Erleben von Antriebssteigerungen, Grandiosität und das »Übersich-Hinauswachsen« Rauschgefühle, die männlich definierten Dynamiken entsprechen. Aber nicht nur der durch psychotrope Substanzen bewirkte Rausch, sondern auch die Berauschung über Gefühle und Erlebnisse dient als Herstellungsmedium von Männlichkeiten. Michael Apter beschreibt das in seinem Buch »Im Rausch der Gefahr« (1992): Gefahren werden konstruiert, um sie beHERRschen zu können. Da es keine basalen Herausforderungen in der Natur mehr zu bestehen gilt, werden sie künstlich im Sport- und Freizeitbereich hergestellt, um einerseits veränderte Zustände der Erregung (»thrill«, »Kick«, »Kitzel«, eben: Adrenalinstöße) erleben zu können, aber auch um diese Gefahrensituationen zu meistern: Surrogate (Ersatzgefahrenszenarien) wie Sky-diving, River-rafting, U-Bahn-Surfen, Auto-Rennen, Free-climbing. »Live fast – die young« ist die passende und hauptsächlich männlich-zugeschnittene Maxime.

Hegemoniale Männlichkeit und Drogenkonsum – Unsicherheiten in der männlichen Geschlechterrolle

Hegemoniale Männlichkeit definiert Connell (2000, S. 98) als »jene Konfiguration geschlechtsbezogener Praxis, welche die momentan akzeptierte Antwort auf das Legitimationsproblem des Patriarchats verkörpert und die Dominanz der Männer sowie die Unterordnung der Frauen gewährleistet (oder gewährleisten soll)«. Nehmen wir diese Aussagen, dann finden wir diese traditionellen Muster zur Herstellung und Aufrechterhaltung von Männlichkeiten (wie »Versorgen/Ernähren«, »Beschützen« und »Unterordnung von Frauen«)

auch und vor allem in drogenbezogenen Verhaltensweisen, Kollektiven und Subkulturen wieder (siehe Tabelle 1).

Tabelle 1: Hegemoniale Männlichkeit in drogenbezogenen Kontexten

Merkmale	(Sub-)Kulturen	Drogenbezogene Verhaltensweisen und Subkulturen, z. B. über:
Versorgen/Ernähren (Provision)	bestehende Fertigkeiten und Fähigkeiten	Anbau/Herstellung, Vertrieb von Drogen; Drogenkonsum zur Antriebs-/Leistungssteigerung, Bewältigung von Stress im Arbeitsleben; im Sozialen: Autorität und Souveränität über das Ausschenken von Alkoholika bei Tisch u. a.
Beschützen (Protection)	öffentliche Demonstration von Mut, Risikobereitschaft	Gewaltmonopol der Männer; Kontrolle der Prostitution
Unterordnung/Abwertung von Frauen und Männern (Procreation)	Frauenfeindlichkeit, Homophobie, Demonstration heterosexueller Potenz	Abwertung anderer, traditionelle Beziehungsformen, Status/Hierarchien, Drogen-/Alkoholgebrauch als Machtausdruck

Connell (2000, S. 98) diagnostiziert einen »dramatischen Kontrast zwischen einerseits kollektiver Privilegiertheit und andererseits persönlicher Unsicherheit« von Männern und betrachtet diese Diskrepanzen als »Schlüsselsituation der gegenwärtigen Männerpolitik«. Bezogen auf die Debatte Rausch, Drogenkonsum und Abhängigkeit findet sich damit eine wesentliche Beschreibung der Unsicherheiten in der männlichen Geschlechterrolle. Um diese Unsicherheiten zu verarbeiten, dient insbesondere der Alkoholgebrauch als Stimulations- und Kompensationsmittel, um die aus der hegemonialen Männlichkeit als kulturelles Ordnungsmuster resultierenden Spannungen auszubalancieren. Alkoholgebrauch dient als Copingstrategie tra-

ditioneller Männlichkeit: Verdrängen, Abspalten und Abschotten. Dieser Konsum muss im Kontext der Verunsicherung männlicher Geschlechterrollen diskutiert werden. Jakob Müller (1996) hat darin Suchtursachen für Männer entdeckt:
- Durch die Abwesenheit männlicher Bezugspersonen entsteht eine Geschlechtsunsicherheit.
- Damit verbunden ist das Fehlen von vorgelebten Identifikationsangeboten.
- Traditionelle männliche Rollenzwänge prädestinieren zum Alkoholkonsum.
- Alkohol dient als Ersatz für blockierte Gefühlswahrnehmungen.
- Weiter wird er als Konfliktregulierungsmittel eingesetzt.
- Alkohol stellt ein ideales Medium einer Scheinwelt mit positivem Selbstbild und emotionalem Selbsterleben dar (vgl. Schreiber, 2014).

Martin Sieber (1996) beschreibt mit seiner MOA-These (Macht-Ohnmacht-Alkoholkonsum) den Zusammenhang und Kreislauf vom Bedürfnis nach Macht, erlebter Ohnmacht und Alkoholkonsum. Einerseits sei das Dominanzstreben bei der Alkoholkonsumgruppe junger Männer am höchsten, und andererseits korreliere der Wunsch nach vergrößerter persönlicher Macht mit starkem Trinken. Da der historische Prozess der Verunsicherung der männlichen Geschlechtsrolle ein fundamentales Bedrohungsszenario des Mannseins darstellt, ist vor diesem Hintergrund zu fragen, warum nicht (noch) mehr Männer Alkohol als Bewältigungsmittel einsetzen. Diese Frage korreliert mit der salutogenetischen Perspektive der Gesundheitsförderung: Wir fragen zunehmend danach, warum und wie Menschen gesund bleiben. In den Kontext von »Mann, Sucht und Männlichkeit« gebracht heißt das: Wie schaffen es Männer trotz der Versuchung, Alkohol und andere Drogen als Konstruktionszement für Männlichkeit zu nutzen, »gesund« zu bleiben und in Bezug auf Alkohol- und übrigen Drogengebrauch risikoarme Konsummuster zu entwickeln und aufrechtzuerhalten?

Wenn es stimmt, wie Connell annimmt, dass männliche Jugendliche und Männer ihre soziale Männlichkeit und ihr männliches Selbstbild vor allem auch in Abhängigkeit von Verachtung und

Abwertung von Frauen und »schwachen Männern« entwickeln, nicht jedoch aus der Wertschätzung der eigenen Männlichkeit, dann geht es während der Adoleszenzphase vor allem darum, eine Geschlechtsrollen-Ambiguitätstoleranz aufzubauen. Diese Toleranz entspricht der Fähigkeit, widersprüchliche Rollenanforderungen aushalten und konstruktiv in das eigene Selbstbild und das eigene Lebenskonzept integrieren zu können.

Aber wie soll welches »Mannsein« gestärkt und entwickelt werden? Worauf sollen sich die Empowerment-Strategien beziehen? Wann ist der Mann ein Mann? Winter und Neubauer (2001) geben mit ihrem Modell »balanciertes Junge- und Mannsein« Antworten auf diese Fragen. Unter anderem streben sie mit ihrem Modell an, Jungen und Männer bei der Entwicklung einer Sensibilität für die Geschlechtsrollen-Ambiguität zu unterstützen, indem sie beide (zusammengehörigen) Seiten des »Mannseins« bewusst machen (vgl. Stöver, 2007).

Genderkonstruktionen und Gesundheitsrisiken: Wann ist ein Mann ein Mann – und wie gesund ist er dann?

Der Mann wird immer mehr zum Sorgenkind der Prävention und Gesundheitsversorgung und -vorsorge, denn für ihn gelten eine geringere Lebenszeit sowie insgesamt erheblich höhere Prävalenzen in Morbidität und Mortalität bei: Unfällen, Krebs (Lunge, Speiseröhre, Mundhöhle, Rachenbereich, Leber), Herzinfarkt, Übergewicht, Muskel-Skelett-Erkrankungen, HIV-Infektionen, Aids, Drogenabhängigkeit (einschließlich Doping und Steroide; ausgenommen Medikamentenabhängigkeit), Suiziden und Mordopfern (vgl. Klingemann, 2009). Viele dieser überdurchschnittlichen Häufigkeiten von Erkrankungen und Todesfällen bei Männern sind verhaltensbedingte und daher veränderbare Konsequenzen männlichen Lebens. Sie sind aber auch Tribute an spezifische Anforderungen an Jungen und Männer in unserer Gesellschaft, insofern sind sie auch verhältnisbedingt und nicht einfach veränderbar.

»Doing gender« ist ein harter Job, der zudem äußerst gesundheitsriskant ist. Dem »harten Mann« wird alles an Risiken abverlangt, um alle Männlichkeitserwartungen zu bedienen: auf den Körper nur zu achten, wenn er gestählt werden soll, innere Signale zu ignorieren, Gefahrenvermutungen der Männlichkeitsinszenierung unterzuordnen. Riskante Lebensweisen mit wenig Schlaf, reichlichem Drogenkonsum (einschließlich Nikotin und Alkohol), riskanten Sportarten und Freizeitbeschäftigungen (z. B. Motorradfahren und Klettern), unausgewogener Ernährung und zu wenig Bewegung (z. B. als Couch-Potato oder Gameboy-/Onlinespieler). Lebenszerstörerische Einstellungen, aggressive Verhaltensweisen und geringe Selbstsorge werden für ausgesprochen männlich gehalten, während Vorausschau, Abwägung, Vorsicht, persönliche Verwirklichung und Zufriedenheit weiblich konnotiert sind und daher eher als »unmännlich« diskriminiert werden. Der Mann versucht mit allen Mitteln, und man könnte auch sagen »zwanghaft«, Angst, Abhängigkeit, Unterordnung, Unterwerfung, Verlust der Kontrolle und Passivität zu verleugnen. Die Pflicht, gesund zu sein, macht ihn krank und hindert ihn daran, sich gesund zu verhalten. Krankheit und Schwäche werden nur im häuslichen bzw. geschützten Rahmen zugegeben und ausgelebt.

Meuser (2007) sieht einen Grund für dieses Phänomen darin, dass es sich bei der Forderung nach einem gesundheitsadäquaten Verhalten aus Männersicht um einen Defizitdiskurs handelt, der ihre vermeintlichen Schwächen in Bezug auf ihre Gesundheit in den Mittelpunkt rückt. Diese »vernünftig« daherkommenden gesundheitspädagogischen Überlegungen zur permanenten Risikoexposition des Mannes funktionieren dann wie eine Strafpredigt: »Weil und wenn sich Männer nicht gesundheitsförderlich verhalten, folgt zwingend die Strafe in Form von Krankheit oder einem kürzeren Leben« (Dinges, 2007, S. 24). Dieser Defizitdiskurs – übrigens auch von Männerforschern mantrahaft selbst geführt (z. B. Hollstein, 2001) – kollidiert aber gerade mit den (meisten) Männlichkeitsvorstellungen von Stärke und Autonomie und kann deshalb bei den Zielgruppen kaum verfangen.

Wenn es um den genderbezogenen Blick auf Gesundheitsverhalten geht, muss beachtet werden, dass Jungen und Männer seltener als medizinisch bedürftig definiert werden, oder umgekehrt, wie Ute Wülfing (1998, S. 114) herausarbeitet, wird, was die gesundheitliche Versorgung von Frauen angeht, ein Klima der Bedürftigkeit aufgebaut: »Nach ärztlicher Zuschreibung bleiben Frauen das ›kranke Geschlecht‹, werden zweieinhalbmal so häufig Pillenschlucker/-innen wie das andere Geschlecht und stimmen chirurgischem Zugriff auf ihre inneren und äußeren Genitalorgane in der Regel ohne großen Widerstand zu.« Der Androzentrismus des Medizinsystems (sowohl in Forschung als auch Angebotsstrukturen) nimmt noch traditionell eine Zuschreibung von Krankheit auf Mädchen und Frauen vor, die Jungen und Männer auf der Behandlungsebene ausblendet. Ärztliche Diagnosen und Verordnungen beispielsweise werden bei Mädchen in der Pubertät und später bei Frauen erheblich häufiger als bei Jungen und Männern vorgenommen. Ernst und Füller (1989, S. 11) schließen für den Lebensabschnitt der Pubertät, dass »männliche Jugendliche die schwierige Phase der Pubertät weitgehend ohne ärztliche Unterstützung bewältigen, [dagegen] scheinen die Mädchen ohne intensive medizinische Betreuung verloren zu sein.«

Diese Praxis schafft Abhängigkeit vom Medizinsystem, schafft permanent Bedürftigkeiten, während Jungen und Männern offenbar zugetraut wird, trotz geschlechtstypischer und überproportionaler Auffälligkeiten allein mit Problemen fertigwerden zu können. Jungen und Männer werden also vom traditionellen Medizinsystem als »gesundes Geschlecht« betrachtet. Diese Medizinalisierung des Geschlechts (vgl. Kuhlmann u. Kolip, 2005) kann durchaus Vorteile darin haben, von einer Verkrankungspolitik unentdeckt und damit verschont zu bleiben. Die Nachteile liegen allerdings darin, dass das Gesundheitssystem bis dato eine wenig männerspezifische Ausrichtung erfahren hat, sowohl was Angebote als auch Ansprache angeht. In Deutschland gilt allgemein immer noch: »Gender means women« (Scambor u. Scambor, 2006).

Deutlich wird das in der Politik des Bundesgesundheitsministeriums, das zwar einerseits übergeordnet den zentralen gesundheitspolitischen Stellenwert einer zielgenauen, geschlechterdifferenzierten Gesundheitsvorsorge und -versorgung anerkennt und auch die Tatsache, dass die gegenwärtige gesundheitliche Versorgung nicht genügend auf die spezifischen gesundheitlichen Anforderungen von Frauen und Männern eingeht. Andererseits thematisiert es dann aber als Beispiel einer geschlechtersensiblen Sichtweise die Gesundheitsrisiken und Krankheiten, die ausschließlich bei Frauen auftreten, bei Frauen häufiger vorkommen oder schwerwiegender verlaufen (Gewalt gegen Frauen, gesundheitliche Prävention bei Frauen in der zweiten Lebenshälfte, Hormonersatztherapien, Wechseljahre und Hormontherapie). Daran hat auch eine (verordnete) Gender-Mainstreaming-Debatte wenig geändert: Auch sie konzentriert sich im Wesentlichen auf die gesellschaftlichen Benachteiligungen und biologischen Aspekte bei Frauen – ein Phänomen »einseitiger Vergeschlechtlichung« (Schwarting, 2005, S. 165).

Einerseits werden also wenig bis keine den männlichen Identitäten entgegenkommende Gesundheitsangebote und -strategien vorgehalten, andererseits ist ein Resultat des traditionellen Medizinsystems das Unentdecktbleiben für den medizinisch-therapeutischen Zugriff.

Der Mann – unerreichbar für die Prävention?

Männer nehmen vor allem geschlechtsneutrale Gesundheitsförderungsangebote kaum in Anspruch (Altgeld, 2006). Aber ist das die einzige Möglichkeit, Gesundheit anzugehen? Sind traditionelle Gesundheitsangebote und ggf. auch die Gesundheitsdefinition weiblich konnotiert – um sich selbst sorgend, nach innen gekehrt, vorsichtig, dem vermeintlich »kranken Geschlecht« (den Frauen) zugewandt – und zementieren so traditionelle Weiblichkeit (Wülfing, 1998)? Müssten Gesundheitsangebote nicht da ansetzen, wo die männlichen Selbstinszenierungen verlaufen: entlang bewusster, gesuchter und freudvoll erlebter Risiken? Keinesfalls – und das gilt natürlich für Gesundheitsangebote für beide Geschlechter – sollten Gesundheitsangebote das Etikett von »Schwäche« tragen, sondern sie sollen stark machen: »Herkömmliche geschlechtsspezifische Bildungsangebote konservieren allzu oft das, was sie eigentlich verändern wollen« (Wülfing, 1998, S. 118).

Es geht um männliche Ess-, Trink-, Schlaf- und Arbeitsgewohnheiten und Umgangsweisen mit und Verarbeitung von Stress, Belastung und auch Freude. In diesen Bereichen sollten risikominimierende Angebote geschaffen werden, die Exzesse nicht verteufeln, sondern helfen, unerwünschte Nebenwirkungen vermeiden zu lernen. Es geht also um einen Abwägungsprozess zwischen Männlichkeitsinszenierungen und der Befolgung von Gesundheitsimperativen. Adäquate Lösungen können sich nur auf Risikomanagement beziehen, nicht auf Unterlassung des Risikos. Angebote sollten übergeordnet darauf abzielen, den Mann wieder in Kontakt zu bringen mit seinem Körper. Er ist nicht mehr in Berührung mit den Botschaften und Signalen, die ihm sein Körper sendet. Daher versucht er, seinen Körper mit Messungen und äußerlichen Manipulationen zu verstehen, also eher quantitativ, statt sich ein Gesamtbild von seinem physischen und psychischen Gesamtzustand zu machen.

Ein verändertes Gesundheitsverhalten – das steht außer Frage – ist mittlerweile von den meisten Männern gewollt. Doch was wollen sie dafür tun, was sind sie bereit zu verändern und zu investieren? Haase (1998, S. 71) meint, dass gesundheitsbezogene Einstellungen und Verhaltensweisen nur dann verändert werden können, wenn Männer »eine Veränderung ihrer Identität akzeptieren und diese in ihr Selbstbild integrieren. Identität ist hier zu verstehen als Erklärungs- und Bewertungsmuster eigenen Verhaltens, letztendlich das Selbstbild, das Mann von sich hat.« Auch Lenz (1998, S. 145) sieht die Hauptaufgabe für Gesundheitsangebote für Männer darin, »ein Bewusstsein der Männer für ihre personale Integrität zu schaffen«. Damit sollen Räume für die eigenen Befindlichkeiten geöffnet werden und es soll sensibilisiert werden für die eigene Geschlechtlichkeit.

Wie aber müssten die Gesundheitsangebote aussehen, die von Männern in Anspruch genommen werden? Jungen und Männer können gesundheitsrelevante Botschaften erst aufnehmen, wenn sie in Einklang stehen mit der Konstruktion ihres sozialen Geschlechts, mit ihren ureigenen Ressourcen, Rezeptions- und letztlich Lebensgewohnheiten. Das bedeutet, dass der Gesundheitsdiskurs an den Bedürfnissen der Jungen und Männer entlang entwickelt werden muss, beginnend mit den Öffnungszeiten der Arztpraxen bis hin zur Länge (bzw. Kürze) der Beipackzettel.

Der oben genannte DAK-Gesundheitsbericht mit dem Schwerpunkt »Männer und Gesundheit« zeigt einen erheblichen Bedarf gleichgeschlechtlicher Behandlung auf: »Für 20 % der Männer ist zudem wichtig, dass es eine Sprechstunde speziell für Männer gibt.

Und für 16 % der Männer ist eine Behandlung von Mann zu Mann sehr wichtig« (DAK, 2008, S. 100). Männerärzte, Männersprechstunden und Zentren für Männergesundheit werden aktuell diskutiert, wenn es um die Verbesserung der gesundheitlichen Vorsorge und Versorgung von Männern geht. Allerdings bietet die Tatsache, dass die meisten Hausärzte Männer sind, noch keine Gewähr dafür, dass diese auch männertypische Krankheitszeichen und Störungen erkennen.

Von der DAK befragte Experten sehen einen größeren Bedarf an interdisziplinären Männersprechstunden: »Zum einen auch, weil der hier ganzheitliche Zugang gegenüber männlichen Patienten eine differenzierte Befindlichkeitserhebung sowie umfassende Diagnostik, z. B. auch im Hinblick auf Depressionen, erlaubt. Zum anderen weil erwartet wird, dass die Männersprechstunde als ergebnisoffenes Patientengespräch zu einem informierten Gesundheitshandeln führt, beispielsweise im Sinne einer zielgerichteten Vorsorge« (DAK, 2008, S. 100).

Wie können Männer motiviert werden, mehr für ihre Gesundheit zu sorgen? Dies ist eine zentrale gesellschaftliche Herausforderung. Der österreichische Männergesundheitsbericht (Bundesministerium, 2004) schlägt vor, »Männer durch Gesundheitsinformationsveranstaltungen wie Männergesundheitstage und Gesundheitskampagnen zu motivieren, besser auf ihre eigene Gesundheit zu achten und die Sensibilität für die körperlichen Warnsignale zu erhöhen. Dies wird nur möglich sein, wenn die bestehenden Gesundheitsangebote männerfreundlicher werden und die Bedeutung von Lebensstiländerungen für Männer auch in den Medien nachhaltiger verbreitet wird.«

Thomas Altgeld (2004, S. 279) hat vier Haupthandlungsfelder für die Entwicklung einer männergerechteren Gesundheitsförderung und -versorgung skizziert:
- »Sensibilisierung und Qualifizierung von Multiplikatoren im Gesundheits-, Sozial- und Bildungsbereich für männerspezifische Gesundheitsproblematiken und Gesundheitsförderungsansätze;
- Entwicklung einer jungen- und männerspezifischen Gesundheitskommunikation;
- Ausdifferenzierung von klar umrissenen Subzielgruppen;
- Implementation von Gender-Mainstreaming als Querschnitts-

anforderung und Qualitätsmerkmal von Gesundheitsförderung und Prävention«.

Auch setzt sich in den letzten Jahren eine verstärkte Diskussion um geschlechtshomogene Arbeit in Therapie, Pädagogik etc. durch. Für Männer heißt dies, sie können zusammen mit anderen Männern Schwächen eingestehen, ohne das Gefühl in gemischtgeschlechtlichen Gruppen zu erfahren, vorgeführt zu werden oder als »dumme Jungs« dazustehen. Im Rahmen männlicher Solidarität sind viele brisante Lebens- und Gesundheitsfragen eher oder überhaupt bearbeitbar.

Männergesundheit, so schreibt Altgeld (2006, S. 79), »hat sich zumindest im Bereich ›neuer‹ medizinischer Dienstleistungen und Wellnessangebote zu einem Boomthema entwickelt«. Ohne politische Unterfütterung droht das zarte Pflänzchen Männergesundheitsbewegung kommerzialisiert zu werden (Kolip, Lademann u. Deitermann, 2004), und das unterscheidet sie fundamental von der Frauengesundheitsbewegung. Die Gesundheits-/Wellness-/Schönheitsindustrie wendet sich nun den Männern zu: Sie erfindet neue Männlichkeitsprodukte (Muskelproduktionsmaschinen und -studios, Steroide) und neue Männerkrankheiten sowie Therapien, die im Grunde lediglich versprechen, Alterungsprozesse zu verlangsamen und Alterungssymptome zu kaschieren, Mittel, die alles versprechen und nichts halten. Insbesondere der männliche Körper gerät (wieder) in den Fokus der Schönheitsindustrie, in ihm hat man eine bislang vernachlässigte Fläche für Männlichkeitsdemonstrationen entdeckt: Gestählte Körper drücken als Muskelpanzer Immunität gegenüber zunehmend geforderter Sensibilität und fürsorglicher Verantwortungsübernahme in der Partnerschaft, Kinderversorgung, Familie und im Haushalt aus.

Diese Entwicklung vollzieht sich, ohne dass eine kritische Männergesundheitsbewegung ein Korrektiv abgeben würde (etwa »Meine Gesundheit gehört mir«). Sie fehlt schlicht und damit eine kritische Aufarbeitung des industriell gesteuerten Gesundheits-, Wellness- und Schönheitsmarktes. Der Trend geht in Richtung Angleichung der Geschlechter. Dies wird besonders deutlich im schönheitschirurgischen Markt: Insgesamt gab es 2007 mindestens 400.000

schönheitschirurgische Eingriffe in Deutschland, zusätzlich Faltenbehandlungen mit Botulinum-Toxin, Unterspritzung mit sogenannten »Fillern« (Kollagen, Hyaluronsäure) oder Laserbehandlungen (ca. 100.000 im Jahr 2007) – der Anteil der männlichen Patienten wächst beständig (vgl. Siegmund-Schultze, 2009).

Von der industriellen Verwertung und der Werbung lernen heißt siegen lernen? Altgeld (2006, S. 93) geht davon aus, dass die »Gesundheitsförderung und Prävention vom Wachstumsmarkt ›Neue Männerkrankheiten‹ einige Anregungen erhalten [könnte]. Innerhalb des Gesundheitsmarktes werden nämlich zunehmend männerspezifische Angebote entwickelt […]. Angefangen von der erfolgreichen Markteinführung von Viagra®, über schönheitschirurgische Leistungen bis hin zu speziellen Anti-Aging-Angeboten werden Männer als Zielgruppe neuer, zum Teil fragwürdiger ›Gesundheits‹angebote in speziellen Vermarktungsstrategien angesprochen und erreicht«. Altgeld (2006, S. 94) weist weiter darauf hin, dass nicht alle diese Strategien aufgrund ihrer Komplexitätsreduktion und Bagatellisierung als Vorbilder für eine bessere Vermarktung von Gesundheitsförderungsangeboten für Männer taugen. »Aber den Besonderheiten männlicher Rezeptionsgewohnheiten und Informationsbedürfnissen muss mehr Rechnung getragen werden […]. Eine zu frühe und ›psychologisierende‹ Art der Thematisierung von Gesundheitsthemen ist sicherlich wenig hilfreich.«

Eine männerspezifische Sucht- und Drogenarbeit ist dringender denn je, weil Menschen mit unterschiedlichen kulturellen und sozialen Hintergründen, individuellen Ressourcen, in verschiedenen biografischen Stadien aus ganz unterschiedlichen Motiven Drogen konsumieren

Nach allgemeiner Einschätzung ist die Suchtkranken-/Suchtgefährdetenhilfe aber nicht entsprechend auf die Überrepräsentanz männlicher Abhängigkeitsproblematiken vorbereitet. Diskussionen über männerspezifische Hilfeansätze werden in Therapieeinrichtungen, in Publikationen und auf Fachtagungen erst seit einigen Jahren geführt. Die Erkenntnis, dass ein solcher Arbeitsansatz zur Qualitätssteigerung, zum größeren Erfolg der Hilfestrategien beitragen kann, hat sich noch nicht ausreichend durchgesetzt – auch nicht bei den Kostenträgern oder in einer allgemeineren Debatte über die zukünftige Ausgestaltung der Suchtkrankenhilfe. Deshalb verwundert es nicht, dass männerspezifische Arbeitsansätze und Konzeptionen für die Beratung und Behandlung von Drogenabhängigen/ -gefährdeten rar sind.

Die Sucht- und Drogenhilfe hat sich in den letzten Jahren stark ausdifferenziert, um Menschen dort zu unterstützen, wo sie den Wunsch entwickeln und ihre Ressourcen mobilisieren können, aus der Sucht oder einem als problematisch erlebten Drogenkonsum herauszukommen. Denn: Ebenso vielfältig wie die Wege in die Sucht, sind die Wege wieder heraus, und ebenso vielfältig müssen die Unterstützungen auf den einzelnen Gebieten der Suchthilfe sein. Erfolg und Wirksamkeit der Suchtarbeit hängen maßgeblich davon ab, wie zielgruppengenau, bedarfsorientiert und lebensweltnah sie ihre Angebote ausrichtet, um den unterschiedlichen Erfahrungen und Bedürfnissen der Hilfesuchenden besser gerecht zu werden (Kuntz, 2013). Wissenschaftliche Zugänge zur Erklärung von Drogenkonsum, Projekte zur zielgenauen Prävention, lebensweltnahen Beratung, bedarfsgerechten Therapie und Nachsorge von Drogenkonsumenten und -konsumentinnen sind dringend indiziert.

Trotz aller gelungenen Ausdifferenzierung in wichtigen Arbeitssegmenten wird eine geschlechterspezifische Suchtarbeit jedoch noch immer mit »frauengerechten Angeboten« gleichgesetzt, in der stillschweigenden Übereinkunft: »Sucht-/Drogenarbeit minus frauenspezifische Arbeit muss gleich männerspezifisch sein.« Diese geschlechtsnegierende Sicht auf das Phänomen Sucht in allen Facetten wird jedoch kontrastiert durch Erkenntnisse, dass auch männlicher Drogenkonsum besondere Ursachen hat, dass die Inanspruchnahme von Vorsorge-/Hilfe- und Beratungsangeboten von Männern begrenzt ist, dass der individuelle Suchtverlauf und -ausstieg, die Kontrolle über Drogen sowie die soziale Auffälligkeit geschlechtsspezifische Besonderheiten aufweisen.

Diese Gedanken sind in der frauenspezifischen Suchtarbeit – zumeist von Frauen für Frauen – in den letzten 25 Jahren bereits umgesetzt worden –, wenn auch nicht flächendeckend und immer noch nicht differenziert genug. Angebote wurden erkämpft, Standards und Leitlinien erarbeitet, wissenschaftliche Theorien entwickelt und empirisch überprüft. Für suchtkranke/-gefährdete Männer hingegen fehlen solche Angebote oder selbst Konzepte nahezu völlig. Scheinbar haben Männer bislang keinen Bedarf gesehen, männerspezifisch zu arbeiten. Haben Professionelle und Betroffene geglaubt, in all den Angeboten, in denen keine oder kaum Frauen waren, würde bereits ihr soziales Geschlecht und der Zusammenhang der Konstruktion ihrer Männlichkeit mit Drogenkonsum reflektiert? War Geschlechtsspezifik nur etwas für (frauenbewegte) Frauen? Glaubte man(n), die besonderen gesundheitlichen Belastungen für Männer und ihre Auswirkungen auf den Drogenkonsum wären bereits hinreichend erkannt und therapeutisch bearbeitet?

Betrachtet man die Verbreitung und Verteilung der von psychoaktiven Substanzen abhängigen oder gefährdeten Menschen in Deutschland, fällt deutlich die vermehrte Betroffenheit bei Männern auf (siehe Tabelle 2).

Tabelle 2: Abhängigkeitsformen und Geschlechterverteilung (Drogenbeauftragte der Bundesregierung, 2002)

Abhängigkeit/Störung	Geschlechterverteilung
Alkohol	1/3 Frauen, 2/3 Männer
illegale Drogen	1/3 Frauen, 2/3 Männer
pathologisches Glücksspiel	10 % Frauen, 90 % Männer
Medikamente	2/3 Frauen, 1/3 Männer
Essstörungen	90 % Frauen, 10 % Männer

Führt man die Differenzierung innerhalb der verschieden Gruppen weiter, dann stellt sich heraus, dass sich die Geschlechtsunterschiede bei einzelnen Suchtformen zwar weiter verringern, dass jedoch eine nähere Betrachtung der Konsummuster eindeutig riskantere Konsumgewohnheiten bei den Männern zeigt. Betrachtet man dann bestimmte Altersgruppen, fällt auf, dass insbesondere jüngere Männer riskantere Konsumgewohnheiten pflegen (Stöver, 2006). Fasst man die Ergebnisse dieser und auch anderer epidemiologischer Betrachtungen zusammen, lässt sich Folgendes festhalten:
- Männer pflegen riskantere Konsummuster in Bezug auf Quantität und Qualität.
- Jungen weisen einen früheren Einstieg in den Drogenkonsum auf als Mädchen.

- Der Konsum der von Männern bevorzugten Drogen (Alkohol, illegale Drogen) ist öffentlich sichtbarer, unangepasster.
- Mit der sozialen Auffälligkeit werden auch fehlende und unangemessene männliche Bewältigungsmuster öffentlich sichtbar (Gewalt, Verwahrlosung). Dadurch entstehen größere psychosoziale Folgeproblematiken für die Männer, deren Familien, Partnerinnen und Partner und für die Gesellschaft.

Gleichzeitig bestehen jedoch auffällig wenig Versorgungsangebote mit männerspezifischen Ansätzen. Diese Diskrepanz wird zunehmend in der (Fach-)Öffentlichkeit deutlich, und in einer Reihe von Seminaren, Fachtagungen und Publikationen ist in den letzten Jahren auf die Notwendigkeit einer Ausweitung männerspezifischer Angebote und einer Ausdifferenzierung hingewiesen worden (vgl. Stöver, 2009a, 2009b). Immer augenfälliger wird die Notwendigkeit, männerspezifische Ursachen und Ausprägungen von Sucht(-gefährdung) zu erforschen, therapeutische Antworten auf den spezifisch männlichen Umgang mit Krisen, Süchten, Hilfeangeboten, eigenen Ressourcen und Lebensentwürfen zu suchen. Männer machen es dabei sich und anderen nicht leicht, strukturelle Bedingungen wie sozialisations- bzw. rollentypische Erwartungen an Männer (z. B. keine Ängste zulassen), Stummheit, das mangelhafte Erkennen und Benennen eigener Bedürfnisse, die Ignoranz gegenüber Körpersignalen wahrzunehmen. Aber auch ausgeprägtes Desinteresse an Reflexion, theoretischer Aufarbeitung von sich verändernder Männeridentität und veränderndem Mannsein erschweren sowohl eine Männergesundheitsbewegung als auch eine männerspezifische Sucht- und Drogenarbeit. Eher existieren Überlegungen, was man(n) von der Frauenbewegung übernehmen könnte – eher bequeme, fast selbstgefällige, aber auf jeden Fall holprige (erste) Gedanken zur eigenen kulturell-sozialen Geschlechtlichkeit und deren Auswirkungen auf Gesundheit und Drogenkonsum/-sucht.

Bewegungen in der Jungen-/Männersuchtarbeit

Jungen-/männerspezifische Arbeitsansätze und Konzeptionen für die Beratung und Behandlung von Drogenabhängigen/-gefährdeten sind rar. Es fehlen damit Modelle in vielen Regionen, die Anstöße geben können, den eigenen Blick in der Einrichtung für männerspezifische Ursachen, Verlaufsformen und Beendigungs-/Bewältigungsmuster der Abhängigkeit zu schärfen.

Historisch, und das bestimmte auch die Dynamik der Herausbildung von gendergerechten Angeboten in der Schweiz (Ernst, 2009), sind praxisrelevante Manuale für Beratung, Therapie und weitergehende Behandlung vor allem für die frauenspezifische Drogenarbeit entwickelt worden (Bundesamt für Gesundheit, 1998, 2000, 2005; Landesfachstelle Frauen & Sucht NRW, Bella Donna, 2004).

In den letzten Jahren hat es in Deutschland mehrere Fachtagungen zum Thema »Männer und Sucht« gegeben, so etwa 2003, 2004 und 2007, veranstaltet vom »Zentrum für interdisziplinäre Frauen- und Geschlechterforschung« der Universitäten Oldenburg und Bremen, vom Fachverband Drogen und Rauschmittel (FDR) 2005 in Berlin oder vom Landschaftsverband Westfalen-Lippe/LWL (2004 in Dortmund und fortlaufend in den nächsten Jahren im »Arbeitskreis Mann und Sucht«). Vor allem die Koordinationsstelle Sucht (KS) des Landschaftsverbandes Westfalen-Lippe (LWL) hat deutschlandweit wesentlich zu einer intensiven Diskussion des Themas »Mann und Sucht« beigetragen. Die Arbeitskreissitzungen haben verschiedene Facetten des Zusammenhangs erhellt mit Schwerpunktsetzung auf: Migration, Spiritualität, Doping/Körperstyling, Sexualität, männliche Jugendliche (http://www.lwl.org/LWL/Jugend/lwl_ks/Arbeitskreise/ Maennersache_Sucht/AK_MannundSucht; Zugriff am 22.10.08).

Eine von der Koordinationsstelle Sucht des LWL in Kooperation mit dem Netzwerk »Westfälische Einrichtungen Stationärer Drogentherapie e. V. (WESD)« veranstaltete Fachtagung »Männersache – Brauchen wir eine männerspezifische Suchthilfe?« im September 2004 in Dortmund, ein Arbeitskreis »Mann und Sucht« im April 2005 in Münster sowie ein Workshop zum Thema »Männerspezifische Suchtarbeit« im August 2005 in Münster haben schließlich zur Erstellung eines Leitfadens geführt.

Wozu einen Leitfaden für männerspezifische Drogenarbeit? Weil er dringend erforderlich und längst überfällig ist! Wir könnten ebenso fragen: Warum werden besondere Angebote für Jugendliche, Migrantinnen und Migranten oder Menschen aus sozial benachteiligten Schichten gemacht? Wir stellen diese Fragen nicht mehr: Zu deutlich ist geworden, dass Menschen mit unterschiedlichen sozialen Hintergründen, individuellen Ressourcen, in verschiedenen biografischen Stadien aus ganz unterschiedlichen Motiven Drogen konsumieren. Vor allem unterscheiden sich Männer und Frauen in ihren Konsummotiven, -gründen, -anlässen, in Suchtverlauf, -bewältigung und -beendigung ganz erheblich voneinander.

Dieser Leitfaden will neben der Eröffnung eines Diskurses über Männerspezifik gleichzeitig Orientierungen und praktische Hilfestellungen zur Implementierung männerspezifischer Ansätze in der Suchthilfe geben. Damit ist ein erster Schritt getan worden, die fachliche Aufmerksamkeit auf die längst überfällige Abstimmung der Hilfeangebote auf jungen-/männerspezifische Besonderheiten der Suchtentwicklung, -bewältigung und -überwindung und Bedürfnisse nach mehr Kontrolle über den Substanzkonsum bzw. Stabilisierung der Abstinenz zu lenken.

Fazit

Eine bessere Ausdifferenzierung von Zielgruppen, so Altgeld (2009, S. 108), ist nötig, um gesundheitsrelevante Botschaften an den Mann zu bringen, das heißt, der Gesundheitsdiskurs muss alters-, kultur-, schicht- und geschlechtsspezifisch geführt werden. Die Unterstellung einer Eindimensionalität des männlichen Lebensentwurfs muss überwunden werden, zugunsten eines differenzierten Blicks auf mittlerweile vielfältige Ausprägungen des Mannseins – als hetero- oder homosexuell, als Junge, Jugendlicher, junger, alter Mann, als Migrant (aus welcher Kultur?) oder Einheimischer aus unterschiedlichen Regionen, mit Herkunft aus »bildungsferner« oder Mittel-/Oberschicht etc.

Ferner könnte »mit der Wahl der richtigen Themen und dem stärkeren Anknüpfen an starken und stärkenden Ressourcen im männlichen Lebensverlauf [...] eine effektive Neuorientierung der

Präventions- und Gesundheitsförderungsangebote eingeleitet werden« (Altgeld, 2009, S. 114).

Geschlechtsspezifik meint leider immer noch Frauenspezifik, nicht zuletzt als Folge langer Verkrankungshistorie und Defizitzuschreibung. Männerspezifische Gesundheitsprobleme werden nur zögerlich erkannt, erforscht und behandelt. Einzig der boomende Markt um Männergesundheit, -wellness und -schönheit mit Angeboten, die traditionelle Männerrollen bedienen, schafft es, Gesundheit zu thematisieren. Von diesen Marktimperativen (»Sei einfach gesund, fit und schön!«) werden auch Jungen und Männer mittelfristig angesprochen werden. Wahrscheinlich ist, dass es zu einer Angleichung in manchen dieser Bereiche kommen wird. Während die vielen den Geschlechtskonstruktionen unterliegenden Risiken nicht benannt und angegangen werden (Stress, berufliche Belastungen, hohe Affektkontrolle, existenzielle Ängste etc.), werden mit der Kommerzialisierung eher ästhetisch-kosmetische Veränderungen bei beiden Geschlechtern eingeleitet bzw. ausgebaut.

Gefordert in der Gesundheitspolitik ist sowohl eine geschlechtsspezifische Ausrichtung, die zudem auf Partizipation, Ressourcenförderung und Nutzung der Betroffenenkompetenz für und mit den jeweiligen Geschlechtern setzt (z. B. mit geschlechtshomogenen Orientierungen und Organisationsformen), als auch eine geschlechtssensible Ausrichtung, die unterschiedliche Bedarfe und Ressourcen mitdenkt und -organisiert.

Für die meisten Männer ist das Thema Gesundheit weiblich besetzt; jenseits eines leistungsorientierten »Maschinendiskurses« über ihren Körper sind Männer oftmals nicht in der Lage, Gesundheit zum Thema zu machen. Aber auch dieser Thematisierungsimperativ ist schon wieder übergriffig – als müsse man das ständig tun. Es wird deutlich, dass Jungen und Männer noch keine eigene Sprache gefunden haben, positiv über Körper und Seele zu sprechen. Der gesellschaftsumspannende pädagogische, mit Defizitblick daherkommende Gesundheits-/Drogendiskurs verfängt (glücklicherweise?) jedenfalls nicht.

Literatur

Altgeld, T. (2004). Jenseits von Anti-Aging und Workout? Wo kann Gesundheitsförderung bei Jungen und Männern ansetzen und wie kann sie funktionieren? In T. Altgeld (Hrsg.), Männergesundheit. Neue Herausforderungen für Gesundheitsförderung und Prävention (S. 265–286). München: Juventa.

Altgeld, T. (2006). Warum Gesundheit noch kein Thema für »richtige« Männer ist und wie es eines werden könnte. In J. Jacob, H. Stöver (Hrsg.), Sucht und Männlichkeiten – Entwicklungen in Theorie und Praxis der Suchtarbeit (S. 38–65). VS Verlag.

Altgeld, T. (2009). Rein risikoorientierte Sichtweisen auf Männergesundheit enden in präventiven Sackgassen – Neue Männergesundheitsdiskurse und geschlechtsspezifische Gesundheitsförderungsstrategien sind notwendig. In J. Jacob, H. Stöver (Hrsg.), Männer im Rausch. Konstruktionen und Krisen von Männlichkeiten im Kontext von Rausch und Sucht (S. 99–115). Bielefeld: transcript.

Apter, M. (1992). Im Rausch der Gefahr. Warum immer mehr Menschen den Nervenkitzel suchen. München: Kösel.

Bader, M. (2006). Essstörungen bei jungen Männern. Gleiche Auswirkungen – ähnliche Ursachen. Saarbrücken: Akademikerverlag.

Bockholt, P., Stöver, H., Vosshagen, A. (2009). Männlichkeiten und Sucht. Landschaftsverband Westfalen-Lippe – LWL-Landesjugendamt Koordinationsstelle Sucht (Hrsg.). Münster: LWL-Selbstverlag.

Böhnisch, L., Winter, R. (1993). Männliche Sozialisation. Weinheim: Juventa.

Brannon, R., David, D. (1976). The male sex role: Our culture's blueprint for manhood, and what it's done for us lately. In D. David, R. Brannon (Eds.), the forty-nine percent majority: The male sex role (pp. 1–48). Reading, Mass.: Addison-Wesley.

Bundesamt für Gesundheit (1998). Es braucht eine frauenspezifische und frauengerechte Drogenarbeit, weil Ein Argumentarium für Vorstands- und Behördenmitglieder, für Fachkräfte und an Drogenarbeit interessierte PolitikerInnen. Bern.

Bundesamt für Gesundheit (2000). Frauengerecht! Anforderungen an die niederschwelligen Angebote im Suchtbereich. Ein Instrumentarium für die Praxis. Bern.

Bundesamt für Gesundheit (2005). Frauengerecht! Die Praxis. Dokumentation zur Umsetzung des Qualitätsentwicklungsinstrumentes »Frauengerecht! Anforderungen an die niederschwelligen Angebote im Suchtbereich«. Bern.

Bundesministerium für soziale Sicherheit, Generationen und Konsumentenschutz (2004). 1. Österreichischer Männergesundheitsbericht der männerpolitischen Grundsatzabteilung des Bundesministeriums für soziale Sicherheit, Generationen und Konsumentenschutz. Wien.

Connell, R. W. (2000). Der gemachte Mann. Konstruktion und Krise von Männlichkeiten (2. Aufl.). Opladen: Leske + Budrich.

DAK (2008). Gesundheitsreport 2008. Hamburg.

DBDD, Pfeiffer-Gerschel, T., Jakob, L., Stumpf, D., Budde, A., Rummel C. (2014). Bericht 2014 des nationalen REITOX-Knotenpunkts an die EBDD. Zugriff am 18.04.2015 unter http://www.dbdd.de/images/dbdd_2014/reitox_report_2014_germany_de.pdf

Dinges, M. (2007). Historische Forschung und die aktuelle Diskussion zur Männergesundheit. In M. Stiehler, T. Klotz (Hrsg.), Männerleben und Gesundheit (S. 24–35). Weinheim: Juventa.

Drogenbeauftragte der Bundesregierung (2002). Frauen und Sucht: Dokumentation des BundesFrauenKongresses Sucht »Ungeschminkt« am 5. und 6. September 2002 in Berlin. Berlin.

Ernst, A., Füller, I. (1989). Mit Pillen in die Anpassung. In Psychologie heute (Hrsg.), Frauen und Gesundheit. Thema: Körper und Psyche, S. 11–27.

Ernst, M.-L. (2009). Gendergerechte Suchtarbeit in der Schweiz. In J. Jacob, H. Stöver (Hrsg.), Konstruktionen und Krisen von Männlichkeiten im Kontext von Rausch und Sucht (S. 29–73). Bielefeld: transcript.

Haase, A. (1998). Perspektiven für eine geschlechtsspezifische Gesundheitsforschung. Ein Blick von Männern für Männer. In GesundheitsAkademie, Landesinstitut für Schule und Weiterbildung, NRW (Hrsg.), Die Gesundheit der Männer ist das Glück der Frauen? Chancen und Grenzen geschlechtsspezifischer Gesundheitsarbeit (S. 63–74). Frankfurt a. M.: Mabuse-Verlag.

Haase, A., Stöver, H. (2009). Sinn und Funktion exzessiven Drogengebrauchs bei männlichen Jugendlichen – zwischen Risikolust und Kontrolle. In J. Jacob, H. Stöver (Hrsg.), Männer im Rausch. Konstruktionen und Krisen von Männlichkeiten im Kontext von Rausch und Sucht (S. 129–138). Bielefeld: transcript.

Hollstein, W. (2001). Potent werden – Das Handbuch für Männer. Bern: Huber.

Klingemann, H. (2009). Sucht, Männergesundheit und Männlichkeit – ein neu entdecktes Thema. In J. Jacob, H. Stöver (Hrsg.), Männer im Rausch. Konstruktionen und Krisen von Männlichkeiten im Kontext von Rausch und Sucht (S. 129–138). Bielefeld: transcript.

Kolip, P., Lademann, J., Deitermann, B. (2004). Was können Männer von der Frauengesundheitsbewegung lernen? In T. Altgeld (Hrsg.), Männergesundheit. Neue Herausforderungen für Gesundheitsförderung und Prävention (S. 219–265). Weinheim u. München: Juventa.

Kuhlmann, E., Kolip, P. (2005). Gender und Public Health. Grundlegende Orientierungen für Forschung, Praxis und Politik. Weinheim u. München: Juventa.

Kuntz, H. (2013). Substanzgebrauch – Nikotin, Alkohol, illegalisierte Drogen. In B. Stier, R. Winter (Hrsg.), Jungen und Gesundheit. Ein interdisziplinäres Handbuch für Medizin, Psychologie und Pädagogik (S. 336 ff.). Stuttgart: Kohlhammer.

Landesfachstelle Frauen & Sucht NRW, Bella Donna (Hrsg.) (2004). Anforderungen an eine geschlechtsbezogene stationäre medizinische Rehabilitation mit drogenabhängigen Frauen. Empfehlungen für die Praxis in Nordrhein-

Westfalen. Zugriff am 18.04.2015 unter http://www.lwl.org/ks-download/ downloads/publikationen/Reha-Empfehlungen_Internet.pdf

Lenz, H.-J. (1998). Wozu geschlechtsspezifische Ansätze in der Gesundheitsbildung? In GesundheitsAkademie, Landesinstitut für Schule und Weiterbildung, NRW (Hrsg.), Die Gesundheit der Männer ist das Glück der Frauen? Chancen und Grenzen geschlechtsspezifischer Gesundheitsarbeit (S. 133–147). Stuttgart: Thieme.

Meuser, M. (2007). Geschlecht und Männlichkeit. Wiesbaden: VS Verlag.

Müller, J. (1996). Männerspezifische Suchtaspekte. Abhängigkeiten, 1996, 2: Beiträge zum VSFA-Symposium »Männer und Sucht« – Männlichkeit und Alkohol, S. 38 ff.

RKI – Robert Koch-Institut (2014a). Beiträge zur Gesundheitsberichterstattung des Bundes. Gesundheitliche Lage der Männer in Deutschland. Zugriff am 18.04.2015 unter http://www.rki.de/DE/Content/Gesundheitsmonitoring/ Gesundheitsberichterstattung/GBEDownloadsB/maennergesundheit.pdf?__ blob=publicationFile

RKI – Robert Koch-Institut (2014b). Gesundheitsberichterstattung des Bundes. Daten und Fakten: »Gesundheit in Deutschland aktuell 2012«. Zugriff am 18.04.2015 unter http://www.rki.de/DE/Content/Gesundheitsmonitoring/ Gesundheitsberichterstattung/GBEDownloadsB/GEDA12.pdf?__blob=publicationFile

Rohe, E. (1998). Eine empirische Untersuchung zu geschlechtsspezifischen Differenzen im Hinblick auf Krankschreibung und Inanspruchnahme von Präventionsangeboten. In GesundheitsAkademie, Landesinstitut für Schule und Weiterbildung, NRW (Hrsg.), Die Gesundheit der Männer ist das Glück der Frauen? Chancen und Grenzen geschlechtsspezifischer Gesundheitsarbeit (S. 99–112).

Scambor, E., Scambor, C. (2006). Männer zwischen Produktions- und Reproduktionsarbeit. In H. Werneck, M. Beham, D. Palz (Hrsg.), Aktive Vaterschaft. Männer zwischen Familie und Beruf (S. 167–181). Gießen: Psychosozial-Verlag.

Schmitt, R. (2011). Helden und Versager: Metaphern des männlichen Alkoholkonsums. Klinische Sozialarbeit, 11 (2), 6–7.

Schreiber, D. (2014). Nüchtern. Über das Trinken und das Glück. Berlin: Hanser.

Schuppe, H.-C. (2013). Missbrauch anabol-androgener Steroide. In W. Harth, E. Brähler, H.-C. Schuppe (Hrsg.), Praxishandbuch Männergesundheit. Interdisziplinärer Beratungs- und Behandlungsleitfaden (S. 224–230). Berlin: Medizinisch Wissenschaftliche Verlagsgesellschaft.

Schwarting, F. (2005). Gender und Sucht – ein soziologischer Beitrag zu einer geschlechtsreflexiven Praxis in der Suchtkrankenhilfe. Dissertation zur Erlangung des Grades der Doktorin der Philosophie im Department Sozialwissenschaften der Universität Hamburg.

Sieber, M. (1996). Trinkverhalten in der Männerbevölkerung – Indizien zur »MOA-These« (Macht-Ohnmacht-Alkohol-These). Abhängigkeiten, 1996,

2: Beiträge zum VSFA-Symposium »Männer und Sucht« – Männlichkeit und Alkohol, S. 27 ff.

Siegmund-Schultze, N. (2009). Schnitt im Schritt. Intimchirurgie. Frankfurter Rundschau vom 19.8.2009.

Stöver, H. (2006). Mann, Rausch, Sucht: Konstruktionen und Krisen von Männlichkeiten. In J. Jacob, H. Stöver (Hrsg.), Sucht und Männlichkeiten. Entwicklungen in Theorie und Praxis der Suchtarbeit (S. 21–40). Wiesbaden: VS Verlag.

Stöver, H. (2007). Mann, Rausch, Sucht: Konstruktionen und Krisen von Männlichkeiten. Suchttherapie, 8, 1–6.

Stöver, H. (2009a). Die Entwicklung der männerspezifischen Suchtarbeit in Deutschland – Eine Zwischenbilanz. In J. Jacob, H. Stöver (Hrsg.), Männer im Rausch. Konstruktionen und Krisen von Männlichkeiten im Kontext von Rausch und Sucht (S. 13–22). Bielefeld: transcript.

Stöver, H. (2009b). Ältere Männer, Drogenkonsum und Sucht: Probleme und Versorgungsstrukturen. In J. Jacob, H. Stöver (Hrsg.), Männer im Rausch. Konstruktionen und Krisen von Männlichkeiten im Kontext von Rausch und Sucht (S. 117–127). Bielefeld: transcript.

Winter, R., Neubauer, G. (2001). Dies und Das. Das Variablenmodell »balanciertes Junge- und Mannsein« als Grundlage für die pädagogische Arbeit mit Jungen und Männern. Tübingen: transcript.

Wulf, H. (2006). Die Entdeckung der Männlichkeit in der Suchtkrankenhilfe – Männerspezifische Themen in der ambulanten Rehabilitation: Beobachtungen und Beispiele methodischer Umsetzung aus der Fachstellenarbeit. In J. Jacob, H. Stöver (Hrsg.), Sucht und Männlichkeiten – Entwicklungen in Theorie und Praxis der Suchtarbeit (S. 119–128). Wiesbaden: VS Verlag.

Wülfing, U. (1998). Sinn und Unsinn geschlechtsspezifischer Gesundheitsarbeit. In GesundheitsAkademie, Landesinstitut für Schule und Weiterbildung, NRW (Hrsg.), Die Gesundheit der Männer ist das Glück der Frauen? Chancen und Grenzen geschlechtsspezifischer Gesundheitsarbeit (S. 113–119). Frankfurt a. M.: Mabuse-Verlag.

Anne Maria Möller-Leimkühler

Gut getarnt ist halb gewonnen?
Depression bei Männern[1]

Depression – typisch weiblich?

Die (unipolare) Depression gilt als eine eher für Frauen typische Erkrankung mit einer von zahlreichen epidemiologischen Studien wiederholt bestätigten zwei- bis dreifach höheren Lebenszeitprävalenz im Vergleich zu Männern. Diese wird für Frauen mit 21–23 %, für Männer mit 11–13 % angegeben (Parker u. Brotchie, 2010). Auch wenn dieser Prävalenzunterschied ein stabiler Befund zu sein scheint, gibt es gute Gründe, ihn infrage zu stellen: Handelt es sich um die wahre Prävalenz, oder haben wir es hier mit einem chronisch reproduzierten Artefakt zu tun, der methodisch bzw. diagnostisch bedingt ist?

Dass Depression als typische Frauenkrankheit angesehen wird, ist nicht zuletzt auf historisch bedingte gesellschaftliche Zuschreibungen und Bearbeitungen dessen zurückzuführen, was für Männer und Frauen als psychisch gesund oder krank gilt und sich auch im geschlechtsspezifischen Gesundheitsverhalten niederschlägt. So werden Befindlichkeiten und Beschwerden von Frauen eher medikalisiert und psychologisiert, was dem psychosomatischen Gesundheitskonzept von Frauen, ihrer höheren Symptomaufmerksamkeit, ihrer offeneren Verbalisierung psychischer Probleme und ihrem deutlich ausgeprägteren Inanspruchnahmeverhalten entgegenkommt. Damit besteht jedoch auch die Gefahr eines Genderbias in Richtung psychosomatischer/psychiatrischer Diagnosen mit einer Überdiagnostizierung von Depression.

Im Gegensatz dazu werden Beschwerden von Männern eher somatisiert und normalisiert, was dem männlichen primär körperlich-instrumentellen Gesundheitskonzept entspricht mit einer

---

1 Dieser Beitrag ist die überarbeitete Version von Möller-Leimkühler, 2008 und 2013.

geringeren Symptomwahrnehmung, einer geringeren emotionalen Expressivität und einer geringeren Inanspruchnahme professioneller Leistungen. Anzunehmen ist hier also ein Bias in Richtung somatischer Diagnosen bzw. eine Unterdiagnostizierung speziell als weiblich geltender Störungen wie Depression. Die Verdrängung des Psychischen bei und von Männern führt nicht nur zu spezifischen Defiziten bei Diagnostik und Therapie, sondern kann für Männer zunächst mit gewissen Vorteilen verbunden sein: Da ihr psychisches Leiden hinter der äußeren Funktionsfähigkeit nicht erkannt wird, kann die Stigmatisierung und Diskriminierung als unmännlich und psychisch krank vermieden werden. Aus dem Tierreich kennen wir ein Phänomen mit ähnlichen Effekten, das dem Selbstschutz dient: die Tarnung (siehe Abbildung 1).

Abbildung 1: Gut getarnt – ist halb gewonnen! (Quelle: SWR 2014)

Ziel von Laubfrosch, Chamäleon, Feldhase oder Zitronenfalter ist es, durch Mimikry besser Beute zu machen oder sich davor zu schützen, selbst zur Beute zu werden. Männer halten ihre Fassade aufrecht, um ihr psychisches Leiden zu tarnen und ihre männliche Identität nicht aufs Spiel zu setzen.

Depression – bei Männern unterdiagnostiziert und unterbehandelt

In der Tat werden Depressionen bei Männern kaum von Laien erkannt. So ergab beispielsweise eine repräsentative Umfrage in der britischen Allgemeinbevölkerung, dass die männliche Version einer bis auf das Geschlecht identischen Depressions-Fallvignette seltener als Depression identifiziert wurde als die weibliche Version, und zwar insbesondere von den befragten Männern. Ebenso zeigte sich, dass die Männer den psychischen Zustand in der weiblichen Version der Fallvignette für schwerwiegender und bedauernswerter hielten als die Frauen (Swami, 2012).

Vor diesem Hintergrund des Nichterkennens bzw. der Bagatellisierung von Depression ist es nicht verwunderlich, dass die Inanspruchnahme einer professionellen Hilfe in allen Altersgruppen bei psychisch kranken Männern deutlich unter der der Frauen liegt, insbesondere in der Gruppe der 65- bis 79-jährigen Männer (vgl. Tabelle 1).

Tabelle 1: Inanspruchnahme irgendeiner professionellen Hilfe bei 12-Monats-Diagnose (N = 1194; Inanspruchnahme 18,9 %; Mack et al., 2014)

Altersgruppe	Frauen (n=165)	Männer (n=56)
18–34	25.5	9.3
35–49	27.5	15.8
50–64	21.5	14.1
65–79	14.8	4.0
gesamt	23.5	11.6

Was passiert, wenn Männer tatsächlich zum Arzt gehen? Geschlechtsspezifische Studien zum Diagnoseverhalten von Allgemeinmedizinern – die meisten depressiven Patientinnen und Patienten befinden sich in der Primärversorgung – sind rar, doch sie verweisen konsistent in eine Richtung: Bei gleichen Symptomen oder Depressionsscores, unabhängig davon, ob diese hoch oder niedrig ausfallen, erhalten Männer signifikant seltener eine Depressionsdiagnose als Frauen, wobei die Differenzen zwischen 10 % und 22 % liegen (Bertakis et al., 2001; Potts, Burnam u. Wells, 1991; Stoppe, Sandholzer, Huppertz u. Staedt, 1999; Williams et al., 1995). Allgemeinmediziner haben offensichtlich eine geringere Aufmerksamkeit für Depression bei Männern als bei Frauen (adj.OR = 0.52 für Depressionsdiagnose bei männlichen Patienten, die standardisierte Depressionskriterien erfüllten; Borowsky et al., 2000). Diese geringere Aufmerksamkeit scheint nach einem internationalen Vergleich mit britischen und US-amerikanischen Allgemeinmedizinern in Deutschland ausgeprägter zu sein; bei gleicher Depressionssymptomatik wurde hier bei männlichen Patienten mit einer Differenz von etwa 10 % seltener eine Depression diagnostiziert (Link et al., 2011; von dem Knesebeck et al., 2010).

Auch in der depressionsspezifischen Therapie kommen Männer schlechter weg als Frauen. Seit den 1980er Jahren ist bekannt, dass im Vergleich zu Männern Frauen überdurchschnittlich häufig Psychopharmaka, insbesondere Antidepressiva, verschrieben werden, zum Teil auch jenseits des primären Indikationsbereichs (Barmer GEK, 2012). An diesen Verordnungsmustern hat sich offenbar nicht viel geändert. Allerdings wird in diesem Zusammenhang kaum die Frage gestellt, ob bei Männern nicht etwa eine Unterbehandlung mit Antidepressiva gegeben ist, die bereits im GEK-Arzneimittelreport von 2008 eindrucksvoll belegt ist und eine inverse Beziehung mit dem Alter und der Depressionsdiagnose der Versicherten aufweist: Mit zunehmendem Alter steigt der Anteil der Versicherten mit Depressionsdiagnose, während die Verordnungen von Antidepressiva und Psychotherapie fallen und gegen null tendieren.

Studien weisen darauf hin, dass zwischen 35 % und 80 % der Betroffenen keine professionelle psychotherapeutische Hilfe in Anspruch nehmen. Die Inanspruchnahme ambulanter Psychotherapie beispielsweise liegt je nach Datengrundlage zwischen 1,9 % und 3,1 %, wobei die Inanspruchnahme zu zwei Dritteln durch Frauen erfolgt. Aktuelle Daten zur ambulanten psychotherapeutischen Versorgung belegen einen besonders geringen Versorgungsgrad bei Männern, welcher nicht mit den entsprechenden Krankheitsprävalenzen einhergeht (Albani, Blaser, Geyer, Schmutzer u. Brähler, 2010; Kruse u. Herzog, 2012; Walendzik, Rabe-Menssen, Lux, Wasem u. Jahn, 2011; Zepf, Mengele u. Hartmann, 2003). Insbesondere im Alter setzt sich die Unterversorgung depressiver Männer weiter fort, sei es in Allgemeinarztpraxen oder in der stationären psychiatrischen Versorgung (Hausner, Wittmann, Haen u. Spießl, 2008; Wittchen et al., 1999). Eine spezifische und kaum beachtete Risikogruppe sind ältere depressive Männer mit einer somatischen Komorbidität. Diese erhalten am seltensten eine depressionsspezifische Therapie (Boenisch et al., 2012).

Ganz offensichtlich besteht eine Diskrepanz zwischen der Versorgungslage psychisch kranker Männer und ihrem objektiven Versorgungsbedarf: Während Männer ihre Gesundheit und ihre Lebensqualität im Vergleich zu Frauen subjektiv positiver einschätzen, psychische Probleme eher nicht wahrnehmen oder verleugnen, muss die vorzeitige Sterblichkeit von Männern einschließlich ihrer hohen Suizidrate als Indikator für dysfunktionale Stressbewältigung bzw. für einen nicht annähernd gedeckten Behandlungsbedarf interpretiert werden.

Folgen der Unterdiagnostizierung und Unterbehandlung von Depression

Wird eine Depression nicht behandelt, kann es zu gravierenden Folgen kommen. Die zunehmende Chronifizierung (bis zur verspätet einsetzenden Behandlung vergehen durchschnittlich mehr als sieben Jahre) verursacht nicht nur subjektives Leid und sozialen Abstieg, sondern begünstigt auch eine Fehlversorgung, da nicht psychiatrisch/psychotherapeutisch behandelte psychisch Kranke häufig stationär in somatischen Kliniken behandelt werden, was insbesondere auf Männer zutrifft (Gaebel, Zielasek, Kowitz u. Fritze, 2011). Hohe Kosten werden außerdem durch Präsentismus, das heißt ein Verhalten von Arbeitnehmern, trotz Krankheit am Arbeitsplatz zu sein, häufige und lange Krankschreibungen sowie »Doktorshopping« verursacht. Eine der bedeutsamsten, ebenfalls kostenrelevanten Folgen von Unterbehandlung ist ein erhöhtes Risiko für psychische und somatische Komorbidität, insbesondere Alkoholabhängigkeit, kardiovaskuläre Erkrankungen und Diabetes, die ebenfalls kaum erkannt und behandelt werden. Die bisher noch sehr dürftige Datenlage hinsichtlich geschlechterspezifischer Aspekte bei Komorbidität deutet darauf hin, dass bei psychisch kranken Männern im Vergleich zu psychisch kranken Frauen das Risiko für kardiovaskuläre

Erkrankungen, Schlaganfall oder Diabetes möglicherweise erhöht ist aufgrund einer ausgeprägteren pathogenetischen Wirkung von ungünstigen Lebensstilfaktoren.

Konsistente Befunde aus der internationalen Forschung verweisen auf eine drastisch verkürzte Lebenserwartung bei psychisch Kranken (20 Jahre bei Männern, 15 Jahre bei Frauen), die nicht nur auf die hohe Suizid- und Komorbiditätsrate, sondern auch auf eine – im Vergleich zu chronisch Kranken ohne psychische Störung – wesentlich schlechtere medizinische Versorgung zurückgeführt werden muss (Thornicroft, 2011). Hypothetisch kann angenommen werden, dass die Komorbidität von Männern noch seltener als die von Frauen diagnostiziert und behandelt wird, nicht zuletzt deshalb, weil die nach wie vor hohe Stigmatisierung psychischer Störungen, insbesondere bei Männern, sowohl die Inanspruchnahme als auch die Bereitstellung adäquater professioneller Hilfe verhindert (Möller-Leimkühler, 2013).

Erklärungsansätze für die Geschlechterdifferenz bei Depression

Die immer wieder bestätigte Geschlechterdifferenz in den Depressionsraten ist bis heute nicht restlos aufgeklärt. Erklärungsansätze fokussieren eher auf die (vermeintlich) höhere Depressionsprävalenz der Frauen. Artefakttheorien gehen davon aus, dass die hohen Depressionsraten der Frauen als Folge ihres Hilfesuchverhaltens, ihrer Symptom- und Erinnerungsbereitschaft und offenen Symptomschilderung und/oder als Folge eines diagnostischen Bias zu verstehen sind. Diese geschlechtsspezifischen Artefakte müssen zwar bei der Depressionsdiagnostik berücksichtigt werden, sind aber insgesamt zu gering, um die Geschlechterdifferenz zu erklären. Biologische Ansätze, die auf die reproduktive Funktion, hormonelle oder genetische Faktoren zielen, liefern zwar einen wichtigen, aber keinen hinreichenden Beitrag. Das genetische Depressionsrisiko ist für beide Geschlechter vergleichbar, und es gibt – entgegen verbreiteter Annahme – keine substanziellen Hinweise auf ein erhöhtes hormonell bedingtes Depressionsrisiko bei Frauen, weder in der Pubertät noch bei der Postpartum-Depression noch in der Prä- oder Perimenopause (Kühner, 2006). Biologische Faktoren spielen eine wichtige Rolle, müssen aber in einem multikausalen Zusammenhang mit psychosozialen Faktoren wie Sozialisation, sozialer Lebenslage, Rollenstress und Stressbewältigung gesehen werden. Forschungen der letzten zwanzig Jahre haben belegt, dass die hohen Depressionsraten der Frauen am besten mit dem psychosozialen Ansatz erklärt werden können, das heißt mit ihrer sozialen Lebenslage und den Rollenbelastungen, die aus den Anforderungen der weiblichen Rolle entstehen.

Haben Frauen mehr Stress als Männer? Nach aktuellen Daten des Robert Koch-Instituts geben Frauen mit 13,9 % signifikant häufiger eine überdurchschnittliche Stressbelastung an als Männer (Hapke et al., 2013). Das betrifft zumindest die subjektive Stresswahrnehmung. Ob dies auch für objektiven Stress gilt, ist unklar; sicher ist aber, dass sich die Anzahl der Stressquellen im letzten Jahrhundert für Frauen vermehrt haben durch folgende gesellschaftliche Strukturverschiebungen:
- durch die zunehmende Teilnahme am Erwerbsleben, die zwar prinzipiell gesundheitsförderlich ist, aber noch immer mit mehr Benachteiligungen im Vergleich zu Männern verbunden ist und zu einer Mehrfachbelastung durch Hausarbeit und Kindererziehung führt;
- durch die Veränderung der Familienstrukturen mit einer Zunahme der Anzahl alleinerziehender Mütter und
- durch die Überalterung der Gesellschaft: Im Vergleich zu Männern sind Frauen im Alter stärker von Alleinleben, Armut und Multimorbidität betroffen; die Betreuung pflegebedürftiger Angehöriger wird meistens von Frauen übernommen.

Vor diesem Hintergrund sind eine Reihe von Risikofaktoren für Depression bei Frauen identifiziert worden, die in Tabelle 2 zusammengefasst sind. Das höchste Depressionsrisiko haben alleinerziehende Mütter mit geringem Bildungsstand.

Tabelle 2: Psychosoziale Risikofaktoren für Depression bei Frauen und Männern

Risikofaktoren für Frauen	Risikofaktoren für Männer
niedriger sozioökonomischer Status	niedriger sozioökonomischer Status
niedriges Bildungsniveau	allein lebend
Hausfrau	Scheidung/Trennung
Ehefrau	Arbeitslosigkeit
Mutter	berufliche Gratifikationskrisen
alleinerziehende Mutter	Pensionierung
geringe soziale Unterstützung	chronische Erkrankungen
Versorgung pflegebedürftiger Angehöriger	Geburt eines Kindes
sexueller Missbrauch in Kindheit	Homosexualität

Wie Tabelle 2 ebenfalls zeigt, haben Männer zum Teil andere Risikofaktoren für Depression, soweit dies der eingeschränkten Datenlage zu Männern zu entnehmen ist. Während Frauen mit multiplen Stressquellen konfrontiert sind, erscheint bei Männern die Berufsrolle als die dominierende Stressquelle, zumindest ist diese bei Männern bisher am besten untersucht. Männer haben nicht nur die gefährlicheren Berufe, sie sind stärker von der zunehmenden Arbeitsplatzunsicherheit betroffen, sind stärker durch Arbeitslosigkeit belastet und haben ein höheres psychisches Erkrankungsrisiko infolge ungünstiger psychosozialer Arbeitsbedingungen, sogenannter Gratifikationskrisen, die durch eine Kombination von hohen Anforderungen und geringer Kontrollmöglichkeit einerseits und hoher Verausgabung und geringer Belohnung andererseits zustande kommen (vgl. den Beitrag von Siegrist in diesem Band). Schließlich erweist sich die erfolgreiche Emanzipation der Frauen als ein bedeutender Stressfaktor für Männer: Dies betrifft nicht nur die Erwerbstätigkeit der Frauen, sondern auch ihre Trennungsbereitschaft. Im Unterschied zu Frauen, die eine Trennung/Scheidung erleben, steigt das Depressions- und Suizidrisiko bei Männern um das Mehrfache (Matthews u. Gump, 2002; Rotermann, 2007). Auch diese Tatsache bestätigt erneut, dass die Ehe für Männer deutlich mehr gesundheitsprotektive Effekte hat als für Frauen.

Frauen und Männer unterscheiden sich nicht nur in ihrer objektiven Stressbelastung, sondern auch in Bezug auf ihre Stressvulnerabilität und -verarbeitung, die wesentlich von der subjektiven Bewertung der Stressoren abhängen. Da Frauen – evolutionsbiologisch und sozialisationsbedingt – interpersonell orientiert sind, sind sie bedeutend anfälliger für Stress, der aus engen sozialen Beziehungen kommt, und weisen diesbezüglich stärkere psychobiologische Stressreaktionen auf als Männer (z. B. höhere Cortisol- und ACTH-Ausschüttung, höhere Hirnaktivität bei emotionalen Reizen und emotionalem Gedächtnis) (Stroud, Salovey u. Epel, 2002). Typische Stressreaktionen sind prosoziale und kommunikative Strategien, die als »tend and befriend« zusammenfasst wurden (Taylor et al., 2000). Dagegen sind Männer – evolutionsbiologisch und sozialisationsbedingt – an sozialem Status orientiert und weisen stärkere psycho-biologische Stressreaktionen bei leistungsbezogenen Stressoren auf, die ihren Status bedrohen. Der typische Response ist das »Fight or flight«-Muster mit externalisierenden Strategien und einem hohen Risiko für Selbst- und Fremdschädigung (assoziiert mit Alkoholmissbrauch, kardiovaskulären Erkrankungen und Suizid).

Ergänzend sollen in diesem Zusammenhang einige neurobiologische Befunde erwähnt werden, die auf interessante geschlechtsspezifische Unterschiede verweisen: Ein hohes Testosteron/Cortisol-Verhältnis, die neurobiologische Basis für »fight or flight«, ist mit sozialer Aggression (Dominanzverhalten, Statussicherung) assoziiert (Terburg, Morgan u. van Honk, 2009) und schafft eine Disposition für Aggressivität und Impulsivität, die bei Stress bzw. Serotoninmangel noch verstärkt wird (Montoya, Terburg, Bos u. van Honk, 2012). Bei einem experimentellen Tryptophanentzug und induziertem Stress reagierten Frauen mit einer signifikanten depressiven Stimmungsverschlechterung und zeigten einen gehemmten, vorsichtigen Response, während bei Männern kein Einfluss auf die Stimmung, aber ein impulsiver, aggressiver Stressresponse zu beobachten war (Walderhaug et al., 2007). Außerdem steigt bei Männern in experimentellen Stresssituationen das Risikoverhalten an, während es bei Frauen abnimmt (Lighthall, Mather u. Gorlick, 2009). Auch hirnanatomisch lassen sich spezifische Unterschiede orten, die möglicherweise auf eine geringere Impulskontrolle und Emotionsregulation bei Männern schließen lassen.

Diese exemplarisch skizzierten neurobiologischen Mechanismen können selbstverständlich nicht im Sinne eines biologischen Determinismus verstanden werden. Sie erscheinen jedoch als mögliche Prädispositionen bzw. als Facetten eines evolutionsbiologischen Erbes vereinbar mit soziokulturell entstandenen Geschlechterrollen und erweitern damit das Verständnis von geschlechterbezogenen Unterschieden in Psychopathologie und Stressbewältigung. Inwieweit kann also ein Zusammenhang bestehen zwischen externalisierender Stressverarbeitung und Depression bei Männern?

Männlichkeit, »männliche« Depression und ein Genderbias in der Depressionsdiagnostik

Orientierung an traditioneller Maskulinität und externalisierende Formen der Stressverarbeitung sind die Mimikry, mit der Männer ihre Depression tarnen. Die Abwehr und Stigmatisierung psychischer Probleme wie ihrer Behandlungsformen ist assoziiert mit Normen traditioneller Maskulinität, die trotz Dekonstruktion immer noch für viele Männer handlungsleitend ist (hegemoniale Männlichkeit; Connell, 1995). Nach wie vor ist Männlichkeit definiert durch das durch Leistungs-, Konkurrenz- und Erfolgsorientierung charakterisierte Statusstreben (siehe oben), das sowohl die narzisstische Illusion der Unverletzlichkeit als auch eine hohe emotionale Kontrolle dysfunktionaler »weiblicher« Gefühle (Schwäche, Angst, Traurigkeit, Unsicherheit) erfordert. Emotionale Probleme können daher nicht benannt werden, sondern müssen auf der Verhaltensebene durch Aggressivität, Alkoholmissbrauch, Hyperaktivität oder riskantes Verhalten externalisiert werden. Eine depressive Störung zuzugeben oder Hilfe zu suchen bedeutet im Männlichkeitsskript Status-, Männlichkeits- und Identitätsverlust und muss so lang wie möglich vermieden werden.

Aber nicht nur mangelndes Inanspruchnahmeverhalten und Männlichkeitsnormen aufseiten der Männer sind die Ursachen dafür, dass Depressionen bei ihnen häufig nicht erkannt werden und unbehandelt bleiben. Aufseiten des Medizinsystems ist neben strukturellen Barrieren ein Genderbias in der gängigen Depressionsdiagnostik eine zentrale Ursache. Dieser Genderbias fokussiert auf »weibliche« Symptome, die als prototypisch gelten (orientiert an ICD-10, DSM-IV), aber von depressiven Männern konsistent seltener berichtet werden, mit der Folge, dass sie den Schwellenwert für eine klinische Depression nicht erreichen. Möglicherweise werden hier externalisierende Symptome übersehen, die nicht in der standardisierten Depressionsdiagnostik enthalten sind.

Wie Studien zur Depression bei Männern zeigen, kann sich die typische depressive Symptomatik hinter gesteigerter Aggressivität, Irritabilität, antisozialem Verhalten oder Sucht- und Risikoverhalten verbergen (Addis, 2008; Bech, 2001; Martin, Neighbors u. Griffith, 2013; Möller-Leimkühler, 2008; Möller-Leimkühler, Heller u. Paulus, 2007; Rice, Fallon, Aucote u. Möller-Leimkühler, 2013; Rochlen et al., 2010; Rodgers et al., 2014; Rutz, von Knorring, Pihlgren, Rihmer u. Walinder, 1995; Winkler, Pjrek u. Kasper, 2005). Je stärker die Orientierung an traditionellen Maskulinitätsnormen, desto ausgeprägter erscheint diese Abwehrsymptomatik, die dem Schutz der bedrohten männlichen Identität und der Vermeidung sozialer Diskriminierung dient. Werden externalisierende Symptome zusätzlich zu den prototypischen Symptomen erfasst, verschwindet der Prävalenzunterschied zwischen den Geschlechtern. Die Erweiterung der klassischen Depressionskriterien um externalisierende Verhaltensmuster erscheint damit als ein dringend notwendiger Schritt, um die Identifizierung von Depression bei Männern und gleichzeitig eine gezieltere Suizidprävention voranzutreiben, auch wenn dies in der aktuellen Version des DSM-5 noch keinen Eingang gefunden hat. Gegenwärtig verfügbare Instrumente zum Depressionsscreening, die psychometrischen Standards genügen, sind rar; derzeit befindet sich ein neues gendersensibles Screeninginstrument in der Evaluierungsphase (Möller-Leimkühler u. Reiß, in Vorbereitung).

Neben der Entwicklung differenzierterer Instrumente besteht Forschungsbedarf hinsichtlich der nosologischen Abgrenzung der »männlichen« Depression zum bipolaren Spektrum, hinsichtlich klinischer Studien zur Rate der Fehldiagnosen bei Alkoholabhängigkeit, Persönlichkeitsstörungen und Gewalttätigkeit, hinsichtlich des Zusammenhangs mit neurobiologischen Faktoren (z. B. Testosteron) und nicht zuletzt hinsichtlich der Prävalenz, der Geschlechts- und Altersspezifik.

Brauchen depressive Männer eine spezifische Therapie?

Werden Männer mit einer Depressionsdiagnose nach ihren therapeutischen Vorlieben gefragt, so bevorzugen sie Abwarten oder eine Medikation anstelle von Psychotherapie, die sich Frauen am häufigsten wünschen (z. B. McHugh, Whitton, Peckham, Welge u. Otto, 2013). Gibt es einen Zusammenhang zwischen diesen Präferenzen und geschlechtsspezifischen Unterschieden in der Wirksamkeit der verschiedenen therapeutischen Verfahren?

Die allgemeine Datenlage hierzu ist zurzeit noch sehr bescheiden mit wenig konsistenten Befunden. So wurde in einigen Studien kein Unterschied zwischen den Geschlechtern hinsichtlich der Ansprechbarkeit auf SSRI oder Trizyklika gefunden (Scheibe, Preuschhof, Cristi u. Bagby, 2003), in anderen zeigte sich dagegen eine schlechtere Wirksamkeit von SSRI und eine bessere von Trizyklika bei Männern im Vergleich zu Frauen (Kornstein et al., 2000). Auch bei einem (metaanalytischen) Vergleich von Monoaminooxidase-Hemmern (MAO-Hemmer) und Trizyklika schnitten Letztere bei den Männern besser ab als bei den Frauen (Hamilton, Grant u. Jensvold, 1996). Die derzeitige Praxis der Antidepressiva-Behandlung ist weniger geschlechts- als symptomorientiert, allerdings wird bisher auch kein Bedarf für ein männerspezifisches Antidepressivum gesehen. Pasquini et al. (2007) empfehlen auf Basis einer offenen Studie die Kombination eines SSRIs mit einem Antikonvulsivum, um auf diese Weise Symptome wie Aggression, Irritabilität, Ärger und Feindseligkeit mitzubehandeln. Grundsätzlich sollten im klinischen Alltag und bei Medikamentenwechsel immer das Geschlecht des Patienten bzw. der Patientin sowie potenzielle geschlechtsspezifische Nebenwirkungen berücksichtigt werden (Bigos, Pollock, Stankevich u. Bies, 2009).

Ähnlich spärlich sieht die Datenlage bezüglich geschlechtsspezifischer Wirkungen psychotherapeutischer Methoden in der Depressionsbehandlung aus, wenn sich auch hier ein einheitlicherer

Trend andeutet. Hinsichtlich der insgesamt am besten untersuchten Methoden der kognitiven und der interpersonellen Verhaltenstherapie konnten keine Wirkungsunterschiede bei Männern und Frauen nachgewiesen werden (Hautzinger u. de Jong-Meyer, 1996; Parker, Blanch u. Crawford, 2011; Schneider et al., 2008). Auch die Kombination mit antidepressiver Medikation war in den beiden erstgenannten Studien vergleichbar effektiv für beide Geschlechter.

Männer werden, auch wenn sie sich bereits in eine Psychotherapie begeben haben, häufig als »schwierige« Patienten wahrgenommen (siehe Tabelle 3), die aufgrund ihrer emotionalen Abwehr, Angst vor Abhängigkeitsbeziehungen und der Unfähigkeit, Schwäche zu akzeptieren, den Psychotherapeuten mit besonderen (Heraus-)Forderungen konfrontieren (Brooks, 2009; Hartkamp, 2012).

Tabelle 3: Männer sind keine Wunschklienten der Psychotherapeuten (Brooks, 2009)

Der »reale«, traditionelle Mann	Der »ideale« PT-Klient
ist verschlossen	ist offen
behält Kontrolle	gibt Kontrolle ab
zeigt keine Gefühle	zeigt Gefühle
gibt sich undurchschaubar	ist verletzlich
ist handlungsorientiert	ist introspektiv
vermeidet Beziehungskonflikte	stellt sich Beziehungskonflikten
weiß immer, was zu tun ist	gibt Fehlverhalten zu

Gegenwärtig wird diskutiert, ob Männer eine männerspezifische Psychotherapie benötigen oder ob es »nur« differenzierterer Zugänge für Männer in die Psychotherapie bedarf. Konsens besteht zumindest darüber, dass ein Bewusstsein für den psychotherapeutischen Behandlungsbedarf von psychisch erkrankten Männern geschaffen werden muss und dass eine Psychotherapie männersensibel sein sollte, indem sie die Orientierung an selbstschädigenden traditionellen Männlichkeitsnormen im jeweils individuellen Problemkontext thematisiert, ohne die Männer selbst dafür zu beschuldigen. Defizitmodelle von Männlichkeit, wie sie im öffentlichen Diskurs vorherrschen, sollten durch Modelle ersetzt werden, die bei der Entwicklung von Problemlösungen explizit an männliche Ressourcen ansetzen, zum Beispiel an Kämpfertum, Mut, Aktivität, Rationalität und Handlungsorientierung.

Literatur

Addis, M. E. (2008). Gender and depression in men. Clinical Psychology: Science and Practice, V15 N3, 153–168.

Albani, C., Blaser, G., Geyer, M., Schmutzer, G., Brähler, E. (2010). Ambulante Psychotherapie in Deutschland aus Sicht der Patienten. Teil 1: Versorgungssituation. Psychotherapeut, 55, 503–514.

Barmer GEK (Hrsg.) (2012). Barmer GEK Arzneimittelreport 2012. Schriftenreihe zur Gesundheitsanalyse, 14. Siegburg: Asgard Verlagsservice GmbH.

Bech, P. (2001). Male depression: Stress and aggression as pathways to major depression. In A. Dawson, A. Tylee (Eds.), Depression – Social and Economic Timebomb (pp. 63–66). London: British Medical Journal Books.

Bertakis, K. D., Helms, L. J., Callahan, E. J., Azari, R., Leigh, P., Robbins, J. A. (2001). Patient gender differences in the diagnosis of depression in primary care. Journal of Women's Health & Gender-Based Medicine, 10 (7), 689–698.

Bigos, K. L., Pollock, B. G., Stankevich, B. A., Bies, R. R. (2009). Sex differences in the pharmacokinetics and pharmacodynamics of antidepressants: An updated review. Gender Medicine, 6 (4), 522–543.

Boenisch, S., Kocalevent, R.-D., Matschinger, H., Mergl, R., Wimmer-Brunauer, C., Tauscher, M., Kramer, D., Hegerl, U., Bramesfeld, A. (2012). Who receives depression-specific treatment? A secondary data-based analysis of outpatient care received by over 780,000 statutory health-insured individuals diagnosed with depression. Social Psychiatry and Psychiatric Epidemiology, 47, 475–486.

Borowsky, S. J., Rubenstein, L. V., Meredith, L. S., Camp, P., Jackson-Triche, M., Wells, K. B. (2000). Who is at risk for nondetection of mental health problems in primary care? Journal of General Internal Medicine, 15, 382–388.

Brooks, G. R. (2009). Beyond the crisis of masculinity: A transtheoretical model for male-friendly therapy. Washington, DC: American Psychological Association.

Connell, R. W. (1995). Masculinities. Cambrige: Polity Press.

Gaebel, W., Zielasek, J., Kowitz, S., Fritze, J. (2011). Oft am Spezialisten vorbei. Deutsches Ärzteblatt, 108 (26), 1476–1478.

Hamilton, J., Grant, M., Jensvold, M. (1996). Sex and treatment of depression. In M. F. Jensvold, J. A. Hamilton u. U. Halbreich (Eds.), Psychopharmacology and women: Sex, gender, and hormones. Washington, DC: American Psychiatric Press.

Hapke, U., Maske, U. E., Scheidt-Nave, C., Bode, L., Schlack, R., Busch, M. A. (2013). Chronischer Stress bei Erwachsenen in Deutschland. Ergebnisse der Studie zur Gesundheit Erwachsener in Deutschland (DEGS1). Bundesgesundheitsblatt, 56, 749–754.

Hartkamp, N. (2012). Psychotherapie mit Männern. Ärztliche Psychotherapie und Psychosomatische Medizin, 7 (4), 242–246.

Hausner, H., Wittmann, M., Haen, E., Spießl, H. (2008). Die unbehandelten Kranken: Ältere Männer mit Depression. Nervenheilkunde, 27 (7), 617–619.

Hautzinger, M., de Jong-Meyer, R. (1996). Depression. Ergebnisse von zwei multizentrischen Vergleichsstudien bei unipolarer Depression. Zeitschrift für Klinische Psychologie, 26, 80–160.

Knesebeck, O. von dem, Bönte, M., Siegrist, J., Marceau, L., Link, C., McKinlay, J. (2010). Diagnose und Therapie einer Depression im höheren Lebensalter – Einflüsse von Patienten- und Arztmerkmalen. Psychotherapie, Psychosomatik und Medizinische Psychologie, 60 (0), 98–103.

Kornstein, S., Schatzberg, A., Thase, M., Yonkers, K., McCullough, J. P., Keitner, G. I., Gelenberg, A. J., Davis, S. M., Harrison, W. H., Keller, M. B. (2000). Gender differences in treatment response to sertraline versus imipramine in chronic depression. American Journal of Psychiatry, 157, 1445–1452.

Kruse, J., Herzog, W. (2012). Zur ambulanten psychosomatischen/psychotherapeutischen Versorgung in der kassenärztlichen Versorgung in Deutschland – Formen der Versorgung und ihre Effizienz. Zwischenbericht zum Gutachten, im Auftrag der Kassenärztlichen Bundesvereinigung (KBV). Zugriff am 22.06.2015 unter http://www.kbv.de/media/sp/Gutachten_Psychosomatik_Zwischenbericht.pdf

Kühner, C. (2006). Frauen. In G. Stoppe, A. Bramesfeld, F.-W. Schwarz (Hrsg.), Volkskrankheit Depression? Bestandsaufnahme und Perspektiven (S. 191–214). Berlin u. Heidelberg: Springer.

Lighthall, N. R., Mather, M., Gorlick, M. A. (2009). Acute stress increases sex differences in risk seeking in the Balloon Analogue Risk Task. PLOS one; doi: 10.1371/journal.pone.0006002.

Link, C. L., Stern, T. A., Piccolo, R. S., Marceau, L. D., Araber, S., Adams, A., Siegrist, J., von dem Knesebeck, O., McKinlay, J. B. (2011). Diagnosis and management of depression in 3 countries: Results from a clinical vignette factorial experiment. Prim Care Companion CNS Disord, 13 (5).

Mack, S., Jacobi, F., Gerschler, A., Strehle, J., Höfler, M., Busch, M., Hapke, U., Seiffert, I., Gaebel, W., Zielasek, J., Maier, W., Wittchen, H.-U. (2014). Self-reported utilization of mental health services in the adult German population – evidence for unmet needs? Results of the DEGS1-Mental Health Module (DEGS1-MH). International Journal of Methods in Psychiatric Research, 23 (3), 289–303.

Martin, L. A., Neighbors, H. W., Griffith, D. M. (2013). The experience of symptoms of depression in men vs women. JAMA Psychiatry, 70, 1100–1106.

Matthews, K. A., Gump, B. B. (2002). Chronic work stress and marital dissolution increase risk of posttrial mortality in men from the Multiple Risk Factor Intervention Trial. Archives of Internal Medicine, 162, 309–315.

McHugh, R. K., Whitton, S. W., Peckham, A. D., Welge, J. A., Otto, M. W. (2013). Patient preference for psychological vs pharmacologic treatment of psychiatric disorders: A meta-analytic review. Journal of Clinical Psychiatry, 74 (6), 595–602.

Möller-Leimkühler, A. M. (2008). Männer, Depression, »männliche Depression«. Fortschritte der Psychiatrie und Neurologie, 76, 1–8.
Möller-Leimkühler, A. M. (2013). Komorbidität psychischer und somatischer Erkrankungen bei Männern – ein Problemaufriss. In L. Weißbach, M. Stiehler (Hrsg.), Männergesundheitsbericht 2013. Im Fokus: Psychische Gesundheit (S. 83–101). Bern: Huber.
Möller-Leimkühler, A. M., Heller, J., Paulus, N.-C. (2007). Subjective well-being and »male depression« in male adolescents. Journal of Affective Disorders, 98 (1–2), 65–72.
Möller-Leimkühler, A. M., Reiß, J. (in Vorbereitung). Vorläufige Validierung des Gendersensitiven Depressionsscreenings (GSDS).
Montoya, E. R., Terburg, D., Bos, P. A., van Honk, J. (2012). Testosterone, cortisol, and serotonin as key regulators of social aggression: A review and theoretical perspective. Motivation and Emotion, 36, 65–73.
Parker, G., Blanch, B., Crawford, J. (2011). Does gender influence response to differing psychotherapies by those with unipolar depression? Journal of Affective Disorders, 130, 17–20.
Parker, G., Brotchie, H. (2010). Gender differences in depression. International Review of Psychiatry, 22 (5), 429–436.
Pasquini, M., Picardi, A., Speca, A., Orlandi, V., Tarsitani, L., Morosini, P., Cascavilla, I., Biondi, I. (2007). Combining an SSRI with an anticonvulsant in depressed patients with dysphoric mood: An open study. Clinical Practice and Epidemiology in Mental Health, 3, 3–10.
Potts, M. K., Burnam, M. A., Wells, K. B. (1991). Gender differences in depression detection: A comparison of clinician diagnosis and standardized assessment. Psychological Assessment, 3 (4), 609–615.
Rice, S., Fallon, B. J., Aucote, H., Möller-Leimkühler, A. M. (2013). Reconceptualising depression in men: Development and validation of the Male Depression Risk Scale. Journal of Affective Disorders, 151, 950–958.
Rochlen, A. B., Paterniti, D. A., Epstein, R. M., Duberstein, P. R., Willeford, L. C., Kravitz, R. L. (2010). Barriers in diagnosing and treating men with depression: A focus group report. American Journal of Men's Health, 4 (2), 167–175.
Rodgers, S., Grosse Holtforth, M., Müller, M., Hengartner, M. P., Rössler, W., Ajdacic-Gross, V. (2014). Symptom-based subtypes of depression and their psychosocial correlates: A person-centered approach focusing on the influence of sex. Journal of Affective Disorders, 156, 92–103.
Rotermann, M. (2007). Marital breakdown and subsequent depression. Health Rep., 18, 33–44.
Rutz, W., von Knorring, L., Pihlgren, H., Rihmer, Z., Walinder, J. (1995). Prevention of male suicides: Lessons from Gotland Study. Lancet, 345, 524.
Scheibe, S., Preuschhof, C., Cristi, C., Bagby, R. M. (2003). Are there gender differences in major depression and its response to antidepressants? Journal of Affective Disorders, 75, 223–235.
Schneider, D., Zobel, I., Härter, M., Kech, S., Berger, M., Schramm, E. (2008).

Wirkt die Interpersonelle Psychotherapie besser bei Frauen als bei Männern? Ergebnisse einer randomisierten, kontrollierten Studie. Psychotherapie – Psychosomatik – Medizinische Psychologie, 58, 23–31.

Stoppe, G., Sandholzer, H., Huppertz, C., Duwe, H., Staedt, J. (1999). Gender differences in the recognition of depression in old age. Maturitas, 32, 205–212.

Stroud, L. R., Salovey, P., Epel, E. S. (2002). Sex differences in stress responses: Social rejection versus achievement stress. Biological Psychiatry, 52, 318–327.

Swami, V. (2012). Mental health literacy of depression: Gender differences and attitudinal antecedents in a representative British sample. PLOS one, 7 (11), 1–6.

Taylor, S. E., Klein, L. C., Lewis, B. P., Gruenewald, T. L., Gurung, R. A. R., Updegraff, J. A. (2000). Biobehavioral responses to stress in females: Tend-and-befriend, not fight-or-flight. Psychological Review, 107 (3), 411–429.

Terburg, D., Morgan, B., van Honk, J. (2009). The testosterone-cortisol ratio: A hormonal marker for proneness to social aggression. International Journal of Law and Psychiatry, 32 (4), 216–223.

Thornicroft, G. (2011). Physical health disparities and mental illness: The scandal of premature mortality. The British Journal of Psychiatry, 199, 441–442.

Walderhaug, E., Magnusson, A., Neumeister, A., Lappalainen, J., Lunde, H., Refsum, H., Landro, N. I. (2007). Interactive effects of sex and 5-HTTLPR on mood and impulsivity during tryptophan depletion in healthy people. Biological Psychiatry, 62, 593–599.

Walendzik, A., Rabe-Menssen, C., Lux, G., Wasem, J., Jahn, R. (2011). Erhebung zur ambulanten psychotherapeutischen Versorgung 2010. Deutsche Psychotherapeuten-Vereinigung. Berlin.

Weißbach, L., Stiehler, M. (2013). Männergesundheitsbericht 2013. Im Fokus: Psychische Gesundheit. Bern: Huber.

Williams, J. B. W., Spitzer, R. L., Linzer, M., Kroenke, K. et al. (1995). Gender differences in depression in primary care. American Journal of Obstetrics and Gynecology, 173 (2), 654–659.

Winkler, D., Pjrek, E., Kasper, S. (2005). Anger attacks in depression – evidence for a male depressive syndrome. Psychother Psychosom, 74, 303–307.

Wittchen, H.-U., Schuster, P., Pfister, H. et al. (1999). Depressionen in der Allgemeinbevölkerung – schlecht erkannt und selten behandelt. Nervenheilkunde, 18, 202–209.

Zepf, S., Mengele, U., Hartmann, S. (2003). Zum Stand der ambulanten psychotherapeutischen Versorgung der Erwachsenen in der Bundesrepublik Deutschland. Psychotherapie Psychosomatik und Medizinische Psychologie, 53 (3/4), 152–162

André Karger

Gewalt macht krank. Ein Thema (auch) für Männer?

Einige Gedanken über den gesellschaftlichen Umgang mit der Geschlechterspezifität von (partnerschaftlicher) Gewalt

Es wird wohl kaum jemanden geben, der die Frage nach den langfristigen schädlichen Folgen von Gewaltwiderfahrnissen in der Kindheit und im späteren Leben nicht bejaht: Gewalt macht krank. Wissenschaftlich ist es schon lange eine gut dokumentierte Tatsache (Coker et al., 2002; Campbell, 2002; Hornberg, Schröttle, Khelaifat, Pauli u. Bohne, 2008; Fowler, Tompsett, Braciszewski, Jacques-Tiura u. Baltes, 2009; Middlebrooks u. Audage, 2008; Nicolaidis, 2011; Nanni, Uher u. Danese, 2012; Barboza Solís, 2015), dass (traumatische) Gewalterfahrungen die psychische und körperliche Gesundheit kurz- und langfristig beeinträchtigen und beispielsweise zur Entstehung einer Depression, Traumafolgestörung, Suchterkrankung, aber auch körperlicher Krankheit wie koronarer Herzerkrankung und Diabetes beitragen können. In Deutschland, wie in den meisten westlichen Ländern, gibt es mittlerweile einen gesellschaftlichen Konsens, der Gewaltanwendung in sozialen Beziehungen (also in Partnerschaften, in Familien, unter Arbeitskollegen, Nachbarn etc.) weitgehend delegitimiert und sanktioniert. Das ist aber nicht selbstverständlich, wie uns ein Blick in andere Kulturen zeigt: Ein Beispiel ist die Gewaltanwendung zur öffentlichen Bestrafung (als sogenannte Körperstrafe), die legitime Anwendung körperlicher Gewalt in der Ehe oder als Erziehungsmittel in den arabischen Kulturen. Aber auch mit Blick auf unsere eigene Geschichte ist dies nicht selbstverständlich und historisch betrachtet ein junges Phänomen. Noch bis in die 1970er Jahre waren Körperstrafen ein häufiges und allgemein akzeptiertes Mittel der Kindererziehung. Erst seit dem Jahr 2000 sind diese auch in Deutschland aufgrund des Gesetzes zur »Ächtung von Gewalt in der Erziehung« verboten. Noch in den 1960er Jahren gab es in der Frage der Anerkennung von Opfern der Shoah tatsächlich den medizinisch-wissenschaftlichen Diskurs, ob diese Erfahrungen massiver

Gewalt durch Lagerhaft und Genozid ursächlich für die körperlichen und psychischen Schäden der Opfer waren oder nicht vielmehr Folge von deren schwacher prämorbider Persönlichkeit. Der Psychoanalytiker Kurt Eissler (1963) hatte diese Kontroverse damals mit der bekannten und viel zitierten Frage kommentiert: »Die Ermordung von wie vielen seiner Kinder muss ein Mensch symptomfrei ertragen können, um eine normale Konstitution zu haben?« Letztlich führte die Anerkennung der schädigenden Wirkung massiv gewaltsamer äußerer Ereignisse zur Etablierung der Traumafolgestörungen in Medizin und Psychologie und zu dem gesellschaftlichen Traumadiskurs der letzten zwanzig Jahre (Bronfen, Erdle u. Weigel, 1999; Becker, 2006; Lamott, 2006; Karger, 2009).

Die hier vertretene These lautet, dass sich die starke Reglementierung und moralische wie faktische Tabuisierung von Gewalt im öffentlichen wie privaten Raum innerhalb unserer Gesellschaft dem historischen Bruch der Moderne und der Auseinandersetzung mit der Gewalt und den Gewaltfolgen des Nationalsozialismus verdankt (Reemtsma, 2010). Die Erfahrung der Ungeheuerlichkeiten der Shoah, mithin der rational geplanten und vollzogenen Massenvernichtung von Menschen aufgrund ihrer Religion, Gesinnung und Ethnie durch die Deutschen hat zu einer intensiven Beschäftigung und Reflexion der Gewaltverfasstheit der Rationalität, des Subjekts sowie gesellschaftlicher Gruppen und Institutionen geführt (vgl. beispielsweise Horkheimer u. Adorno, 1969; Haverkamp, 1994). Seither gilt die Beschäftigung bevorzugt der Gewalt, die innerhalb der Gesellschaft und im Inneren des Subjekts entsteht. Dabei wird Gewalt nicht mehr als Abweichung von der Norm, deren pathologische Devianz, sondern als etwas, was dem unbewussten Konstitutionsprozess des Subjekts und der Gesellschaft immanent ist, theoretisiert. Das Subjekt und die von ihm hervorgebrachte Kultur werden als zutiefst gewaltverfasst erkannt. Gewalt ist so als ein Phänomen zu verstehen, das dem Subjekt und seinen Beziehungen inhärent ist. Diese theoretische Einsicht und Reflexion, bei der auch zu fragen ist, welche Konsequenzen gesellschaftlich daraus zu ziehen sind, steht in einem Spannungsverhältnis mit dem Versuch der Reglementierung von Gewalt in der Gesellschaft. Dabei gibt es eine stärkere gesellschaftliche Tendenz zur Reglementierung als zur Reflexion.

Bis in die Moderne war es das Projekt der Kulturschaffung (in Abgrenzung zu den kulturlosen Barbaren) im Ausgang von Platon, mit Vernunft dem Irrationalen der Gewalt zu begegnen. Die Dialektik der Aufklärung aber ist, dass eben diese Aufklärung das Irrationale, die Gewalt, in sich trägt, die sie zu bekämpfen versucht, und es damit nur zu einer Gewalteskalation im kulturellen Fortschritt kommt. Kulturschaffung selbst ist gewalthaft.

Die zentralen, skandalisierenden Fragen, die nicht nur im Diskurs um partnerschaftliche Gewalt so emotionalisierend sind, lauten nach wie vor: Wie kommt es, dass Menschen, die sich gut kennen, die sich ähnlich sind, die einander brauchen, die füreinander Sorge und Verantwortung tragen, sich schweres Leid antun? Wieso geschieht das nicht nur durch den Anderen, den Fremden, den Feind, sondern durch den geliebten Mitmenschen? Dass verfeindete und konkurrierende Ethnien oder ideologische Systeme sich gegenseitig mit Gewalt überziehen, mag schwer erträglich, aber nachvollziehbar erscheinen. Dass Menschen, die einander lieben oder zumindest dies nach ihrer Selbstaussage tun, sich gegenseitig verletzen, demütigen und im Extrem auch umbringen, bleibt irritierend.

Familiäre und partnerschaftliche Gewalt

Schon im 19. Jahrhundert diskutierte man über die Probleme der Gewalt und sexuellen Übergriffe in Familien und deren potenziell schädigende Wirkung (Hirsch, 2011). Beispielsweise war dies ein wichtiger Ausgangspunkt für Freud und seine Studien zur Hysterie (1896), in denen er die reale Traumatisierung durch sexuelle Übergriffe in der Kindheit als ursächlich für die späteren hysterischen Symptome annahm. Eine vermehrte systematische wissenschaftliche Beschäftigung mit Gewaltphänomenen in Familien und Beziehungen im sozialen Nahfeld gab es aber erst seit den 1970er Jahren. Dies geschah im Kontext des allgemeinen Traumadiskurses, der die Anerkennung realer Gewalterfahrungen und deren schädigender Wirkung mit sich brachte. Partnerschaftliche Gewalt steht dabei nur für eine der Gewaltformen im sozialen Nahfeld. Eine genauere Definition des Gewaltbegriffs und der entsprechenden gebräuchlichen Systematik unterschiedlicher Gewaltformen ist der erwähnten Literatur zu entnehmen (Imbusch, 2002; Heitmeyer u. Hagan, 2002; WHO, 2013).

Unter der im Deutschen gebräuchlichen Bezeichnung der »häuslichen Gewalt« (engl. intimate partner violence) wurde partnerschaftliche Gewalt empirisch vor allem durch zwei Forschungsansätze mit je unterschiedlichen Grundannahmen und Wissenschaftstraditionen sowie -kontexten untersucht: Die eine Forschungsrichtung entwickelte sich auf dem theoretischen und ideologischen Hintergrund des Feminismus, die andere war durch die systemische Theorie beeinflusst (Dutton u. Nicholls, 2005; Dutton, Corvo u. Hamel, 2009; Ross u. Babcock, 2010). Beide Forschungsrichtungen entwickelten sich zunächst relativ unabhängig voneinander, untersuchten partnerschaftliche Gewalt an unterschiedlichen Stichproben und hatten vor allem sehr unterschiedliche theoretische Konzepte in der Konzeptualisierung der Gewaltphänomene.

Die feministische Gewaltforschung versteht partnerschaftliche Gewalt auf dem Hintergrund einer Machtasymmetrie im Geschlechterverhältnis (Saunders, 1988). Die Machtungleichheit ist Folge der traditionellen Geschlechterrollen, nach denen der Mann aktiv und dominant und die Frau passiv und submissiv ist. Partnerschaftliche Gewalt ist als Effekt dieses Geschlechterverhältnisses Gewalt von Männern gegenüber Frauen, die mithilfe von Gewalt ihre Dominanz sichern, mit ihrer körperlichen Überlegenheit auch durchsetzen und sich durch Herrschaft über Frauen in ihrer Maskulinität konstituieren (Millett, 1970). Die ersten Studien wurden an hoch selegierten Stichproben wie beispielsweise Frauen in Frauenhäusern oder mit Kriminalstatistiken durchgeführt und fanden in Übereinstimmung mit der feministischen Theorie eine deutliche Geschlechterasymmetrie: Frauen waren zu 90 % Opfer von körperlicher, psychischer und sexueller Gewalt, deren Täter überwiegend Männer waren. Spätere Untersuchungen (Tjaden u. Thoennes, 2000; Garcia-Moreno, Jansen, Ellsberg, Heise u. Watts, 2006), die entsprechend häusliche Gewalt nur bei Frauen erhoben, bestätigten diese Befunde und zeigten, dass Gewaltwiderfahrnisse durch Männer für Frauen ein gravierendes und häufiges Problem waren.

Die systemische Gewaltforschung hingegen hat ein vollkommen anderes Verständnis von partnerschaftlicher Gewalt. Hiernach ist partnerschaftliche Gewalt letztlich eine (in Teilen dysfunktionale) Konfliktstrategie, mit der beide Partner ihre Beziehung regulieren, beispielsweise wenn sprachsymbolische Optionen zur Artikulation affektiver Spannungszustände nicht möglich sind. Gewalt wird dabei von Männern wie von Frauen als strategisches Mittel in Konflikten eingesetzt. Studien, die aus diesem Kontext stammen, untersuchten partnerschaftliche Gewalt zunächst vorwiegend an studentischen Stichproben, bezogen auf sogenannte »dating violence«, und kamen ebenfalls in Übereinstimmung mit ihrer Theorie zu einem symmetrischen Geschlechterverhältnis bei partnerschaftlicher Gewalt (Straus, 2008). Hier waren also genauso häufig Männer Opfer von Gewalt und Frauen Täter wie umgekehrt. Vor allem durch die hochrangig publizierte Arbeit des amerikanischen Psychologen Archer (2000) nahm die Debatte zur Geschlechtersymmetrie oder -asymmetrie partnerschaftlicher Gewalt an Dynamik zu.

Mittlerweile haben sich innerhalb der wissenschaftlichen Auseinandersetzung die Positionen angenähert, und es entsteht ein differenzierteres Bild partnerschaftlicher Gewalt (Hagemann-White, 2002; Kimmel, 2002). Einen guten Überblick über den aktuellen Stand der Debatte geben die Arbeiten von Langhinrichsen-Rohling (2010) und Schröttle (2010). Auch wenn hier beide Forschungsrichtungen gleichberechtigt nebeneinandergestellt werden, ist die feministische Theorie von partnerschaftlicher Gewalt gesellschaftlich bisher die bei Weitem wirkmächtigere gewesen. Entsprechend sind der bisherige Diskurs über partnerschaftliche Gewalt, deren Bild im öffentlichen Raum, die entsprechende Gesundheitspolitik mit ihren Präventionskampagnen und konkreten Interventionsformen von einer starken Gender-Asymmetrie und Täter-Opfer-Dichotomie geprägt, die partnerschaftliche Gewalt als Gewalt von Männern gegen Frauen ausdeutet und – psychoanalytisch formuliert – auf Spaltungsniveau festschreibt.

Wissenschaftliche Kontroverse und öffentlicher/ politischer Diskurs

2014 wurde eine EU-weite Umfrage zur Gewalt gegen Frauen veröffentlicht. Die Studie »Violence against women« wurde aus EU-Mitteln finanziert und von der Agentur der Europäischen Union für Grundrechte (European Union Agency for Fundamental Rights) in 28 EU-Mitgliedstaaten durchgeführt. Es nahmen insgesamt 42.000 Frauen teil, die mit einem standardisierten Interview zu körperlicher, sexueller und psychischer Gewalt systematisch und im Detail befragt wurden. Zu den Hauptergebnissen zählt der Befund, dass jede dritte Frau in der EU über mindestens ein Gewaltwiderfahrnis seit dem 16. Lebensjahr berichtete. Die Süddeutsche Zeitung konnte daher am 5. März 2014 den Bericht über eben diese Studie mit der Schlagzeile versehen: »Jede dritte Frau ist Opfer von Gewalt«. Schon der Titel dieser Studie kündigt ein gravierendes methodisches Problem an: Männer wurden als Studienteilnehmer nicht berücksichtigt, also auch nicht befragt. Die theoretische Annahme, partnerschaftliche Gewalt sei Gewalt von Männern gegen Frauen, und die weitere Annahme, Gewalterfahrungen seien für Männer nicht gesundheitlich bedeutsam, führten dazu, dass eine große, entsprechend mit öffentlichen Mitteln finanzierte Studie Männer als Teilnehmer ausschließt.

Gleiches ereignete sich bereits vor knapp einem Jahrzehnt. Damals wurde die erste vom Bundesministerium für Familie, Senioren, Frauen und Jugend (BMFSFJ, 2004) in Auftrag gegebene größere deutsche Studie zur partnerschaftlichen Gewalt unter dem Titel »Lebenssituation, Sicherheit und Gesundheit von Frauen in Deutschland« veröffentlicht. 10.264 Frauen wurden mit einem standardisierten Interview mündlich und schriftlich zu körperlicher, sexueller und psychischer Gewalt sowie Belästigung befragt. Männer wurden lediglich in einer kleinen Begleitstudie befragt, deren Ergebnisse aber weder repräsentativ für Gewalterfahrungen von Männern waren noch vergleichbar mit der repräsentativen Studie von Frauen. 40 % der Frauen gaben Gewaltwiderfahrnisse seit dem 16. Lebensjahr und 25 % der Frauen Gewaltwiderfahrnisse seit dem 16. Lebensjahr in Partnerschaften an. Auch hier lautete einer der Hauptbefunde schlagwortartig, dass jede vierte Frau in Deutschland ab dem 16. Lebensjahr Gewalt in Partnerschaften erfährt. Das ist zugleich richtig, aber auch falsch und problematisch. Richtig daran ist, dass Gewalt im sozialen Nahraum gegen Frauen ein relevantes gesundheitliches Problem für Frauen und auch ein relevantes gesellschaftliches Problem darstellt. Problematisch ist, dass dadurch das öffentliche Bild der partnerschaftlichen Gewalt selbst die Zuschreibung einer geschlechterspezifischen Täter-Opfer-Dichotomie bekommt, in der partnerschaftliche Gewalt fast ausschließlich Gewalt männlicher Täter gegenüber weiblichen Opfern ist.

Die Annahme, dass Gewalt im sozialen Nahraum vornehmlich Gewalt von Männern an Frauen ist, und die damit unterstellte implizite Annahme, Viktimisierungserfahrungen im sozialen Nahraum seien kein Problem von Männern, haben dazu geführt, dass Forschungen und Interventionen zu partnerschaftlicher Gewalt genderasymmetrisch und damit einseitig ausgerichtet wurden. Die von der Bundesregierung durch das BMFSFJ durchgeführten Maßnahmen behandeln daher fast ausschließlich Gewalt gegen Frauen. Beispielsweise umfasst der 2007 verabschiedete »Aktionsplan II« der Bundesregierung mehr als 130 Maßnahmen zur Bekämpfung von Gewalt, aber eben Gewalt von Männern gegen Frauen.

Auch die mediale Ikonografie der Präventionskampagnen gegen häusliche Gewalt zeigt oft in drastischer Form einen körperlich überlegenen aggressiven Mann, der eine unterlegene Frau meist schwer körperlich misshandelt. Die stellvertretend hierfür genannte Medienkampagne »Hinter deutschen Wänden« des Landes Berlin (www.hinter-deutschen-waenden.de) ist dabei noch vergleichsweise dezent. Mediale Darstellungen und Kampagnen, die ein differenziertes Bild partnerschaftlicher Gewalt zeigen, dabei auch Gewalt von Frauen gegen Männer, sind selten.

Zur Problematik der Untersuchung partnerschaftlicher Gewalt

Die Stichprobenselektion, in diesem Fall der wissenschaftlich nicht begründbare Ausschluss von Männern aus der Untersuchungsstichprobe, ist nur ein Beispiel für die Problematik der Methodik in der empirischen Untersuchung partnerschaftlicher Gewalt. Es gibt eine Reihe von Faktoren, die entsprechend die Deutung der erhobenen Befunde (meist absolute und relative Häufigkeiten) – bisweilen – stark relativieren. Die allermeisten empirischen Studien zur Gewalterfahrung von Menschen erheben deren Selbsteinschätzung und selbst berichtete Erfahrungen. Es gibt eine Reihe bekannter Faktoren, die die Ergebnisse der Untersuchung von Gewalt beeinflussen. Ein Problem stellt die genaue Definition von Gewalt und der unterschiedlichen Gewaltformen dar. Je genauer und konkreter die Gewaltformen operationalisiert sind, desto zuverlässiger sind auch die entsprechenden Angaben. Qualitative Untersuchungen erlauben die detaillierte Befragung einzelner Personen, bei der ideografisch deren subjektive Gewalterfahrung erhoben wird. Quantitative Untersuchungen erheben standardisierte Daten bei einer großen Anzahl von Menschen. Bereits oben wurde die Art der Stichprobe als Problem genannt. Selektive Stichproben (beispielsweise ausschließlich Frauen oder Männer, Frauen und Männer in besonderen Lebenslagen, Frauen und Männer, die eine besondere Institution in Anspruch nehmen, etc.) verzerren die Ergebnisse. Wünschenswert sind repräsentative Bevölkerungsstichproben (bei denen selbstverständlich Frauen wie Männer als Täter wie auch als Opfer befragt werden).

Auch der Kontext der Erhebung spielt eine Rolle: Findet die Befragung als Teil einer größeren Untersuchung statt, in der auch andere Hypothesen geprüft werden (beispielsweise zur allgemeinen Gesundheit und Lebensqualität), oder werden nur Gewalterfahrungen erfragt? Meist geht damit auch der Umfang der eingesetzten Untersuchungsinstrumente einher: Reine Gewaltbefragungen sind in der Regel ausführlicher und erlauben auch detailliertere Erhebungsmethoden. Hellfeldstudien (wie beispielsweise Kriminalstatistiken) erheben nur die offiziell registrierten Gewaltstraftaten. Dunkelfeldstudien erheben dagegen auch die nicht offiziell erfassten Gewalterfahrungen. Auch Region und ethnisch-religiöser Hintergrund spielen eine Rolle (da diese beispielsweise das Antwortverhalten sowie auch unterschiedliche kulturelle Bewertungen und Definitionen von Gewalt beeinflussen). So kommt beispielsweise die oben genannte EU-Studie bezüglich der Lebenszeithäufigkeit von partnerschaftlicher Gewalt zu dem Ergebnis, dass partnerschaftliche Gewalt von 32 % der Frauen in Dänemark, aber nur von 13 % der Frauen in Kroatien berichtet wird. Das mag zutreffend sein, wirkt aber wenig plausibel. Überhaupt zeigen viele Studien starke Schwankungen der Häufigkeit in den einzelnen Ländern. Wahrscheinlicher ist, dass andere Faktoren (die mit den regionalen Eigenheiten der Länder zu tun haben) hier die Häufigkeit beeinflussen (Esquivel-Santoveña u. Dixon, 2012).

Querschnittstudien erheben zu einem Zeitpunkt Daten zur Gewalterfahrung. Entsprechende retrospektive Angaben sind daher ungenauer. Prospektive Längsschnittstudien erheben Daten dagegen zu mehreren Zeitpunkten und erlauben daher auch Rückschlüsse auf zeitliche Verläufe und genauere Angaben zu Zeiträumen. Werden die Probanden einer Studie gleichzeitig nach der Täter- und Opfererfahrung befragt, ergibt dies ein komplexeres Bild hinsichtlich der Dynamik von Gewalt in Beziehungen. Die Genauigkeit der Angaben zu Gewalterfahrungen steigt, wenn statt Einzelpersonen beide Partner einer Partnerschaft getrennt befragt werden.

Auch die Art der Erhebung, ob Face-to-Face-Interview oder schriftlich-anonyme Befragung, sowie das Geschlecht des Interviewers können zu unterschiedlichen Ergebnissen führen. Schließlich erlaubt die Erhebung von Häufigkeiten von Gewalterfahrungen noch keinen Rückschluss auf die Beziehungsdynamik und die Entstehungsursachen von partnerschaftlicher Gewalt. Komplexe zeitliche Prozesse von gewaltsamen Dynamiken in Beziehungen lassen sich mit der Erhebung von Häufigkeiten nicht abbilden.

Aktuelle Studien im deutschsprachigen Raum

In der Studie zur Gesundheit Erwachsener in Deutschland (DEGS) wurden 5.939 Personen einer repräsentativen Bevölkerungsstichprobe in einem Zusatzmodul zu ihren Gewalterfahrungen befragt (Schlack, Rüdel, Karger u. Hölling, 2013). Die Befragung erfolgte in den Jahren 2008–2011 schriftlich durch ein standardisiertes Interview. Erhoben wurden körperliche und psychische Gewalt in den letzten zwölf Monaten, unterschiedliche Sozialräume, Opfer- und Täterperspektive sowie das Belastungserleben durch Viktimisierung. 3,3 % der Frauen und 6,2 % der Männer gaben an, in den letzten zwölf Monaten einmal oder mehrfach körperliche Gewalt erfahren zu haben. 3,4 % der Frauen und 3,9 % der Männer gaben an, in den letzten zwölf Monaten einmal oder mehrfach körperliche Gewalt ausgeübt zu haben. Frauen erlebten tendenziell häufiger Gewalt im häuslichen Bereich, gaben jedoch auch an, dort häufiger Gewalt als

Männer ausgeübt zu haben. Männer erlebten tendenziell häufiger Gewalt im öffentlichen Raum und am Arbeitsplatz, gaben jedoch auch an, dort häufiger Gewalt ausgeübt zu haben als Frauen. Junge Erwachsene mit niedrigem Sozialstatus waren am häufigsten von Gewalt betroffen. Über zwei Drittel der Befragen, die von Gewaltwiderfahrnissen betroffen waren, gaben an, dadurch stark bis sehr stark belastet worden zu sein. Die Veröffentlichung der Studie löste in der Folge eine intensive Kontroverse aus, die in letzter Konsequenz dazu geführt hat, dass das Robert Koch-Institut als für die Veröffentlichung maßgebliche Institution eine Revision des Artikels ankündigte. Die kritischen Stellungnahmen zu der Studie sind auf der Homepage des Robert Koch-Instituts veröffentlicht (www.rki.de). Hauptkritikpunkt war, dass die in der Studie veröffentlichten Zahlen, nach denen Frauen wie Männer in relevanter Weise von Gewalt betroffen sind, eine irreführende Deutung der Gewaltproblematik nahelegen und im Besonderen die partnerschaftliche und sexuelle Gewalt gegen Frauen relativiere und verharmlose. In der Studie seien insbesondere Gewaltformen (vor allem sexuelle Gewalt) und Gewaltfolgen nicht differenziert erhoben worden.

Nun ist diese Kritik einerseits, was die differenzierte Erhebung von Gewaltformen angeht, berechtigt, andererseits sind der differenzierten Erhebung von Gewaltphänomenen methodisch Grenzen gesetzt, führt man diese Erhebung im Rahmen eines großen allgemeinen Gesundheitssurveys durch. Die Chance einer solchen Koppelung von Gesundheitssurvey und Gewaltzusatzbefragung liegt gerade darin, die gesundheitlichen Folgen von Gewalt genauer zu erforschen, da nicht nur Gewalt, sondern viele Gesundheitsparameter erhoben werden. Zu hoffen bleibt, dass sprichwörtlich »nicht gleich das Kind mit dem Bade ausgeschüttet wird« und das Robert Koch-Institut auch bei zukünftigen Erhebungen zur Gesundheit in Deutschland auf Gewalt als relevanten die Gesundheit beeinträchtigenden Faktor nicht verzichtet.

2014 erschien der vom Landeskriminalamt Niedersachsen herausgegebene »Bericht zu Gewalterfahrungen in Paarbeziehungen in Niedersachsen im Jahr 2012« (Pfeifer u. Seifert). Hier wurden 14.241 Personen einer repräsentativen Bevölkerungsstichprobe als Teil der Befragung zu Sicherheit und Kriminalität in Niedersachsen zusätzlich zu Gewalterfahrungen in Paarbeziehungen befragt. Die Befragung erfolgte schriftlich-postalisch und anonymisiert. Es wurden acht Fragen zu verschiedenen Gewaltformen in Paarbeziehungen in den letzten zwölf Monaten, zu Beeinträchtigungen und Verletzungen, zum Einschalten der Polizei sowie zur Inanspruchnahme von Hilfen gestellt. Hiernach wurden Frauen häufiger Opfer von psychischer und körperlicher Gewalt in Partnerschaften, insbesondere von schwerer und sehr schwerer Gewalt, infolgedessen hatten sie auch öfter körperliche Verletzungen. Schwere körperliche Gewalt (einschließlich sexueller Handlungen) kam eher selten vor. Der Anteil männlicher Opfer war nicht unerheblich: 9,4 % der Frauen und 6,1 % der Männer gaben an, in den letzten zwölf Monaten Gewaltwiderfahrnisse in Partnerschaften erlebt zu haben. Mit zunehmendem Alter sank die Gewalt in Paarbeziehungen. In Paarbeziehungen mit Migrationshintergrund war diese erhöht.

Ebenfalls 2014 wurde vom Kriminologischen Forschungsinstitut Niedersachsen eine Repräsentativbefragung zu Viktimisierungserfahrungen in Deutschland veröffentlicht (Hellmann). Bei 11.428 Personen einer repräsentativen Quotenstichprobe wurden im Jahr 2011 Viktimisierungserfahrungen zu erlebter physischer Gewalt, Wohnungseinbruch, elterlichem Erziehungsverhalten, sexuellem Missbrauch, häuslicher Gewalt, sexueller Gewalt und Stalking erfragt. 34,2 % der Männer und 19,8 % der Frauen gaben an, mindestens einmal im Leben physische Gewalt erlebt zu haben. Bei Frauen überwiegt die Gewaltwiderfahrnis im sozialen Nahraum und bei Männern im öffentlichen Raum. Die Lebenszeitprävalenz für häusliche Gewalt durch den Partner betrug für Frauen 3,8 % und für Männer 1,3 %. Knapp 30 % der Betroffenen gaben keinerlei Folgen an. Weibliche Betroffene litten deutlich häufiger unter den psychischen und physischen Folgen. Von allen Fällen häuslicher Gewalt gelangten nur 14,7 % zur Kenntnis der Polizei und Staatsanwaltschaft. Dabei erstattete keiner (!) der männlichen Betroffenen Anzeige. Die Lebenszeitprävalenz für sexuelle Gewalt betrug 2,7 %, 88,6 % der Betroffenen waren Frauen.

Die derzeit wohl im deutschsprachigen Raum aufwendigste Erhebung stammt aus Österreich. Bei der Studie »Zur Gewalt in der Familie und im nahen sozialen Umfeld« (Kapella, Baierl, Rille-Pfeiffer, Geserick u. Schmidt, 2011) wurden 2.343 Personen einer repräsentativen Bevölkerungsstichprobe befragt. Die standardisierten Interviews wurden in zwei Teilstichproben anonym schriftlich sowie »face to face« durchgeführt. Es wurde differenziert nach körperlicher, psychischer und sexueller Gewalterfahrung sowie nach sexueller Belästigung gefragt aus der Opfer- und Täterperspektive sowie nach den Gewaltfolgen. Frauen erfuhren danach häufiger psychische und sexuelle Gewalt als Männer. Auch schilderten sie eine stärkere Viktimisierung und häufiger Widerfahrnis einer Kombination verschiedener Gewaltformen. Männer und Frauen gaben gleich häufig körperliche Gewaltwiderfahrnisse an: bei Männern primär an öffentlichen Orten, bei Frauen in der eigenen Wohnung. Psychische Gewalt erfuhren Männer und Frauen am häufigsten an der Arbeitsstelle. Fast alle Männer und alle Frauen gaben an, selbst psychische Gewalt angewendet zu haben. Über die Hälfte der Männer und Frauen berichteten, mindestens einmal selbst körperlich gewalttätig gewesen zu sein.

Fasst man die Ergebnisse der drei zuletzt genannten Studien auf dem Hintergrund der internationalen kontroversen Befundlage zusammen, so folgt hieraus, dass aktuelle Gewaltwiderfahrnisse und -ausübungen bei Frauen *und* Männern häufig vorkommen und für *beide* Geschlechter in differenzieller Weise ein relevantes Thema darstellen. Dabei erleben Frauen partnerschaftliche Gewaltwiderfahrnisse tendenziell häufiger, besonders schwere körperliche Gewalt, chronische Gewalt und sexuelle Gewalt, allerdings sind schwere Gewaltformen eher selten. Keinesfalls ist die Schlussfolgerung gerechtfertigt, dass partnerschaftliche Gewaltwiderfahrnisse kein relevantes Thema für Männer darstellen und Gewaltwiderfahrnisse im Allgemeinen für Männer von untergeordneter Bedeutung für deren Gesundheit sind.

Gewalt macht krank. Ein Thema auch für Männer?

Offenbar unterliegen die gesellschaftliche und gesundheitspolitische Wahrnehmung und der Umgang mit Gewalt im sozialen Nahraum nach wie vor einer genderspezifischen Fehlwahrnehmung, die diese Problematik für Männer ausblendet bzw. relativiert und weiter an einer einfachen Täter-Opfer-Dichotomie festhält. Dabei gibt es eine Reihe von Arbeiten, die bereits seit Jahren auf diesen Missstand aufmerksam machen und das Stereotyp von »Männern als ewigen Gewalttätern« (Döge, 2011) infrage stellen (vgl. beispielsweise Bock, 2003; Jungnitz, Lenz, Puchert, Puhe u. Walter, 2007; Gahleitner, Lenz u. Oestreich, 2007; Soares, Luo, Jablonska u. Sundin, 2007; Lamnek, Luedtke, Ottermann u. Vogl, 2012; Hamel u. Nicholls, 2006).

Die rationalen Argumente und Fakten, aber auch die empirischen Befunde der hier vorgestellten vier aktuellen Studien haben es bisher nicht geschafft, diese genderspezifische Fehlwahrnehmung maßgeblich zu verändern. Die Folgen liegen auf der Hand: Es fehlt eine gendersensible Forschung, die auf Gewaltdynamiken und -prozesse in Beziehungen und sozialen Räumen, in Abhängigkeit von Kontextfaktoren, zielt. Es fehlt eine Diversifizierung öffentlicher Präventionskampagnen gegen Gewalt und gegen eine Stigmatisierung auch männlicher Opfererfahrung. Vor allem gibt es in dramatischem Ausmaß keine geeigneten Interventionen und Unterstützungsangebote für die Zielgruppe der männlichen Gewaltopfer.

Ausblick

Wie lässt sich der ausgeprägte Widerstand gegen eine differenzierte Betrachtung interpersoneller Gewaltdynamiken verstehen? Hat dieser Widerstand eine gesellschaftliche Funktion? Einige Mutmaßungen zur Funktion des Widerstands sind angebracht:
– Eine klare Täter-Opfer-Dichotomie wirkt emotional entlastend, da hierdurch Schuld- und Ursachenverhältnisse eindeutig benannt werden.
– Gerade die Ursachenzuschreibung reduziert komplexe Zusammenhänge auf einfache Kausalitäten.
– Im Fall der Annahme eines männlichen Täters steht dies zudem in Übereinstimmung mit dem männlichen Geschlechterstereotyp, dem Eigenschaften wie Instrumentalität und Aggression zugeordnet werden.
– Die Annahme sozial konstruierter aggressiver männlicher Verhaltensmuster und dadurch aufrechterhaltener Machtasymmetrien lässt im Umkehrschluss die Hoffnung zu, dass die Auflö-

sung der Machtasymmetrien, die wiederhergestellte Gerechtigkeit zwischen den Geschlechtern, ein gewaltfreies soziales Miteinander ermöglicht.

Möglicherweise ist es so, dass die Gewalt in Freundschaften, in Paarbeziehungen, in Ehen, in Familien, am Arbeitsplatz, in Cliquen, im Verein etc. aber einem komplexeren Bedingungs- und Entstehungsmuster unterliegt, welches die einfache Annahme männlicher Gewalttäterschaft eher verstellt als aufklärt. Die westlichen Gesellschaften in der Nachmoderne haben zumindest Gewalt in ihrem Inneren als Problem begriffen und damit anerkannt. Aber eben diese Gesellschaften sind vorrangig mehr mit der Reglementierung (und Tabuisierung) der Gewalt und deren Außenverlagerung (Projektion) beschäftigt als mit der Reflexion über die eigene Gewaltverfasstheit, die dem Subjekt innewohnt. Die Frage, wie es kommt, dass Menschen, die sich gut kennen, die sich ähnlich sind, die einander brauchen, die füreinander Sorge und Verantwortung tragen, sich schweres Leid antun, lässt sich nur beantworten, wenn man zu denken bereit ist, dass Liebe und Beziehung immer auch ein zutiefst destruktives Element, ihr Anderes, den Hass, enthalten. Dies weiter auszuloten, hierfür stellt die Psychoanalyse ein nützliches Theorie- und Erfahrungsinstrumentarium bereit.

Literatur

Archer, J. (2000). Sex differences in aggression between heterosexual partners: A meta-analytic review. Psychological Bulletin, 126 (5), 651–680.

Barboza Solís, C., Kelly-Irving, M., Fantin, R., Darnaudéry, M., Torrisani, J., Lang, T., Delpierre, C. (2015). Adverse childhood experiences and physiological wear-and-tear in midlife: Findings from the 1958 British birth cohort. Proceedings of the National Academy of Sciences of the United States of America, published online before print February 2, 2015; doi: 10.1073/pnas.1417325112.

Becker, D. (2006). Die Erfindung des Traumas – verflochtene Geschichten. Berlin: Ed. Freitag.

BMFSFJ (2004). Studie: Lebenssituation, Sicherheit und Gesundheit von Frauen in Deutschland. http://www.bmfsfj.de/BMFSFJ/Service/publikationen,did=20560.html

Bock, M. (2003). »Natürlich nehmen wir den Mann mit.« Über Faktenresistenz und Immunisierungsstrategien bei häuslicher Gewalt. In S. Lamnek, M. Boatca (Hrsg.), Geschlecht. Gewalt. Gesellschaft (S. 179–194). Opladen: Leske u. Budrich.

Bronfen, E., Erdle, B. R., Weigel, S. (1999). Trauma: Ein Konzept zwischen Psychoanalyse und kulturellem Deutungsmuster. Köln: Böhlau.

Campbell, J. C. (2002). Health consequences of intimate partner violence. Lancet, 359 (9314), 1331–1336.

Coker, A. L., Davis, K. E., Arias, I., Desai, S., Sanderson, M., Brandt, H. M., Smith, P. H. (2002). Physical and mental health effects of intimate partner violence for men and women. American Journal of Preventive Medicine, 23 (4), 260–268.

Döge, P. (2011). Männer – die ewigen Gewalttäter? Gewalt von und gegen Männer in Deutschland. Wiesbaden: Springer VS.

Dutton, D. G., Corvo, K. N., Hamel, J. (2009). The gender paradigm in domestic violence research and practice. Part 2: The information website of the American Bar Association. Aggression and Violent Behavior, 14 (1), 30–38.

Dutton, D. G., Nicholls, T. L. (2005). The gender paradigm in domestic violence research and theory. Part 1 – The conflict of theory and data. Aggression and Violent Behavior, 10 (6), 680–714.

Eissler, K. R. (1963). Die Ermordung von wie vielen seiner Kinder muss ein Mensch symptomfrei ertragen können, um eine normale Konstitution zu haben? Psyche – Zeitschrift für Psychoanalyse, 17, 241–291.

Esquivel-Santoveña, E. E., Dixon, L. (2012). Investigating the true rate of physical intimate partner violence: A review of nationally representative surveys. Aggression and Violent Behavior, 17 (3), 208–219.

European Union Agency for Fundamental Rights (2014). Violence against women. An EU-wide survey: Main results. Luxembourg: Publications Office of the European Union.

Fowler, P. J., Tompsett, C. J., Braciszewski, J. M., Jacques-Tiura, A. J., Baltes, B. B. (2009). Community violence: A meta-analysis on the effect of exposure and mental health outcomes of children and adolescents. Development and Psychopathology, 21 (1), 227–259.

Freud, S. (1896). Zur Ätiologie der Hysterie. GW I (S. 425–459). Frankfurt a. M.: Fischer.

Gahleitner, S., Lenz, H. J., Oestreich, I. (Hrsg.) (2007). Gewalt und Geschlechterverhältnis. Interdisziplinäre und geschlechtersensible Analysen und Perspektiven. Weinheim: Juventa.

Garcia-Moreno, C., Jansen, H. A., Ellsberg, M., Heise, L., Watts, C. H. (2006). Prevalence of intimate partner violence: Findings from the WHO multi-country study on women's health and domestic violence. Lancet, 368 (9543), 1260–1269.

Hagemann-White, C. (2002). Gender-Perspektiven auf Gewalt in vergleichender Sicht. In W. Heitmeyer, J. Hagan (Hrsg.), Internationales Handbuch der Gewaltforschung (S. 124–149). Weinheim: Juventa.

Hamel, J., Nicholls, T. (Eds.) (2006). Family Interventions in Domestic Violence. New York: Springer Publishing Company.

Haverkamp, A. (Hrsg.) (1994). Gewalt und Gerechtigkeit: Derrida – Benjamin. Frankfurt a. M.: Suhrkamp.

Heitmeyer, W., Hagan, J. (Hrsg.) (2002). Internationales Handbuch der Gewaltforschung. Wiesbaden: VS Verlag für Sozialwissenschaften.

Hellmann, D. F. (2014). Repräsentativbefragung zu Viktimisierungserfahrungen in Deutschland, Forschungsbericht Nr. 122. Hannover: Kriminologisches Forschungsinstitut Niedersachsen e. V. Zugriff am 23.06.2015 unter http://www.kfn.de/versions/kfn/assets/fob122.pdf

Hirsch, M. (2011). Trauma. Gießen: Psychosozial-Verlag.

Horkheimer, M., Adorno, T. W. (1969). Die Dialektik der Aufklärung. Philosophische Fragmente. Frankfurt a. M.: Suhrkamp.

Hornberg, C., Schröttle, M., Khelaifat, N., Pauli, A., Bohne, S. (2008). Gesundheitliche Folgen von Gewalt unter besonderer Berücksichtigung von häuslicher Gewalt gegen Frauen. Robert Koch-Institut (Hrsg.). Berlin: Robert Koch-Institut.

Imbusch, P. (2002). Der Gewaltbegriff. In W. Heitmeyer, J. Hagan (Hrsg.), Internationales Handbuch der Gewaltforschung (S. 26–57). Wiesbaden: VS Verlag für Sozialwissenschaften.

Jungnitz, L., Lenz, H. J., Puchert, R., Puhe, H., Walter, W. (2007). Gewalt gegen Männer: Personale Gewaltwiderfahrnisse von Männern in Deutschland. Opladen: Budrich.

Kapella, O., Baierl, A., Rille-Pfeiffer, C., Geserick, C., Schmidt, E.-M. (2011). Gewalt in der Familie und im nahen sozialen Umfeld. Österreichische Prävalenzstudie zur Gewalt an Frauen und Männern: Forschungsbericht. Österreichisches Institut für Familienforschung an der Universität Wien (Hrsg.). Wien.

Karger, A. (Hrsg.) (2009). Trauma und Wissenschaft. Göttingen: Vandenhoeck & Ruprecht.

Kimmel, M. S. (2002). Gender symmetry in domestic violence: A substantive and methodological research review. Violence Against Women, 8 (11), 1332–1363.

Lamnek, S., Luedtke, J., Ottermann, R., Vogl, S. (2012). Tatort Familie. Häusliche Gewalt im gesellschaftlichen Kontext. Wiesbaden: VS Verlag für Sozialwissenschaften.

Lamott, F. (2006). Trauma ohne Unbewusstes? Anmerkungen zur Inflation eines Begriffs. In M. Buchholz, G. Gödde (Hrsg.), Das Unbewusste in der Praxis, Band III (S. 587–610). Gießen: Psychosozial-Verlag.

Langhinrichsen-Rohling, J. (2010). Controversies involving gender and intimate partner violence in the United States. Sex Roles, 62 (3–4), 179–193.

Middlebrooks, J. S., Audage, N. C. (2008). The effects of childhood stress on health across the lifespan. Atlanta, GA: Centers for Disease Control and Prevention, National Center for Injury Prevention and Control.

Millett, K. (1970). Sexual politics. Urbana and Chicago: University of Illinois

Press (deutsch: Sexus und Herrschaft. Die Tyrannei des Mannes in unserer Gesellschaft. München: Desch, 1971)

Nanni, V., Uher, R., Danese, A. (2012). Childhood maltreatment predicts unfavorable course of illness and treatment outcome in depression: A meta-analysis. American Journal of Psychiatry, 169 (2), 141–151.

Nicolaidis, C. (2011). Violence and poor mental health and functional outcomes. BMJ, 343, d7311.

Pfeifer, H., Seifert, S. (2014). Bericht zu Gewalterfahrungen in Paarbeziehungen in Niedersachsen im Jahr 2012. Landeskriminalamt Niedersachsen (Hrsg.). Hannover: Landeskriminalamt Niedersachsen.

Reemtsma, J. P. (2010). Gewalt und Vertrauen. Psychotherapeut, 55, 89–97.

Ross, J. M., Babcock, J. C. (2010). Gender and intimate partner violence in the United States: Confronting the controversies. Sex Roles, 62 (3–4), 194–200.

Saunders, D. G. (1988). Wife abuse, husband abuse, or mutual combat: A feminist perspective on the empirical findings. In K. Yllo, M. Bogard (Eds.), Feminist Perspectives on Wife Abuse (pp. 90–113). Newbury Park, CA: Sage Publications.

Schlack, R., Rüdel, J., Karger, A., Hölling, H. (2013). Körperliche und psychische Gewalterfahrungen in der deutschen Erwachsenenbevölkerung. Bundesgesundheitsblatt – Gesundheitsforschung – Gesundheitsschutz, 56 (5–6), 755–764.

Schröttle, M. (2010). Kritische Anmerkungen zur These der Gendersymmetrie bei Gewalt in Paarbeziehungen. Gender, 1, 133–115.

Soares, J. J. F., Luo, J., Jablonska, B., Sundin, Ö. (2007). Men's experiences of violence: Extent, nature and determinants. International Journal of Social Welfare, 16 (3), 269–277.

Straus, M. A. (2008). Dominance and symmetry in partner violence by male and female university students in 32 nations. Children and Youth Services Review, 30, 252–275.

Tjaden, P., Thoennes, N. (2000). Prevalence and consequences of male-to-female and female-to-male intimate partner violence as measured by the National Violence Against Women Survey. Violence Against Women, 6 (2), 142–161.

WHO – World Health Organization (2013). Responding to intimate partner violence and sexual violence against women: WHO clinical and policy guidelines. World Health Organization.

Christoph Schwamm

Westdeutsche Männer in stationärer Psychotherapie bis 1990

Überlegungen zur Rolle der Vergangenheit für die psychische Gesundheit von Männern – und was der Wilde Westen damit zu tun hat

Warum Geschichte in der Männergesundheitsforschung?

»Aufgrund der starken Bedeutung von Leistungsaspekten für die männliche Identität kennen die meisten männlichen Patienten in psychosomatischen Kliniken auf die Frage nach persönlichen Therapiezielen nur eine Antwort, und die heißt Wiederherstellung der Arbeitsfähigkeit. Eine solche Grundeinstellung der Körper- und Gefühlsfeindlichkeit wird auch von außen befördert und aufrechterhalten: Der einzige Grund, warum die Bundesversicherung für Angestellte die Klinikbehandlung bezahlt, ist die Aussicht auf eine möglichst schnelle Wiedereingliederung des Mannes in den Arbeitsprozess« (Süfke, 2008, S. 195 f.).

Dieser Satz stammt aus dem Buch »Männerseelen« des Bielefelder Psychotherapeuten Björn Süfke. Beschrieben werden hier zum einen die Auswirkungen von körper- und gefühlsfeindlichen Männlichkeitsleitbildern auf die Krankheitserfahrung von Männern. Zum anderen thematisiert Süfke wie nebenbei, aber überaus treffsicher, dass auch die Institutionen, die für die Organisation der therapeutischen Versorgung von Männern zuständig sind, alles andere als unbeeinflusst von solchen gesellschaftlichen Anforderungen an Männer bleiben: gesundheitspolitische Einrichtungen beispielsweise, in denen entschieden wird, welche Behandlungen es überhaupt wert sind, finanziert zu werden, und welche nicht. Die ökonomischen Motive, die solchen Entscheidungen zugrunde liegen, bringt man für die Gegenwart meist nicht ohne Weiteres mit Geschlechterfragen in Verbindung. Für die Vergangenheit jedoch sind solche Zusammenhänge häufig leichter zu erkennen. Dies liegt daran, dass viele dieser obsolet gewordenen Anforderungen an Männer heute eher Befremdung hervorrufen. Sogar als Historiker steht man einigermaßen staunend vor dem Rätsel, wie es sein konnte, dass eine Gesellschaft erhebliche finanzielle Mittel bereitstellte, um etwa solche Dinge wie die Liebe zwischen Männern auf medizinischem Wege zu bekämpfen[1], und zur gleichen Zeit im großen Maßstab Methamphetamin (»Chrystal Meth«) an erwerbstätige Männer aushändigte, um deren Arbeitsleistung zu steigern.[2] Gewisse Zusammenhänge werden also lediglich in der Rückschau plastisch wahrnehmbar, weil sie erst aus heutiger Sicht irrational erscheinen. In diesem Beitrag soll gezeigt werden, dass das Problem des Zusammenhangs zwischen dem Angebot an medizinischer Behandlung und den gesellschaftlichen Anforderungen an Männer durch eine historische Betrachtung erheblich an Tiefenschärfe gewinnen kann.

Deutlich zeigt sich dieser Zusammenhang nämlich in der Art und Weise, wie sich die Sicht auf Jugendliche mit »aggressivem Problemverhalten« (wie man es heute nennen würde) innerhalb der wenigen Jahre zwischen dem Ende des Zweiten Weltkrieges und den späten 1960er Jahren geändert hat. Anhand von zwei Fallbeispielen von männlichen Jugendlichen aus der »Heilpädagogischen Beratungsstelle«, der späteren Kinder- und Jugendpsychiatrie der Psychiatrischen Universitätsklinik Heidelberg, wird gezeigt, wie sich die gesellschaftlichen Forderungen an Männlichkeit im Kontext von Therapien psychischer Leiden verändern konnten. Ein Bewusstsein für diese Tatsache ist auch für gegenwärtige Jungen wichtig. Denn der Wille der beteiligten Akteure, den betroffenen Jungen überhaupt Hilfe zukommen zu lassen, hing schon von der Frage ab, ob ein bestimmtes Verhalten überhaupt als »behandlungswürdig« wahr-

---

1 Als prominentes Beispiel für die noch bis vor wenigen Jahren allgegenwärtige Pathologisierung von Homosexualität sei hier lediglich das Werk des Entwicklers des Autogenen Trainings, Johannes Heinrich Schultz, »Organstörungen und Perversionen im Liebesleben. Bedeutung, Entstehung, Behandlung, Verhütung« angeführt (Schultz, 1952, S. 226 ff. Zur Psychiatrischen Universitätsklinik Heidelberg siehe Schwamm, 2015).
2 Die massenweise Verabreichung von Methamphetamin an Wehrmachtssoldaten ist gut belegt (Steinkamp, 2006, S. 61–71). Das Ausmaß des Konsums in der Bundesrepublik, in der das Mittel weiter zugelassen war, ist jedoch noch nicht aufgearbeitet, erste qualitative Ergebnisse hierzu: Schwamm, 2015, S. 116 f.

genommen wurde. Für die delinquenten Heidelberger Jungen war entscheidend, ob eine solche Hilfsbedürftigkeit für ihre Ärzte sichtbar war oder ob sie durch Moralisierung und Schuldzuweisungen kaschiert wurde.

Männlichkeit im Nachkriegsdeutschland (West). Eine Krise?

Zu Beginn jeder Darstellung über die politische Geschichte der Bundesrepublik steht das Ende des Nationalsozialismus und des Zweiten Weltkrieges, die »Stunde null«. Die katastrophalen Folgen des Krieges für die Gesamtbevölkerung im Allgemeinen und für Jungen und Männer im Speziellen (Goltermann, 2009), die Verbrechen, die Psychiater während des Nationalsozialismus an psychisch gestörten Menschen begangen hatten, ihre Beteiligung an der Kriegsmaschinerie: Dies alles ist an anderer Stelle schon ausführlich beschrieben worden (Aly, 2013). Doch auch bei der Geschichte der Männlichkeiten, ihren Idealbildern, Werten und Anforderungen gab es so etwas wie eine »Stunde null« nach 1945 (Dinges, 2013, S. 36 f; für Österreich: Hanisch, 2005, S. 99–126; Fehrenbach, 1998, S. 107–127; Poiger, 1998, S. 147–162). Häufig wird dieser Zeitraum für Männer als eine krisenhafte Suchbewegung beschrieben. Nun wird jedem, der sich auch nur kurze Zeit mit der Erforschung von Männlichkeiten befasst, bald klar: Männer sind angeblich immer in der Krise. Es ist schwer, irgendeinen Zeitpunkt in der Geschichte zu finden, in dem nicht konstatiert wurde, dass mit den Männern »von heute« irgendetwas nicht stimmt. Manche Theoretiker sehen darin gar ein überzeitliches Merkmal von Männlichkeit schlechthin (Martschukat u. Stieglitz, 2008; Connell, 2006, S. 102 f.). Als Lösung für diese Krise haben Beobachter zu allen Zeiten gefordert, dass Männer wieder »männlicher« werden müssten. Seit einigen Jahrzehnten wird hingegen darüber hinaus gefordert, dass sie ihre »weibliche Seite« entdecken sollen.

Bei der Konstatierung solcher »Krisen der Männlichkeit« ist also Vorsicht geboten. Was nach dem Zweiten Weltkrieg mit Männern und Männlichkeit geschah, hat jedoch tatsächlich etwas Krisenhaftes. Die nationalsozialistische Leitmännlichkeit (»flink wie Windhunde, zäh wie Leder, hart wie Kruppstahl«) hatte mit einem Male ihre Legitimität verloren, und die Situation während der Besatzungszeit brachte weitere Demütigungen mit sich. Freilich waren nicht alle Männer von solchen Entwertungen betroffen (man hatte schließlich zu dieser Zeit noch ganz andere Sorgen). Eine gewisse schmerzhafte Orientierungslosigkeit bezüglich der eigenen Geschlechtsidentität lässt sich aber dennoch zwischen den Zeilen herauslesen, etwa aus damaligen Zeitungsartikeln und Zeitzeugenberichten. Empirische Belege hierfür können nicht im Detail angeführt werden, zumal dieser Bereich (wie so oft in der Männerforschung) noch wenig beforscht ist. Ein Unbehagen in den Beziehungen zwischen den Geschlechtern schwebte jedoch ohne Zweifel während der gesamten Nachkriegszeit im Raum. Wann, wie, wo und bei wem sich dieses Unbehagen im Einzelnen äußerte, ist nur anhand von Einzelbeispielen belegbar.

Zum »Warum?« dieses Gefühls lassen sich dagegen schon eher einige allgemeine Aussagen treffen. So war etwa die Fähigkeit, die eigene Familie vor Gefahren zu schützen, eines von vielen klassischen Zeichen der Männlichkeit, die deutsche Männer durch die Niederlage verloren hatten. Gleiches gilt für die Sicherung des wirtschaftlichen Überlebens einer Familie. Dies war noch aus einem weiteren Grund problematisch: Eine weitere zentrale »Männlichkeitspraxis« war es, sich aktiv und kontinuierlich von Frauen zu unterscheiden, etwa durch »Männerberufe«, »Männerrituale« etc. (Meuser, 2010, S. 126–131). Gerade dies war in der Nachkriegszeit nicht so ohne Weiteres möglich. Viele Frauen hatten nämlich während der jahrelangen Abwesenheit ihrer Männer selbst erfolgreich für ihr Überleben und das ihrer Kinder gesorgt und waren so – wie sie selbst häufig beklagten – unfreiwillig »vermännlicht« worden (Dinges, 2013, S. 36; Goltermann, 2009, 128–132). Schließlich ist das Verkörpern von Leitmännlichkeit gebunden an die Zugehörigkeit zu derjenigen Gruppe von Männern, die die Macht in einer Gruppe ausübt (Connell, 2006). Dies waren direkt nach dem Krieg die alliierten Besatzungssoldaten. Deutsche Männer waren hingegen zunächst weitestgehend ausgeschlossen. Letzteres war doppelt problematisch, denn die Männlichkeitsideale in Nazi-Deutschland waren stets auch rassistisch fundiert gewesen. Mit der Niederlage gegen die alliierten

Soldaten, unter denen auch viele vermeintlich »rassisch Minderwertige« vertreten waren, wie Slaven oder Afroamerikaner, war auch diese Möglichkeit der Selbstaufwertung obsolet geworden.

Die deutsche Nachkriegsöffentlichkeit reagierte auf diese wahrgenommene Entmännlichung mit einer bestimmten Suchbewegung, die man auch bei anderen Gruppen findet, die in einem bewaffneten Konflikt die Niederlage davongetragen haben, so etwa die USA nach dem Vietnamkrieg (Jeffords, 1989). Eine solche kulturelle Reaktion auf die »Insuffizienzgefühle«, die eine solche Niederlage hervorruft, nennen Männlichkeitsforscher »Remaskulinisierung« (Jeffords, 1989; Fehrenbach, 1998). Ob nun alle deutschen Männer von einer solch krisenhaften Suchbewegung erfasst wurden, soll an dieser Stelle nicht zur Debatte stehen. Fest steht jedoch, dass ein hinreichend großer Teil der deutschen Bevölkerung sich nach 1945 zumindest nicht mehr offen zu den Männlichkeitsidealen des Nationalsozialismus bekannte. Offen befürwortete Gewalt und Brutalität, das Recht des Stärkeren, Unterwerfung und Vernichtung waren als öffentliche Männlichkeitsinszenierung desavouiert (Dinges, 2013, S. 36) und taugten nicht mehr als Werte zur Strukturierung der Geschlechterverhältnisse. Stattdessen wurde ausgehandelt, was sich noch an »zivilen« Elementen aus der NS-Männlichkeit in die neue Gesellschaft hinüberretten ließ. Ein solcher Transfer gelang etwa bei der Forderung an Männer nach Härte gegen sich selbst und Leistungsbereitschaft für das Kollektiv. Dies vertrug sich nämlich hinreichend gut mit dem (christlich-)konservativen Männlichkeitsideal, in dem der Mann als Vater und hart arbeitender Ernährer einer Familie vorstehen sollte (Dinges, 2013). Das »Familienvaterideal« der Adenauer-Zeit war eben der Kompromiss, in dem die Suchbewegung der Remaskulinisierung in Westdeutschland ihr Ziel fand. Diese Männlichkeit war liberal genug, um mit der von den Westalliierten geforderten demokratischen und marktwirtschaftlichen Ordnung kompatibel zu sein. Gleichzeitig war sie aber hinreichend autoritär, um eine gewisse Kontinuität zu der vorangegangenen nationalsozialistischen Ordnung zu gewährleisten. Zudem bot sie die Möglichkeit, sich gegen die konkurrierenden Leitmännlichkeiten der Besatzungssoldaten zu positionieren: Aufgrund des Kalten Krieges waren die sowjetischen Männer nun die neuen alten Feinde. Die verbündeten

Amerikaner konnten gegebenenfalls über den Vorwurf der »Kulturlosigkeit« abgewertet werden (Fehrenbach, 1998; Kurme, 2006; Poiger, 1998, 2000). Letzteres war auch aus Sicht der um ihre Autorität bangenden westdeutschen Eliten dringend notwendig. Denn die populärkulturell vermittelten amerikanischen Männlichkeitsbilder kamen mit sehr viel weniger Obrigkeit aus und erlaubten (konsumbedingt) sehr viel mehr »Individualität«, als es in der Nachkriegsgesellschaft der Fall war. Daher gewannen sie unter der deutschen Kriegs- und Nachkriegsjugend rapide an Bedeutung.

Von der Dynamik, die solche Aushandlungsprozesse der Männlichkeiten mit sich brachten, blieben auch die Psychiatrie und die klinische Psychologie nicht verschont. Insbesondere in dem System der Fürsorgeerziehung manifestierte sich die Unsicherheit über das Zerfallen der alten Geschlechterordnung in einer panischen Abwehr gegen alles, was männliche Jugendliche an amerikanischer Populärkultur anziehend fanden (Kuhlmann, 2010). In der Psychiatrischen Universitätsklinik Heidelberg brannte sich dieser Aushandlungsprozess als Generationenkonflikt tief in die wissenschaftliche und therapeutische Praxis ein. Das System der Fürsorgeerziehung in der jungen Bundesrepublik und das verunsicherte Wertesystem ihrer Akteure sind jedoch nicht zu verstehen, ohne zuvor kurz auf ihre Vorgeschichte im Nationalsozialismus einzugehen.

Kontinuität des Nationalsozialismus und neuer Moralismus im Umgang mit »schwierigen Jugendlichen« in der jungen Bundesrepublik

Jungen mit aggressivem Störverhalten (»Haltlose«, »Verwahrloste«, »Asoziale«, »unverbesserliche Störenfriede«) waren während des Nationalsozialismus in Erziehungsanstalten und Jugendkonzentrationslagern hart behandelt worden. Diese Tatsache sollte jedoch nicht über ein bestimmtes Moment in der NS-Männlichkeitsideologie hinwegtäuschen, welches diese Strenge in gewisser Hinsicht konterkarierte. Denn Grenzüberschreitung, Gewaltbereitschaft, Aggression und Rücksichtslosigkeit waren schließlich im Grunde genommen selbst Insignien der nationalsozialistischen Leitmännlichkeit (Werner, 2013, S. 45–65). Aggressive und bis zu einem gewissen Grad auch anarchische Aspekte von Männlichkeit sollten durchaus kultiviert und durch systematische Erziehung zur Gewalt für den Krieg nutzbar gemacht werden. Geduldet werden sollte dies natürlich immer nur unter der Bedingung des Gehorsams. Es führt also in die Irre, zu behaupten, dass zur Zeit des Nationalsozialismus Jungen und männliche Jugendliche, deren Verhalten man heute wahrscheinlich »auffällig« nennen würde, lediglich unterdrückt und verfolgt wurden. Dies geschah nur, wenn man diese Jungen nicht in das System eingliedern konnte. Richtete es sich freilich gegen die Befehlsgewalt der Führung, wurde es hart geahndet. Das Kriterium für eine Aussonderung und Internierung »schwieriger« Jungen war also nicht die aggressive Grenzüberschreitung selbst, sondern die Unfähigkeit, diese in die Ordnung der Diktatur einzufügen.

In diesem »Entordnungskriterium« liegt auch die Kontinuität zwischen Nationalsozialismus und früher Bundesrepublik in der Kinder- und Jugendpsychiatrie begründet (Kuhlmann, 2010, S. 14–19). Das konservative Männlichkeitsleitbild der Adenauer-Zeit forderte ebenfalls Anpassung, Leistungsbereitschaft und Einordnung in eine (für heutige Verhältnisse) autoritäre Gesellschaftsordnung. Die militaristische Aggression und der Rassismus traten demgegenüber jedoch in den Hintergrund (Dinges, 2013, S. 36). In Bezug auf den Umgang der Psychiatrie mit dem Verhalten von »problematischen« Jungen und männlichen Jugendlichen bedeutete dies Folgendes: War dieses in der NS-Zeit entweder glorifiziert oder als »volksschädigend« angesehen worden, je nachdem, ob die Einordnung in die Gemeinschaft gelang, so fiel in der jungen Bundesrepublik die Möglichkeit der Verherrlichung weg, ganz einfach weil Gewalttätigkeit nun zwangsläufig »Entordnung« bedeutete. Die massenhafte Unterbringung von Jugendlichen in geschlossenen Heimen hatte weiterhin den Charakter von Internierungen, die Legitimation der Maßnahmen musste sich jedoch ändern. Und da bei der Begründung für eine Heimunterbringung stets Männlichkeitsbilder eine Rolle spielten, mussten sich die Akteure in der Heimerziehung selbst dazu äußern, welche Art von Männlichkeit von nun an normal sein sollte und welche nicht. Wie konnte man unter den neuen Bedingungen noch eine Männlichkeit verteidigen, die auf Ordnung und Gehorsam beruhte, dabei aber nicht gewaltverherrlichend war? Die Ebene, auf der diese Aushandlung stattfand, war die der Moral. Am deutlichsten offenbart sich dieser Moralismus in Aussagen von Funktionären der Kirchen, von denen die überwiegende Zahl der Erziehungsheime betrieben wurden und mit denen die Kinder- und Jugendpsychiater eng zusammenarbeiteten. Dort sprach man über die verhaltensauffälligen Jungen nun als erlösungsbedürftige Sünder, die »aus der Gerechtigkeit gefallen« waren. Ihre Sünde mache sich »vor allem durch Lügen und Leichtsinn« bemerkbar, aber auch durch »Stehlen und Wollüstigkeit.« Erlösung gelinge durch das »Heraustreiben des Sündigen« [...] »vor allem durch die annehmende Liebe eines Erwachsenen [...] aber auch durch die Zucht und die Strafen, die durchaus Demütigung bezwecken« (zit. nach Kuhlmann, 2010). In der kinder- und jugendpsychiatrischen Abteilung der Heidelberger Universitätsklinik, aus der das folgende Fallbeispiel stammt, wurde zwar der Form nach wissenschaftlicher argumentiert. Aber auch dort trieb die Ärzte die Frage nach der Legitimation des Freiheitsentzuges um.

Fallbeispiel 1: Norbert P.
Dies zeigt deutlich das Beispiel des 14-jährigen Jungen Norbert P. (Psychiatrische und Neurologische Universitätsklinik Heidelberg, 53/208). Jeder vierte Junge in Deutschland wuchs in Nachkriegsdeutschland ohne Vater auf. Norbert war einer von ihnen, sein Vater war im Krieg gefallen. Seine Mutter musste sich in der Not des Hungerwinters 1946 prostituieren, erkrankte daraufhin an Syphilis und wurde alkoholabhängig. Sie zog mit ihrem Sohn von Berlin nach Heidelberg zu Norberts Großmutter, wo sie bald den dortigen Behörden auffiel. Man sperrte sie für mehrere Monate in die nahe gelegene Heil- und Pflegeanstalt Wiesloch (Aktenauszug: »1946 erstmalig wegen L. behandelt [...] 1948 wegen Trunksucht und Prostitution dem Gesundheitsamt gemeldet [...] Der Luessanierung unterzog sie sich unvollständig [...] Ihre letzte Arbeitsstelle verlor sie wegen häufigen Zuspätkommens [...] Es handelt sich um eine haltlose psychopathische Persönlichkeit«). Als der Junge etwa zehn Jahre alt war, begann er, so vermerkte es später sein Psychiater in Heidelberg, »dumme Sachen zu machen«. Er schwänzte die Schule und begann, öffentliches Eigentum zu zerstören: In der

Schule schlug er mit einem Hammer Löcher in die Wände. Zu einem anderen Delikt vermerkte die Kriminalpolizei in seiner Akte: »[N.] hat an einer offentlichen [sic] Strassenbeleuchtung [...] eine Plombe entfernt, den Deckel geöffnet, die Panzersicherung herausgenommen und Zuleitungsdrähte gewaltsam zerrissen.« Die Tat, die ihn schließlich in die Universitätsklinik brachte, war in der betreffenden Meldung der Kriminalpolizei zu lesen: »[N.] ist am Abend in die Wohnung [...] eingebrochen. Dort habe er die Bilder aus dem Rahmen gerissen, adas [sic] Glas zertrümmert, die Bettlacken [sic] zerrissen, den Inhalt einer Sardinenbüchse an die Wand geworfen, die Glühbirne einer Stehlampe zertrümmert, ein Ei an die Wand geworfen und den Boden als Toilette benutzt. Er staht [sic] ferner im Verdacht eine kleine goldenen [sic] Uhr gestohlen zu haben.« In die Klinik wurde er gebracht, um zu klären, ob er bei seiner Familie bleiben oder in die Fürsorgeerziehung kommen solle.

Auch wenn dem Schein nach streng wissenschaftlich argumentiert wurde, spielten bei der Entscheidungsfindung moralische Werturteile eine zentrale Rolle, und zwar solche, die sich auf eine wahrgenommene »gute« und »schlechte« Männlichkeit bezogen. Hierin spiegelt sich eine tiefe Verunsicherung der Verantwortlichen wider. Viele der in diesen Begutachtungen angeführten Argumente sind heute kaum noch nachvollziehbar. So galt eine Vorliebe für Westernfilme bei der Beurteilung von Norbert und anderen jungen Delinquenten als Beleg für eine pathologische Fehlentwicklung (siehe auch Psychiatrische und Neurologische Universitätsklinik Heidelberg, 53/204, 53/205, 53/207). In Norberts Akte wurde von verschiedenen Seiten immer wieder hervorgehoben, er habe seine Tat »schon in Cowboyfilmen gesehen« und dann »schon lange den Wunsch gehabt«, sie zu begehen, er habe nur »erschrecken wollen. So etwas habe er auch schon im Film gesehen« etc.

Verunsicherte Männlichkeit und der Widerstand gegen die amerikanische Konsumkultur

Die Historikerin Uta Poiger hat rekonstruiert, wie Westernfilme, die zu dieser Zeit durch die Kulturpolitik der amerikanischen Besatzungsmacht rasante Verbreitung gefunden hatten, schon seit einigen Jahren Gegenstand einer schrillen öffentlichen Debatte gewesen waren. Diese war zunächst noch in den späten 1940er Jahren in der Sensationspresse ausgetragen worden und stand in einer Reihe mit anderen Moralpaniken, die sich an Gegenständen der amerikanischen Konsumkultur, wie zum Beispiel Rock'n'Roll, Jazz, Gangsterfilmen oder Kaugummis, entzündet hatten (Poiger, 2000). Zur wissenschaftlich diskutierten Frage wurden die Westernfilme erst 1952 durch den renommierten Kinderpsychologen Fritz Stückrath. Dieser zeigte sich in einem einflussreichen Fachartikel mit dem Titel »Der Überfall der Ogalalla auf die Jugend« (Stückrath, 1952, S. 220–222) überzeugt davon, dass männliche Jugendliche von den Inhalten solcher Filme zu Gewalt und Kriminalität verleitet würden. Norbert P. und die anderen Delinquenten, deren Taten die Heidelberger Ärzte durch den Konsum von Cowboyfilmen verursacht sahen, kamen wenige Monate nach dem Erscheinen des Aufsatzes in die Klinik. Es ist daher wahrscheinlich, dass zwischen Stückraths Veröffentlichung und der Begutachtungspraxis der Psychiater ein Zusammenhang bestand. Die Angelegenheit war nicht ganz ohne Ironie. Denn was Stückrath befürchtete (bzw. unterstellte), war eine Brutalisierung männlicher Jugendlicher, die seiner Ansicht nach bis hin zu einem neuen Krieg führen könnte (Poiger, 1998, S. 152). Andererseits standen diese Ängste in auffälligem Missverhältnis zu dem Ausmaß an Gewalt, das Stückrath und einige Heidelberger Ärzte selbst während der NS-Herrschaft gebilligt hatten. So hatte Stückrath schon 1933 das »Bekenntnis der deutschen Professoren zu Adolf Hitler« unterzeichnet (Nationalsozialistischer Lehrerbund, Deutschland-Sachsen, 1933, S. 130) und hatte fast die gesamte Zeit des Zweiten Weltkrieges bei der Wehrmacht verbracht (Internationales Biographisches Archiv, 1956).

Der Heidelberger Psychiater und spätere einflussreiche Kriminologe Heinz Leferenz, der die Begutachtung über Norbert P. schrieb, hatte in seiner juristischen Dissertation 1939 »die Ausmerzung artfremden Rechtsguts« als »jüdische[r] Kunst« gefordert (Leferenz, 1939, S. 15). Direkt nach dem Krieg hatte er eng mit dem forensischen Psychiater Hans-Joachim Rauch zusammengearbeitet und auch mit diesem gemeinsam publiziert (Rauch u. Leferenz, 1947, S. 239–249). Rauch war im Zuge des nationalsozialistischen Krankenmordes an Versuchen mit den Gehirnen von planmäßig ermordeten Kindern beteiligt gewesen (Dreßen, 2001, S. 91–96). Was nun die Westernfilme betraf, so konnte deren positive Darstellung von Gewalt allein also kaum der wahre Grund für den heftigen Widerstand gegen die Filme sein. Uta Poiger verortet das Phänomen vielmehr als Ausdruck einer deutschen Nachkriegsöffentlichkeit, die in ihren Männlichkeitsnormen verunsichert war. Das Problem war offensichtlich nicht die ausgeübte Gewalt, sondern dass der Westernheld der populärkulturelle Ausdruck einer *konkurrierenden* Leitmännlichkeit, nämlich der US-amerikanischen, war. Die Helden der Filme waren Individualisten, gesellschaftliche Außenseiter. Diese Heroisierung von Individualität zeugte von den spezifischen Werten, die amerikanische Männer verkörpern sollten und die auch für junge deutsche Männer immer attraktiver wurden. Der Individualismus, nicht die Gewalt war mit den Geschlechteridealen der unmittelbaren Nachkriegsjahre nicht kompatibel. Junge Männer sollten sich in den USA unter den Bedingungen einer gnadenlosen, aber *unregulierten* Marktwirtschaft (der Wilde Westen) behaupten und nicht friedliche, aber gehorsame und obrigkeitstreue Familienväter werden. Der wachsende Erfolg einer solchen Männlichkeit provozierte bei den Psychiatern und Pädagogen, denen die soldatische Pflicht zum Gehorsam noch vom Nationalsozialismus in den Knochen steckte, zunächst deutliche Gegenwehr.

Diese antiindividualistische Haltung im Umgang mit psychischen Störungen war jedoch nur vorübergehend. Nur zwanzig Jahre später hatte sich die Situation für Jungen wie Norbert P. in Heidelberg grundlegend geändert. Der Kontrast zwischen seiner Krankenakte und der des jungen Thomas E. (Psychiatrische und Neurologische Universitätsklinik Heidelberg, 73/414) könnte nicht deutlicher ausfallen.

Fallbeispiel 2: Thomas E.
Im Jahr 1973 kam der 15-jährige Thomas E. in die Heidelberger Klinik für Kinder- und Jugendpsychiatrie. Dies geschah auf den Vorschlag seines Schulleiters hin, der ihn kurz zuvor wegen Schwänzens der Schule verwiesen hatte. Thomas, so dessen Vater bei der Anamnese, sei seit einiger Zeit »recht frech und dickköpfig geworden, [...] auch habe er seine Haare nicht mehr schneiden wollen. [...] Sein »Zimmer sieht aus wie in einem Schweinestall, die Wände sind über und über mit revolutionären Sprüchen beschrieben, z. B. ›Ich lass mich nicht unterdrücken‹ [...] Im Zimmer stinkt es faulig«. Mit der Zeit wurde er auch zunehmend destruktiv, begann zu stehlen; so »habe er einen Füller in einem Kaufhaus gestohlen. Auf die Vorhaltungen des Vaters habe er diesem entgegnet: »Du hättest meine Mutter ja nicht ficken brauchen, dann wäre ich nicht da.« Auch auf der Station der Kinder- und Jugendpsychiatrie setzte sich sein Verhalten fort. So schrieb er seiner behandelnden Ärztin einen Brief, der in der Krankenakte erhalten ist: »Kurz und gut/in der Kürze liegt die Würze/du hast sexuelle Reize für mich – wie jede schöne Frau.« Es folgen in dem Brief sehr explizite Schilderungen der Phantasien des jungen Patienten, die in der imaginierten Vergewaltigung der Psychiaterin gipfeln: »Helft! Hilfe!, das du schreist, wenn ich dich zu vergewaltigen versuchen sollte! Würdest du dich wehren, wenn ich das versuchen würde? (Sau).« Die mit solchen Wünschen konfrontierte Ärztin bemerkte zu dem Vorfall: »[M]ir wird sein Bedürfnis nach einer Mutterfigur deutlich, gleichzeitig hat er jedoch auch starke sexuelle Phantasien über mich [...] Als wir darüber [über den Brief, C. S.] sprechen, ist der Patient sichtlich entlastet, als ihm diese Phantasien zugestanden werden bzw. als nicht abnorm dargestellt werden.« Zwar wurde das Verhalten von Thomas E. in der Akte als mehr als wechselhaft beschrieben. Nach einer Reihe weiterer Grenzüberschreitungen (»wirkt zunehmend destruktiv auf Station«) wurde er zudem entlassen und es wurde ihm ein Platz in einem Heim vermittelt. Dies vermerkte die behandelnde Ärztin jedoch mit spürbarem Bedauern (»Wir haben wirklich keine Antwort für ihn«).

Thomas E. und Norbert P. verließen die Klinik also mit dem gleichen Ziel – der Fürsorgeerziehung. Doch die Erfahrungen der beiden mit ihren Therapeuten unterschieden sich deutlich. Schon der

»Tonfall« der Anamnese ist ein anderer als der, der zwanzig Jahre zuvor bei Norbert P. geherrscht hatte. Die Ausführungen der Ärzte über diesen unterscheiden sich kaum von den ebenfalls in der Akte vorhandenen Protokollen der Kriminalpolizei. Norbert P. wurde in der Akte kein einziges Mal wörtlich zitiert, und auch Aussagen des Jungen in indirekter Rede sind eher selten. Thomas E.s Akte liest sich geradezu konträr hierzu: wörtliche Zitate, Aussagen des Jungen in indirekter Rede über Gefühlsäußerungen, Gespräche mit der behandelnden Ärztin zu Hobbys und Vorlieben des Patienten. Thomas E.s Innenleben wurde offensichtlich als etwas mit individuellem Eigenwert betrachtet und in seiner Akte dokumentiert. Ob dies nun aus therapeutischem Interesse, wissenschaftlichen Beweggründen oder auch persönlicher Sympathie der Ärztin geschah, lässt sich freilich nicht sicher aus dem Dokument herauslesen, ist aber auch nicht von Belang. Sicher jedoch sind sie Erscheinungsformen einer neuen Behandlungsphilosophie, die für Kinder- und Jugendpsychiater und Therapeuten heute mehr oder weniger selbstverständlich ist. Damals waren sie jedoch spektakulärer Ausdruck derjenigen Veränderungen, die damals begannen, unter den Schlagwörtern »Psychiatriereform«, »Sozialpsychiatrie« und »Heimreform« die Versorgung psychisch gestörter Menschen – auch Männer – in Deutschland zu verändern.

Die Auswirkungen der Psychiatriereform für Männer: Von den Schuldzuschreibungen zur Anerkennung der Hilfsbedürftigkeit

Die Erfahrungen, die Thomas E. in Heidelberg machte, können zumindest in der Tendenz als durchaus repräsentativ für die veränderten Einstellungen gegenüber psychisch gestörten Männern gelten. Weshalb es überhaupt zu der Psychiatriereform kam, damit befassen sich verschiedene Darstellungen. Diese beleuchten diese Vorgänge aus der Sicht der Politik, der Öffentlichkeit und wichtiger Akteure in der Ärzteschaft (Brink, 2010; Kersting, 2003; Häfner u. Martini, 2011). Doch wie lassen sich die Männer in diesem Reformprozess verorten? In den folgenden Ausführungen wird eine solche Verortung gewagt. Sie beziehen sich auf die unsystematische Sichtung von

Quellen und Sekundärliteratur und sind daher lediglich als Vorschlag für eine Arbeitshypothese zur Erschließung dieser Vorgänge gedacht. Psychische Störungen, die *überwiegend* Männer betrafen, hatten sich zwar auch in der Vergangenheit stets auf einem Kontinuum zwischen (Selbst-)Verschulden und Krankheit bewegt. Die gefängnisartige Heimunterbringung von Jungen wie Norbert P. ist dabei nur eines von vielen Beispielen dieses Doppelcharakters. An dieser Tatsache hat sich grundsätzlich bis heute auch nichts geändert. Jedoch, wie am Beispiel von Thomas E. deutlich zu sehen ist, verschob sich der gesellschaftliche Umgang im Zuge der Psychiatriereform *in der Tendenz* von einer »Schuldpathologie« hin zu einer »Hilfsbedürftigkeitspathologie«. Denn egal ob bei Alkohol- und Substanzmissbrauch, »Selbstmorden«, »Erziehungsschwierigkeiten«, »dissozialen Psychopathien« oder »Perversionen« – bei fast allen Störungen also, bei denen Männer zahlenmäßig die Mehrheit stellten, war der Hauptzuständige bis zu diesem Zeitpunkt nicht der Psychiater oder Psychotherapeut gewesen, sondern schlimmstenfalls der Staatsanwalt. Immer häufiger wurden nun mehrheitlich männliche Verhaltensweisen, die zuvor unter Berufung auf ein vorhandenes Eigenverschulden der Männer nicht adäquat behandelt wurden, als aktiv behandlungsbedürftig anerkannt. Diesbezügliche Reformmaßnahmen hatten geradezu spektakuläre Ausmaße. So wurden längerfristige Suchttherapien Kassenleistung, zunächst 1968 für Alkoholismus, wenig später dann auch für Substanzmissbrauch. Das System der psychiatrischen Begutachtung für die Heimerziehung wurde reformiert, wesentlich weniger Jungen als zuvor wurden in geschlossenen Heimen untergebracht (Wolf, 1995).

Eine bedeutende Rolle bei all diesen Vorgängen spielte die Psychotherapie bzw. Psychosomatik mit ihrem Fokus auf der individuellen Lebensgeschichte der Patienten. Durch sie wurden einfache Schuldzuschreibungen, wie sie etwa in der älteren forensischen Psychiatrie alltäglich waren, erheblich erschwert. 1967 wurde die ambulante Psychotherapie Kassenleistung. Beratungsstellen, Selbsthilfegruppen und ein explodierender Buchmarkt zeugten von der Entwicklung, Probleme im Leben nicht mehr in Begriffen von Schuld zu begreifen, sondern von Hilfs- bzw. Beratungsbedürftigkeit (Maasen, Elberfeld, Eitler u. Tändler, 2011).

Warum wurde dieser Aufwand finanziert? Wie im Nationalsozialismus und in der Adenauer-Zeit hatte auch die neue Versorgungslandschaft seit den 1970er Jahren ihren Ursprung in spezifischen gesellschaftlichen Anforderungen an Männer. Frei nach Björn Süfke könnte man sagen: Die Bundesversicherungsanstalt zahlte, aber sie zahlte auch weiterhin nur, weil es ihre Aufgabe war, Männer für bestimmte wirtschaftliche Zwecke zu instrumentalisieren. Der Umgang mit problematischen Jungen wie Norbert P. hatte noch die prekäre Situation der Nachkriegszeit widergespiegelt, in der das nackte Überleben gerade so gesichert war und in der Männer und Jungen für den Wiederaufbau und das Wirtschaftswunder bedingungslos zu funktionieren hatten. Mit der Etablierung der sozialen Marktwirtschaft und der pluralistischen Demokratie, dem Wohlstand der Konsumgesellschaft und dem massiven Ausbau des Sozialstaats änderten sich langsam auch die Anforderungen an Männer. Um das blanke Überleben ging es schon lange nicht mehr. Die Kernfamilie hatte ihre Funktion als unbedingt notwendige, existenzsichernde Gemeinschaft verloren. Das Ideal des Mannes als erwerbstätiges Familienoberhaupt war zwar immer noch äußerst wirksam, aber nicht mehr das einzig denkbare. Die Fähigkeit zum Gehorsam verlor in der nun weitestgehend entmilitarisierten Gesellschaft weiter an Bedeutung. Im Gegenteil: Ein gewisses Maß an »Ungehorsam« wurde nun von den Männern verlangt, um unter den Bedingungen einer verhältnismäßig pluralistischen Gesellschaft in einem freien Markt agieren zu können. Mit willenlosen Befehlsempfängern war kein Staat mehr zu machen. Darin liegen die übergeordneten wirtschaftlichen Motive für den veränderten Umgang mit Jugendlichen wie Thomas E., die nun selbst als »langhaarige Revoluzzer« einen wirtschaftlichen Nutzen als Konsumenten einbringen konnten.

Allerdings fand sich auch in dieser neuen Situation wieder ein Weg, Männer zu Schuldigen an ihrem eigenen seelischen Leid zu erklären: Die neuen politischen und ökonomischen Freiheiten ermöglichten es nun, sich um das eigene gesundheitliche Wohlergehen zu kümmern, und dies in einem nie zuvor da gewesenen Ausmaß. Die althergebrachten gesellschaftlichen Reflexe, Männer für ihr psychisches Leiden selbst verantwortlich zu machen, fanden gerade in dieser neuen scheinbaren Wahlfreiheit ein neues Betätigungsfeld. Für viele Frauen war »Hilfsbedürftigkeit« schon seit Längerem ein akzeptierter, wenn nicht gar geforderter Aspekt weiblicher Geschlechtsidentität gewesen. Bei Männern war bekanntlich die längste Zeit das genaue Gegenteil der Fall gewesen. Die Akzeptanz eines überforderten Mannes, der aber aus eigener Motivation Hilfe sucht, war etwas vollkommen Neues, das mit den traditionellen männlichen Härteimperativen kollidierte: Einerseits wurden weiterhin Leistung und Dominanz von Männern gefordert, mit denen ein solches Eingeständnis von psychischer Verletzbarkeit kaum vereinbar war; andererseits wurde von Männern eine Gesundheitskompetenz verlangt, die aber weiterhin nicht ohne den Preis einer gewissen gesellschaftlichen Abwertung zu haben war. Angesichts der Vielzahl widersprüchlicher Anforderungen ließ die enthusiastische Inanspruchnahme von Gesundheitsleistungen seitens der Männer verständlicherweise häufig auf sich warten. Gesellschaftlich interpretiert wurde dieses an sich komplexe Problem jedoch nur als Ausdruck männlich-narzisstischer Selbstüberschätzung oder sturer Unvernunft – der »männliche Gesundheitsidiot« war erfunden (Dinges, 2009, S. 19–23).

Resümee

Der Schnelldurchlauf durch dreißig Jahre Medizin- und Gesellschaftsgeschichte zwischen 1945 und 1975 zeigt auf, dass eine ahistorische Betrachtung heutiger Probleme der psychischen Gesundheit von Männern, seien sie nun wissenschaftlicher oder gesundheitspolitischer Art, Gefahr läuft, diejenigen größeren gesellschaftlichen Zusammenhänge aus den Augen zu verlieren, die für die Genese dieser Probleme ursächlich sind. Aggressives Problemverhalten von Jugendlichen beispielsweise hat innerhalb dieser drei Jahrzehnte drei vollkommen verschiedene Bewertungen erfahren, mit unterschiedlichen Krankheitskonzepten und Behandlungsindikationen. Es ist keinesfalls auszuschließen, dass die heutige Versorgungslandschaft sich in den kommenden Jahrzehnten ebenfalls radikal verändern wird. Die jeweiligen zeitspezifischen Anforderungen an Männer beeinflussten Ärzte/Therapeuten, Patienten und Angehörige bis weit in die Alltagspraxis hinein. Zur Zeit des Nationalsozialismus wurde jugendliche Aggressivität unter den Bedingungen des militärischen Gehorsams gefördert. Nach dem Krieg beteiligten sich Kinder- und Jugendpsychiater unter dem Deckmantel des Moralismus an dem repressiven System der Fürsorgeerziehung in der Adenauer-Zeit. Tiefe gesellschaftliche Verunsicherungen über die richtige und falsche Männlichkeit beeinflussten zum Beispiel Heidelberger Psychiater bis in die Details der Begutachtung ihrer Patienten. Erst im Zuge des sozialen Wandels und der Entstehung des Wohlfahrtsstaates konnte das seelische Leid dieser Jugendlichen sichtbar werden. Aggressives Problemverhalten von Jugendlichen bewegte sich also tendenziell von einem Verbrechen hin zu etwas, das Fürsorge erforderte, die nicht nach der Logik von Zucht und Ordnung funktionierte, sondern einen gewissen Respekt vor dem Individuum voraussetzte. Eine solche Herangehensweise an die Patienten erschwerte es, aggressive Jungen als heroisches Kanonenfutter zu verbrämen wie im Nationalsozialismus. Ebenso wenig konnte ihnen die alleinige Schuld für ihre Verfehlungen zugeschrieben werden, indem ihre Störungen mit moralischer Verfehlung gleichgesetzt wurden wie in der Nachkriegszeit.

Die Liberalisierung und das wachsende therapeutische Angebot seit den 1970er Jahren verbesserte die Lage vieler Männer mit psychischen Problemen. Das zu der Inanspruchnahme solcher Angebote notwendige Eingeständnis von Schwäche kollidierte jedoch mit gesellschaftlichen Anforderungen an Männer, denen weiterhin Leistung und Dominanz abverlangt wurde. Die vergleichsweise zurückhaltende männliche Nachfrage nach Gesundheitsleistungen bei psychischen Problemen wird heute in der Öffentlichkeit meist nicht zum Anlass genommen, männerspezifische Angebote für seelische Probleme zu fordern. Vielmehr ermöglicht der Defizitdiskurs in der Männergesundheit ein Wiederaufleben der Schuldzuschreibungen an psychisch gestörte Männer. Diese funktionieren diesmal nicht mehr über die Leugnung der Krankhaftigkeit (wie etwa früher beim Alkoholismus), sondern über die Behauptung: Durch mangelnde Bereitschaft, sich helfen zu lassen, seien diese Männer selbst schuld an ihrem Leid. Anne Maria Möller-Leimkühler spricht davon, dass Männer ihre psychische Störungen »tarnen« (siehe ihren Beitrag in diesem Band). Eine solche Tarnung kann nicht bloß durch einzelne

Männer, sondern auch durch eine ganze Gesellschaft erfolgen. Die beiden maßgeblichen »Tarnmaterialien« sind zum einen die Glorifizierung und zum anderen die Kulpabilisierung von männlichem seelischen Leid. Gegen beides – individuelle Selbsttarnung und »gesellschaftliche Tarnung« – hilft die Einbeziehung der Vergangenheit: die der einzelnen Betroffenen und die der Gesellschaft.

Literatur

Aly, G. (2013). Die Belasteten. »Euthanasie« 1939–1945. Eine Gesellschaftsgeschichte. Frankfurt a. M.: Fischer.

Brink, C. (2010). Grenzen der Anstalt. Psychiatrie und Gesellschaft in Deutschland 1860–1980. Göttingen: Wallstein-Verlag.

Connell, R. W. (2006). Der gemachte Mann. Konstruktion und Krise von Männlichkeiten (3. Aufl.). Wiesbaden: VS Verlag für Sozialwissenschaften.

Dinges, M. (2009). Männer, die beratungsresistenten Gesundheitsidioten? Blickpunkt der Mann, 7, 19–23.

Dinges, M. (2013). Wandel der Herausforderungen an Männer und Männlichkeit in Deutschland seit 1930. In L. Weissbach, M. Stiehler (Hrsg.), Männergesundheitsbericht 2013. Im Fokus: Psychische Gesundheit (S. 31–62). Bern: Huber.

Dreßen, W. (2001). Das Heidelberger Verfahren gegen Rauch u. a. Versuch einer rechtlichen Bewertung. In C. Mundt, G. Hohendorf, M. Rotzoll (Hrsg.), Psychiatrische Forschung und NS-»Euthanasie«. Beiträge zu einer Gedenkveranstaltung an der Psychiatrischen Universitätsklinik Heidelberg (S. 91–96). Heidelberg: Wunderhorn.

Fehrenbach, H. (1998). Rehabilitating fatherland. Race and German remasculinization. Signs, 24, 107–127.

Franz, M. (2011). Der vaterlose Mann. Die Folgen kriegsbedingter und heutiger Vaterlosigkeit. In M. Franz (Hrsg.), Neue Männer – muss das sein? Risiken und Perspektiven der heutigen Männerrolle (S. 113–173). Göttingen: Vandenhoeck & Ruprecht.

Goltermann, S. (2009). Die Gesellschaft der Überlebenden. Deutsche Kriegsheimkehrer und ihre Gewalterfahrungen im Zweiten Weltkrieg. München: Deutsche Verlags-Anstalt.

Häfner, H., Martini, H. (2011). Das Zentralinstitut für Seelische Gesundheit. Gründungsgeschichte und Gegenwart. München: Beck.

Hanisch, E. (2005). Männlichkeiten. Eine andere Geschichte des 20. Jahrhunderts. Wien: Böhlau.

Internationales Biographisches Archiv (1956). »Stückrath, Fritz« in Munzinger Online/Personen – Internationales Biographisches Archiv. Zugriff am 18.12.2014 unter http://www.munzinger.de/document/00000007080

Jeffords, S. (1989). The Remasculinization of America: Gender and the Vietnam War. Bloomington: Indiana University Press.

Kersting, F.-W. (2003). Vor Ernst Klee. Die Hypothek der NS-Medizinverbrechen als Reformimpuls. In F. W. Kersting (Hrsg.), Psychiatriereform als Gesellschaftsreform. Die Hypothek des Nationalsozialismus und der Aufbruch der sechziger Jahre (S. 63–82). Paderborn: Schöningh.

Kuhlmann, C. (2010). Expertise »Erziehungsvorstellungen in der Heimerziehung der 50er und 60er Jahre«. Zugriff am 18.12.2014 unter http://www.rundertisch-heimerziehung.de/documents/RTH_Expertise_Erziehungsvorstellungen.pdf

Kurme, S. (2006). Halbstarke. Jugendprotest in den 1950er Jahren in Deutschland und den USA. Frankfurt a. M.: Campus.

Leferenz, H. (1939). Germanischrechtliche Einschläge im Erbrecht des Code Civil Frankreichs verglichen mit dem schweizerischen und deutschen Recht. Speyer: Kranzbühler & Cie.

Maasen, S., Elberfeld, J., Eitler, P., Tändler, M. (2011). Das beratene Selbst. Zur Genealogie der Therapeutisierung. Bielefeld: transcript.

Martschukat, J., Stieglitz, O. (2008). Geschichte der Männlichkeiten. Frankfurt u. New York: Campus.

Meuser, M. (2010). Geschlecht und Männlichkeit. Soziologische Theorie und kulturelle Deutungsmuster (3. Aufl.). Wiesbaden: VS Verlag.

Nationalsozialistischer Lehrerbund, Deutschland-Sachsen (1933). Bekenntnis der deutschen Professoren an den Universitäten und Hochschulen zu Adolf Hitler und dem nationalsozialistischem Staat. Überreicht vom Nat.-soz. Lehrerbund Deutschland, Gau Sachsen. Dresden.

Oberhoff, B. (2012). Richard Wagner, Siegfried. Ein psychoanalytischer Opernführer. Gießen: Psychosozial-Verlag.

Poiger, U. G. (1998). A new »western« hero? Reconstructing German masculinity in the 1950s. Signs, 24, 147–162.

Poiger, U. G. (2000). Jazz, Rock, and Rebels. Cold war politics and American culture in a divided Germany. Berkeley: University of California Press.

Psychiatrische und Neurologische Universitätsklinik Heidelberg: Patientenakten 53/204; 53/205; 53/207; 53/208; 73/414.

Rauch, H. J., Leferenz, H. (1947). Über die Beurteilung der Zurechnungsfähigkeit. Arbeiten zur Psychiatrie, 239–249.

Schultz, J. H. (1952). Organstörungen und Perversionen im Liebesleben. Bedeutung, Entstehung, Behandlung, Verhütung. München: Ernst Reinhardt.

Schwamm, C. (2015). Möglichkeiten und Grenzen individueller Gesundheitsvorsorge bei männlichen Patienten der Psychiatrischen und Neurologischen Klinik der Universität Heidelberg in der Nachkriegszeit. In S. Hähner-Rombach (Hrsg.), Geschichte der Prävention. Akteure, Praktiken, Instrumente (S. 107–123). Stuttgart: Franz Steiner.

Steinkamp, P. (2006). Pervitin (Metamphetamine) tests, use and misuse in the German Wehrmacht. In W. U. Eckart (Eds.), Man, medicine, and the state:

The human body as an object of government sponsored medical research in the 20th century (pp. 61–71). Stuttgart: Franz Steiner.
Stückrath, F. (1952). Der Überfall der Ogalalla auf die Jugend. Westermanns Pädagogische Beiträge, 4, 220–222.
Süfke, B. (2008). Männerseelen. Ein psychologischer Reiseführer. Düsseldorf: Patmos.
Werner, F. (2013). Noch härter, noch kälter, noch mitleidloser. Soldatische Männlichkeit im deutschen Vernichtungskrieg 1941–1944. In A. Dietrich (Hrsg.), Männlichkeitskonstruktionen im Nationalsozialismus. Formen, Funktionen und Wirkungsmacht von Geschlechterkonstruktionen im Nationalsozialismus und ihre Reflexion in der pädagogischen Praxis (S. 45–65). Frankfurt a. M.: Lang.
Wolf, K. (1995). Veränderungen in der Heimerziehungspraxis. In K. Wolf (Hrsg.), Entwicklungen in der Heimerziehung (2. Aufl., S. 12–64). Münster: Votum-Verlag.

Björn Süfke und Wolfgang Neumann

Männer in der Psychotherapie – ein doppeltes Dilemma[1]

Die Beziehung zwischen Psychotherapeuten[2] und ihren männlichen Klienten leidet häufig unter zwei zentralen Dilemmata: Zum einen bringen die Männer ihr grundlegendes »männliches Dilemma« mit in die Therapie, welches darin besteht, dass Jungen und Männer im Laufe ihrer geschlechtlichen Sozialisation mehr und mehr den Zugang zu ihren eigenen Gefühlen und Bedürfnissen verlieren – und damit auch zu ihren Wünschen und Träumen, ihren Körperempfindungen und inneren Beweggründen, ihren Ambivalenzen und Sehnsüchten. Dieser mangelnde Selbstbezug aber steht nicht nur in ursächlichem Zusammenhang mit vielen der psychischen Probleme, wegen derer die Männer Unterstützung suchen (bzw. suchen *sollen*), sondern kreiert zum anderen im therapeutischen Setting ein neuerliches Dilemma. Dieses »männertherapeutische Dilemma« entsteht dadurch, dass eine effiziente Psychotherapie eben gerade solche Prozesse erfordert, die Männern aufgrund ihres männlichen Dilemmas so schwerfallen, nämlich eingehende Selbstexploration sowie einen möglichst direkten und ungeschminkten Gefühlsausdruck.

---

1 Dieser Text ist in fast unveränderter Form erschienen unter dem Titel »Männer in der therapeutischen Beziehung – ein doppeltes Dilemma« im »Handbuch der therapeutischen Beziehung« (S. 1529–1549), herausgegeben von M. Hermer u. B. Röhrle, veröffentlicht 2008 im dgvt-Verlag, Tübingen.
2 Wir benutzen hier durchgehend die männliche Form »Psychotherapeut«, weil der Text auf unseren eigenen Erfahrungen als männliche Psychotherapeuten mit männlichen Klienten basiert und zeitweilig auch diese Geschlechtshomogenität der Therapeut-Klient-Dyade explizit berücksichtigt. Für uns selbst überraschend haben wir allerdings erleben dürfen, dass gerade auch Therapeutinnen sich von unseren Überlegungen und Praxisbeispielen nicht nur angesprochen, sondern auch inhaltlich angeregt fühlen – wir hoffen, dass dies auch für die Leserinnen dieses Beitrags zutrifft.

»Manchmal wüsst' ich gern, wer ich wirklich bin«: Das männliche Dilemma

Das männliche Dilemma der Entfremdung vom eigenen Selbst und von eigenen inneren Impulsen wird vielleicht am besten durch den Fall eines tschechischen Krankengymnasten verdeutlicht, der uns einmal im Anschluss an eine Lesung in einem psychiatrischen Krankenhaus ansprach. Er berichtete davon, wie er nach über zwanzig Jahren Berufstätigkeit in Deutschland bei Antritt seiner Stelle auf der allgemeinpsychiatrischen Station feststellen musste, dass er keineswegs so fließend Deutsch sprach, wie er immer vermutet hatte. Er wurde nämlich plötzlich mit Vokabeln konfrontiert, die ihm völlig unbekannt waren, wie zum Beispiel »Angst«, »Hilflosigkeit«, »Trauer« oder »Verzweiflung«. »Diese Worte hatte ich«, sagte er uns ohne jede Ironie, »vorher einfach nie gebraucht!«

Diese Anekdote mag extrem klingen, bringt aber auf den Punkt, womit viele Männer so große Schwierigkeiten haben, nämlich mit der Wahrnehmung, dem Erspüren, dem bewussten Registrieren und auch Artikulieren eigener innerer Impulse, insbesondere solcher, die gemeinhin als »unmännlich« gelten, wie etwa die im obigen Beispiel genannten. Auf die Entstehung dieses grundlegenden »männlichen Dilemmas«, mit dem natürlich nicht nur männliche Therapieklienten, sondern mehr oder minder alle Männer – auch Psychotherapeuten! – zu kämpfen haben, kann hier aus Platzgründen nur begrenzt eingegangen werden (vgl. Abbildung 1; längere Darstellungen finden sich etwa in Böhnisch, 2004; Böhnisch u. Winter, 1997; Neumann u. Süfke, 2004; Rabinowitz u. Cochran, 2002; Real, 2001; Süfke, 2005, 2008).

Der mangelnde Selbstbezug vieler Männer basiert zum einen auf dem, was Böhnisch und Winter (1997) das »Verwehrtsein des Selbst« von Jungen nennen, nämlich einer schon im frühen Kindesalter beginnenden Tendenz, dass innere Impulse von Jungen diesen von außen nur wenig gespiegelt und daher kaum ins Selbstkonzept integriert werden. Schuld daran sind einerseits jene noch immer virulenten geschlechterrollenkonformen Erziehungsvorstellungen, die von Jungen schon früh Unabhängigkeit und Stärke fordern; besonders negative Auswirkungen hat diesbezüglich aber das

```
┌─────────────────────────────────────┐
│ Jungen »rein ins Dilemma«:          │
│ mangelnder Selbstbezug aufgrund von │
│ »Gendering«, »Verwehrtsein des Selbst« │
│ und »Umweg-Identifikation«          │
└─────────────────────────────────────┘
                    │
                    ▼
        ┌─────────────────────────────────────┐
        │ Jungen/Männer »raus aus dem         │
        │ Dilemma?«: Externalisierung         │
        │ (Alleinsein, Stummheit, Körperferne, Ratio- │
        │ nalität, Kontrolle, Gewalt und Benutzung) │
        └─────────────────────────────────────┘
                    │
                    ▼
┌─────────────────────────────────────┐
│ Jungen/Männer »rein ins Dilemma«:   │
│ fortschreitende Gefühlsferne, Hilflosig- │
│ keit, Hassliebe gegenüber Frauen    │
└─────────────────────────────────────┘
                    │
                    ▼
        ┌─────────────────────────────────────┐
        │ Jungen/Männer »raus aus dem         │
        │ Dilemma?«: Abstraktion, Machtstreben, │
        │ Frauenabwertung                     │
        └─────────────────────────────────────┘
                    │
                    ▼
┌─────────────────────────────────────┐
│ Jungen/Männer »rein ins Dilemma«:   │
│ Sinn- und Identitätsverlust, innere │
│ Leere, (versteckte) Depression      │
└─────────────────────────────────────┘
```

Abbildung 1: »Rein ins Dilemma, raus aus dem Dilemma?« oder »das männliche Dilemma«

weitgehende Fehlen erwachsener männlicher Bezugspersonen in Kindergarten, Schule und oft auch im Elternhaus.

Zum Zweiten wird der mangelnde Selbstbezug von Jungen durch das sogenannte »Gendering« verstärkt, also jenen gesellschaftlichen Prozess der Konstruktion der sozialen Kategorie Geschlecht (engl.: gender), durch den Jungen auf verschiedensten Ebenen ein Bild von Männlichkeit vermittelt wird, das sich von dem Bild von Weiblichkeit fundamental unterscheidet. Konkret geschieht dies durch die tagtägliche Konfrontation der Jungen mit einer geschlechtshierarchischen Arbeitsteilung (Rektor – Lehrerin, Bäcker – Bäckereiverkäuferin etc.) sowie geschlechtsbezogenen Interaktionsformen. Die derart erfolgende soziale und damit grundsätzlich *veränderbare* Konstruktion der Kategorie Geschlecht kann von den Jungen (und auch oft von Erwachsenen) nicht als solche erkannt werden, vielmehr wird sie als naturgegeben akzeptiert.

Die logische Konsequenz des derart erfolgten Verlusts des Zugangs zu eigenen inneren Impulsen besteht nun für Jungen und Männer darin, sich zunehmend nach außen zu orientieren. Böhnisch und Winter (1997) bezeichnen das Grundprinzip männlicher Lebensbewältigung daher auch als »Externalisierung«, also als Außenorientierung im Denken, Wahrnehmen und Handeln. Hierbei können verschiedene Arten der Externalisierung unterschieden werden, die somit alle als »männliche Bewältigungsstrategien« angesehen werden können: Stummheit, Alleinsein, Körperferne, Rationalität, Kontrolle, Gewalt und Benutzung.

Die emotionale Konsequenz dieser Außenorientierung ist, dass Jungen und Männer sich immer noch weiter von ihren eigenen Impulsen entfernen. Letztlich entstehen so eine innere Hilflosigkeit, da Gefühle ja Richt- und Leitlinien für das Verhalten sind, sowie eine ambivalente Beziehung zu Frauen, da Mann sich von diesen zur Erlangung einer männlichen Identität abgrenzen muss, eigene als »weiblich« erachtete Bedürfnisse aber innerlich bestehen bleiben.

Da fortschreitende Gefühlsferne, Hilflosigkeit und Ambivalenz prinzipiell eher unangenehme innere Zustände sind, werden sie in der Folgezeit zunehmend zu kompensieren versucht: Die Entfernung von den eigenen Gefühlen lässt eine Tendenz zu Abstraktionen entstehen (z. B. zu Ideologien als Möglichkeiten der selbstbezugslosen Handlungslegitimation). Die Hassliebe gegenüber Frauen findet ihren Niederschlag im »Heilige-Hure-Prinzip«. Hilflosigkeit schließlich hat angesichts der gesellschaftlichen Anforderungen an Männer einen besonders starken Bedrohungscharakter und wird anhand von Machtstreben zu bekämpfen versucht.

Die Folge dieser Kompensationsmechanismen ist häufig ein äußerliches Funktionieren bei weitgehender innerer Leere und Gefühlen von Sinn- und Identitätslosigkeit. In Krisensituationen (Pubertät, Trennung, Verluste, neue Männlichkeitsanforderungen) kann das System zusammenbrechen und es kommt zu Suizidalität, Süchten und (versteckten) Depressionen.

»Ohne Hilflosigkeit geht es nicht!«:
Das männertherapeutische Dilemma

Das männertherapeutische Dilemma dürfte jedem, der Erfahrungen in der therapeutischen Arbeit mit Männern hat, relativ geläufig sein (vgl. Abbildung 2).

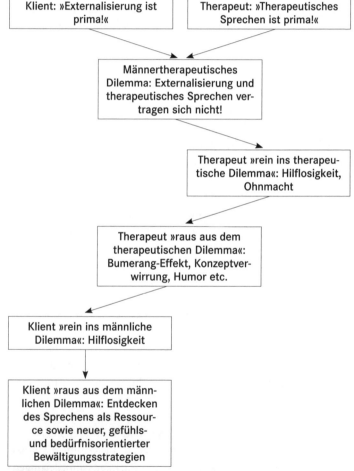

Abbildung 2: »Rein ins Dilemma, raus aus dem Dilemma!« oder »das männertherapeutische Dilemma«

Es besteht im Wesentlichen darin, dass – zugespitzt ausgedrückt – ein ins Äußerliche orientierter Klient, also ein Mann, der sein Leben mithilfe externalisierender Mechanismen zu bewältigen versucht, auf einen ins Innere orientierten Psychotherapeuten trifft, also einen Mann, der diese Bewältigungsprinzipien kennt und versteht, aber per Lebenserfahrung, Ausbildung und Selbsterfahrung gelernt hat, dass dies der Seele nicht guttut (vgl. Tabelle 1).

Tabelle 1: Gegenüberstellung von Psychotherapie- und Männlichkeitsanforderungen (Brooks, 1998; Übersetzung durch die Verfasser)

Psychotherapieanforderungen	Männlichkeitsanforderungen
Preisgeben privater Erlebnisse	Verbergen privater Erlebnisse
Aufgabe von Kontrolle	Bewahren von Kontrolle
nichtsexuelle Intimität	Sexualisierung von Intimität
Zeigen von Schwäche	Zeigen von Stärke
Erleben von Scham	Ausdruck von Stolz
Zeigen von Verletzlichkeit	Zeigen von Unbesiegbarkeit
Hilfesuche	Selbstständigkeit
Gefühlsausdruck	Stoizismus
Introspektion	Aktion
Ansprechen von Beziehungsproblemen	Vermeidung von Konflikten
Auseinandersetzung mit Schmerz	Verleugnen von Schmerz
Akzeptieren von Misserfolgen	Beharrlichkeit
Eingestehen von Unwissenheit	Vortäuschen von Allwissenheit

Da sich die Haltung des Klienten meist im Laufe seines Lebens stark verfestigt hat und bis zum Zeitpunkt des therapeutischen Aufeinandertreffens zwar vermutlich häufig kritisiert, aber nicht wirklich aufgeweicht wurde, behält der Klient in der Regel zunächst die Oberhand. Der Therapeut wird dadurch entmachtet, fühlt sich hilflos und zunehmend saft-, kraft- und lustlos. Akzeptiert der Therapeut diese Form der externalisierenden Interaktion, kommt es früher oder später zum Therapieabbruch, entweder durch den Therapeuten selbst (»Das bringt ja nichts, so zu sprechen!«) oder aber durch den Klienten (»Das bringt ja eh nichts, zu sprechen!«).

Um diesen Prozess zu unterbinden, muss der Therapeut das Dilemma zunächst einmal spüren, darunter leiden und so die Motivation und den Mut schöpfen, sich daraus zu befreien. Diese Befreiung geschieht unseres Erachtens am besten dadurch, dass der Therapeut den Klienten auf die eine oder andere Weise mit seinem Gesprächsverhalten konfrontiert. Welche Möglichkeiten es hierfür und auch für den weiteren therapeutischen Umgang mit den angesprochenen externalisierenden Bewältigungsprinzipien gibt, ist in »Den Mann zur Sprache bringen – Psychotherapie mit Männern« (Neumann u. Süfke, 2004) sowie in »Männerseelen – ein psychologischer Reiseführer« (Süfke, 2008) beschrieben und soll auch weiter unten zumindest noch angedeutet werden.

Als Konsequenz dieser Konfrontation, wenn sie denn mit Überzeugung, Nachdruck und menschlicher Akzeptanz geschieht, wird nun der Klient in Richtung seines grundlegenden männlichen Dilemmas gestoßen, zum Beispiel wird ihm seine Schwierigkeit beim Zugang zu inneren Impulsen bewusst. Natürlich entsteht nun Hilflosigkeit aufseiten des Klienten-Mannes, und zwar nicht nur die fundamentale Hilflosigkeit, die der verwehrte Zugang zum eigenen Selbst mit sich bringt, sondern auch eine ganz konkrete, unmittelbar spürbare Hilflosigkeit im nun entstehenden unbekannten therapeutischen Kontakt: »Ja, was soll ich denn dann sagen?«

Vor dieser Hilflosigkeit und vor allem vor dem grundlegenden männlichen Dilemma können wir als Therapeuten den Klienten nicht bewahren, wir können aber sicherstellen, dass es sich zu jeder Zeit um eine »beschützte Hilflosigkeit« und ein »beschütztes Dilemma« handelt: »Ja, Herr X., das ist für uns Männer nicht so leicht, wenn uns unser alter Text geraubt wird, und wir haben noch keinen neuen, keinen inneren Text; das ist wie beim Schwimmenlernen, Sie müssen ins kalte Wasser springen, aber ich bin mit dabei als Ihr Schwimmlehrer!«

Nimmt der Klient nun diese »beschützte Hilflosigkeit« an, entwickelt er zunehmend den Mut, sich seinem Dilemma im therapeutischen Dialog zu stellen; so kann es ihm nach und nach gelingen, neue, an eigenen Gefühlen und Bedürfnissen orientierte Bewältigungsstrategien auszubilden. Unserer Erfahrung nach ist es dabei so, dass Männer, sobald sie erst einmal ihr Dilemma (an)erkannt haben, Lernerfahrungen aus dem therapeutischen Setting sehr schnell in ihren Alltag übertragen, sozusagen »in die Tat umsetzen« – wobei ihnen ihre ansozialisierte Handlungsorientierung deutlich zugutekommt:

Herr B., ein 33-jähriger Kellner, der es auch im Privatleben immer gerne allen recht macht, sagt gleich zu Beginn einer Sitzung: »Das habe ich mir gemerkt, dass ich auch Nein sagen kann, wenn ich Nein fühle, das habe ich die ganze letzte Woche probiert, da wird sich so mancher gedacht haben: ›Was ist denn in Klaus gefahren?‹ Aber mir tut das Nein-Sagen richtig gut, ich bin doch schließlich kein Dackel!«

Herr S. ist 52 Jahre alt, sehr leistungsorientiert und äußerst penibel. Er ist unverheiratet, arbeitet als Verwaltungsjurist und ist bereits seit 24 Sitzungen in der Therapie. Seit einiger Zeit leidet er zunehmend unter Einsamkeit und Ängsten, Letztere sind besonders mit seiner Arbeit verbunden. Anfänglich ist er voller Misstrauen und Abwehr im Kontakt, aber die Erfahrung, dass seine Verzweiflung ebenso willkommen ist wie sein Misstrauen, macht ihn schließlich offen für den therapeutischen Dialog. Besonders wirkungsvoll ist dabei die Arbeit mit einem motorischen Tick von Herrn S., welcher darin besteht, während des Gesprächs immer wieder in seine rechte Handfläche zu schauen, wie in ein Buch. Da er als Kind vom Linkshänder zum Rechtshänder umerzogen wurde, schlage ich ihm vor, weiter so zu schauen, nur statt der rechten die linke Hand zu nehmen: »Machen Sie es mit links, das ist für Sie viel leichter!« Herr S. übernimmt die Anregung und berichtet kurze Zeit später, dass er oft daran denke, wenn er sich wieder einmal dabei erwische, zu viel von sich selbst zu erwarten. In der Folgezeit wird er immer lockerer, fängt an, über sich zu schmunzeln, und wirkt fast vertraulich, eine Wohltat, wo er sonst so überkorrekt ist.

So wandeln sich in der »beschützten Hilflosigkeit« Flucht und Abwertung in Vertrauen und gegenseitige Würdigung. Die Skepsis gegenüber dem Gespräch und die Abwehr von Kontakt auf beiden Seiten vermindern sich spürbar. Ängste vor Ohnmacht und Versagen werden artikulierbar, Solidarität und Verständnis können wachsen.

Nichtsdestotrotz ist und bleibt Hilflosigkeit ein besonders schwer zu ertragendes Gefühl für Männer – sowohl für die Klienten als auch für die Männertherapeuten. Denn Hilflosigkeit bringt starke Angst und – scheinbare – Ohnmacht mit sich, bedeutet mithin die definitive Bedrohung männlicher Identität. Daher versuchen die Klienten-Männer häufig allerhand, um nur die Therapeuten in dieses Gefühl hineinzutreiben, indem sie die therapeutischen Konfrontationen an einer jahrelang verfestigten Abwehrhaltung abperlen lassen. Hier hilft oftmals nur noch, die eigene Hilflosigkeit zu artikulieren, ohne Schuldgefühle zu machen:

Herr L. spricht seit fünf Sitzungen andauernd vom Externen, von dem, was er getan oder geschafft hat. Meine vorsichtigen Versuche, Gefühle und Empfindungen anzusprechen, führen bei ihm aber nicht zu erhöhter Selbstreflexion und auch nicht zu einer verbesserten therapeutischen Beziehung; im Gegenteil, die Beziehung verschlechtert sich, denn ich schwanke mittlerweile zwischen Ärger und Resignation.

Da ich so keine Schnitte bekomme, trete ich also die Flucht nach vorn an. Ich beginne die sechste Sitzung mit den Worten: »Ich möchte Ihnen helfen, habe aber noch keinen Ansatzpunkt, außer dem, dass ich mich Ihnen noch nicht gewachsen fühle, das macht mich noch ohnmächtig!« »Aber was tue ich denn, mache ich etwas falsch?«, ist Herr L. überrascht. »Irgendwie ja und auch nein, Sie bleiben für mich noch unsichtbar, ich möchte Sie rufen: ›Hallo, sind Sie da? Zeigen Sie sich!‹« Ich fühle mich sofort besser, wage die Kontaktaufnahme, rufe weiter leise: »Hallo, Herr L., wo sind Sie?«

»Komische Nummer, haben Sie keine Augen im Kopf, ich bin doch da!«, Herr L. ist durcheinander, entrüstet, voller Abwehr. »Wo? Ich glaube, Sie haben viel mehr zu sagen, als mir darüber zu berichten, was Sie anderswo alles so machen!?«, wage ich noch eine Provokation, bin zwar unsicher, aber nicht mehr ohnmächtig. »Na, hier, hier bin ich, ich weiß nicht, was Sie von mir wollen!«, bekommt Herr L. Kontakt zu seiner eigenen Hilflosigkeit. »Jetzt, jetzt sehe ich Sie mehr, jetzt sitzen wir beide mehr in einem Boot!«, wittere ich Morgenluft. »Ist ja schön für Sie, ich sitze hier und bin perplex, von einem Boot keine Spur!«, wehrt Herr L. weiter ab.

»Schade, ich dachte schon, es geht voran; kann ich Ihnen meine Hand anbieten, damit Sie an Bord kommen können?« Ich bleibe in dem Bild und strecke meine rechte Hand aus. »Huch!«, Herr L. ist etwas konsterniert, weiß nicht, was das soll. »Ganz schön ungewohnt, nicht wahr?« Zweiter Versuch, auf jeden Fall ist der Therapeut jetzt nicht mehr so ohnmächtig. »Stimmt, spannend und gleichzeitig doof, ich spüre, wie ich wegwill!«, lässt sich Herr L. einen »Tucken« (ostwestfälische Umgangssprache: etwas) auf das Angebot einer therapeutischen Beziehung ein. »Gefällt mir, dass Sie so ehrlich sind!«, sage ich und freue mich ebenfalls einen Tucken.

Die vom Therapeuten erlebte und sensibel thematisierte Hilflosigkeit ist somit ein Türöffner für einen therapeutischen Kontakt, sie eröffnet zudem die Chance, ein Modelllernen zu initiieren, und außerdem ist gemeinsam erlebte Hilflosigkeit verbindend.

Aus diesen Ausführungen sollte deutlich geworden sein, dass eine auf Männer zugeschnittene Gestaltung der therapeutischen Beziehung von fundamentaler Bedeutung für die schrittweise Lösung des männertherapeutischen Dilemmas ist. Natürlich ist dieses Dilemma im therapeutischen Setting zunächst das vorrangige – schließlich können das grundlegende männliche Dilemma und auch die weiteren psychischen Probleme des Klienten gar nicht adäquat bearbeitet werden, solange der Mann in einer strikten Externalisierungshaltung verharrt. Wir können demnach also konstatieren, dass für den Erfolg von Männertherapien die Beziehungsgestaltung ebenso bedeutsam ist wie die Kenntnis (störungsspezifischer) therapeutischer Techniken. Anders ausgedrückt: Ich kann als Therapeut all mein Wissen über die Behandlung von Depressiven nicht nutzen, solange der männliche Klient seine Depression vor sich und anderen sicher versteckt, etwa hinter einer Ideologie von Leistungsorientierung und externalisierenden Problemlösungen.

»Den Mann zur Sprache bringen«: Hinweise zur therapeutischen Beziehungsgestaltung

Die Bedeutung der Beziehungsgestaltung in der therapeutischen Arbeit mit Männern endet aber ganz sicher nicht an dem Punkt, wo der männliche Klient zum ersten Mal Hilflosigkeit artikuliert oder sich auf eine wirkliche Selbstexploration einlässt. Denn zum einen überlappen sich – wie in jedem Phasenmodell – die Arbeit am männertherapeutischen und die am männlichen Dilemma. Genau genommen ist es sogar so, dass wir die Männer im Therapieverlauf immer wieder neu auf den Pfad des »wirklichen Sprechens« führen müssen, wenn sie denn auf ihre alten Externalisierungsschienen zurückkommen, wir müssen also kontinuierlich wachsam bleiben für die Gefahren des männertherapeutischen Dilemmas.

Zum anderen ist die Beziehungsgestaltung auch für die tiefer gehende Arbeit am männlichen Dilemma von großem Belang. Wenn wir nämlich den verwehrten Zugang zum eigenen Selbst als zentrales Ergebnis des männlichen Sozialisationsprozesses und als vorherrschendes Element des männlichen Dilemmas betrachten, so könnte – sehr pointiert ausgedrückt – die gesellschaftlich konstruierte Männlichkeit als eine Art Beziehungsstörung bezeichnet werden. Und Beziehungsstörungen gelten zwar im Allgemeinen als sehr hartnäckig, sind aber sicherlich am besten innerhalb einer neuen positiv gestalteten Beziehung abbaubar. Die therapeutische Beziehung kann unseres Erachtens in vielerlei Hinsicht diese neue positive Beziehung darstellen:

1. Der Klient lernt, sich den eigenen inneren Impulsen so zu nähern, wie der Therapeut es tut, neugierig, unvoreingenommen, liebevoll, akzeptierend, ohne Beschönigung oder Bewertung.
2. Der Klient lernt am Modell des Therapeuten, Gefühle – auch »unmännliche« wie Angst oder Hilflosigkeit – wahrzunehmen, zu artikulieren und einen individuell-hilfreichen Umgang damit zu finden.
3. Der Klient kann bzw. muss innerhalb der therapeutischen Beziehung lernen, sich auf ein Gegenüber, auf dessen Gedanken und Gefühle, wirklich zu beziehen, ohne dabei das eigene Selbst aus den Augen zu verlieren. Er lernt also gleichzeitig Beziehungsfähigkeit zu sich selbst und zu anderen Menschen.
4. Der Klient kann in der Therapie lernen, mit seinen Bezugspersonen (Eltern, Partnerin oder Partner, Geschwister etc.) unter Anleitung des Therapeuten zu kommunizieren, somit das Gelernte (siehe 1.–3.) unmittelbar in seinen Lebensalltag zu transferieren.

Abschließend sollen nun noch einige Thesen kurz illustriert werden, wie die therapeutische Beziehung zum männlichen Klienten so gestaltet werden kann, dass a) das männertherapeutische Dilemma möglichst weitgehend überwunden *und* b) eine produktive Auseinandersetzung mit dem männlichen Dilemma und allen weiteren psychischen Problemen des Mannes möglich wird.

Männer wehren sich gegen ein beziehungsorientiertes Setting – wir müssen sie dafür motivieren!

Aufgrund der ansozialisierten Tendenz zur Externalisierung sind Männer ungeübt darin, in eine direkte und persönliche Beziehung zu treten – sowohl mit sich selbst als auch mit anderen Menschen! Zudem haben sie bezüglich einer Psychotherapie allerlei Vorbehalte und negative Phantasien im Kopf, sodass sie sich häufig mit Händen und Füßen gegen therapeutische Beziehungsangebote wehren. Von daher müssen wir die Männer für das »neue Sprechen«, wie wir es oft in Abgrenzung zu dem von vielen Männern praktizierten intensiven Sprechen über Sachinhalte nennen, zunächst einmal motivieren, die Lust und das Interesse an einer solchen Form des Sprechens wecken. Natürlich müssen wir sie dabei dort abholen, wo sie sind – mit wenig kommunikativer Kompetenz ausgestattet, voller Abwehr gegen Nähe, Wärme, Echtheit und Authentizität –, dürfen sie nicht verurteilen und vor allem nicht vor ihrer Abwehrhaltung kapitulieren.

Wir haben dabei in unserer Arbeit mit Männern die Erfahrung gemacht, dass das Interesse am therapeutischen Dialog – und darüber vermittelt auch an sich selbst – sehr häufig über eine direkte Konfrontation des Klienten mit seinem Gesprächs- bzw. Interaktionsverhalten entsteht. Mit anderen Worten: Wenn man Männern relativ unverblümt sagt, »was Sache ist«, reagieren sie in der Regel sehr positiv, sind plötzlich aufmerksam und interessiert, sind im Kontakt und hören zu, unterbrechen ihren nach außen gerichteten Redefluss, um für einen Moment nach innen zu spüren.

Natürlich ist es dabei von entscheidender Bedeutung, auf welche Art und Weise eine solche Konfrontation geschieht: Ist sie nicht liebevoll-entlarvend, sondern abwertend-vorwurfsvoll, dann macht der Klient selbstverständlich dicht, stellt die Ohren oder zumindest das Herz auf Durchzug, denn Kritik hat er schon genug gehört, bevor er zum Therapeuten gekommen ist, von Mutter, Vater, Chef und/oder

Partnerin. Ist die Konfrontation aber wohlwollend formuliert, ohne dabei inhaltlich abschwächend zu sein, erfolgt sie nicht von oben herab, sondern aus einer Position der Solidarität heraus, und enthält sie vielleicht noch Hinweise auf eigene Gefühle des Therapeuten, die der Klient mit seinem Verhalten bei ihm auslöst, dann werden die meisten Männer durchaus nachdenklich, und die Chance zu einem wirklichen therapeutischen Dialog eröffnet sich.

Wie solche Konfrontationen konkret aussehen können, ist natürlich von den individuellen Eigenheiten und Ressourcen des Männertherapeuten abhängig. Für uns haben sich in der therapeutischen Arbeit mit Männern aber vor allem solche Interventionen bewährt, die als »Konzeptverwirrung«, »Bumerang-Effekt«, »therapeutischer Humor« und »Arbeit mit Bildern« bezeichnet werden könnten (Neumann u. Süfke, 2004; vgl. die obige Abbildung 2):

- Unter »Konzeptverwirrung« verstehen wir, die dem Sprechen der Männer zugrunde liegenden Konzepte (z. B. generelle Schuldabwehr, Übergriffigkeit, rationale Problemanalyse) zu erkennen und von Anfang an gezielt zu verwirren, ihnen also ihren jahrelang einstudierten »alten Text« wegzunehmen, wodurch Erstaunen, Innehalten, Hilflosigkeit ausgelöst werden, aber die Chance zu einem »neuen Sprechen« entsteht:

Herr B., ein freiberuflich tätiger Steuerberater Mitte fünfzig, hat so eine joviale Tour, zum Beispiel fasst er mich zur Begrüßung unpassend an die Schulter, legt seine Jacke auf die Couch in meinem Therapiezimmer und hat zum Thema, seine Frau habe keine Lust »auf Verkehr«. »Vielleicht sind Ihre sexuellen Probleme Folgeerscheinungen solcher Übergriffe«, sage ich und berichte ihm von meinem unangenehmen Gefühl, wenn er mich so einfach an die Schulter fasst oder meine Couch als Kleiderablage benutzt. Er ist völlig durcheinander, versucht sich zunächst lang und breit zu rechtfertigen. Da ich aber bei meinem Gefühl bleibe, sagt er schließlich, das gebe ihm zu denken. »Gefällt mir, dass Sie meine Rückmeldung an sich heranlassen, am liebsten wüsste ich noch, was genau Sie denken«, sage ich. »Sie sind mir nicht böse?«, fragt er erstaunt. »Ich möchte den bösen Buben wohl gerne näher kennenlernen«, sage ich.

- Unter »Bumerang-Effekt« verstehen wir, die männliche, an Externa orientierte Sprechgewalt bzw. deren Auswirkungen auf den Therapeuten dem Klienten zurückzuspiegeln (»Sie reden mit mir wie in einer Vorstandssitzung, ich wäre Ihnen aber gerne näher als Ihre Kollegen – schade, so bleiben Sie mir noch fremd!«).
- Humor ist ja bekanntlich höchst individuell und außerdem nicht erklärbar, genauso bekannt ist aber, dass er darin besteht, dass man trotzdem lacht, was ihn natürlich geradezu prädestiniert für die therapeutische Arbeit. So verstehen wir unter »therapeutischem Humor« das bewusste Necken, das liebevolle Hochnehmen des Klienten (und des Therapeuten), um persönliche Probleme bzw. deren Wahrnehmung, Akzeptanz und die Auseinandersetzung damit zu erleichtern.
- Unter »Arbeit mit Bildern« verstehen wir eine an Bildern und Metaphern reiche Sprache, die zentrale Aspekte des therapeutischen Prozesses fassbarer macht, oder auch den Einsatz von Sprachgestalten und Sprachspielen, die in Geschichten, Märchen und Gedichte einfließen, die über und für die Klienten geschrieben werden – denn wann wohl wurde den Männern zum letzten Mal etwas vorgelesen, noch dazu etwas, in dem sie selbst die Hauptfigur sind?

Alle diese genannten Interventionen helfen natürlich nur, wenn wir uns als Therapeuten riskieren, und zwar immer wieder neu. Somit bergen sie natürlich die Gefahr, dass wir von den Klienten manchmal als bedrohlich, frech oder sogar einen Moment lang als Feinde angesehen werden – was ja auch irgendwie stimmt, wollen wir sie doch »gewaltsam« aus ihrer männlichen Isolation befreien. In diesem Fall müssen wir uns natürlich umgehend an die Bearbeitung des entstandenen Beziehungsschadens machen, etwa indem wir unsere Bemerkung vor dem Klienten selbstkritisch hinterfragen oder uns für einen Schlag unter die Gürtellinie schlichtweg entschuldigen. Viele Männer allerdings, auch das ist unsere therapeutische Erfahrung, sind durchaus in der Lage, sich eine konfrontative Bemerkung sehr zu Herzen zu nehmen, ohne aber beleidigt oder nachtragend zu sein:

»Ich soll mal mit Ihnen sprechen, hat meine Frau gesagt«, sagt Herr T. und schaut mich erwartungsvoll an. »Gute Frau«, sage ich, »sollen wir sie fragen, warum Sie ausgerechnet mit mir sprechen sollen?« »Nein«, wehrt Herr T. ab, »nein, nein, das weiß ich schon!« Nun schaue ich ihn erwartungsvoll an. Herr T. ist verwirrt, weiß nichts zu sagen, sodass ich ihm ein wenig auf die Sprünge helfe: »Nun, was die anderen wollen, zum Beispiel Ihre Frau, das ist klar, was aber wollen Sie, wenn auch vielleicht noch recht vage?«

Herr B. ist seit einigen Jahren sehr depressiv. Er ist als Koch angestellt und sagt, er könne an sich so einiges vertragen. »Auch Zuneigung?«, frage ich, weil er auf einige positive Bemerkungen von mir so allergisch reagiert hat. Er erschrickt und sieht mich voller Abwehr an. Dann schaut er lange aus dem Fenster. »Na«, necke ich ihn, »denken Sie über Ihre Schandtaten nach?« Er lächelt matt: »Früher, früher, da war was los, da hab ich eine Menge erlebt, Mann, Mann, Mann!« »So viel?«, frage ich zurück, »drei Frauen, Mann, Mann, Mann!?« »Haben mich alle verlassen!«, sagt er bitter und böse. »So ein Schlimmer sind Sie? Da haben Sie ja eine Menge mit sich rumzuschleppen, auch an Groll!« Er schaut wieder aus dem Fenster, dann sieht er mich klar an, atmet tief durch und sagt: »Stimmt!« »Drei Abschiede sind zu feiern?«, frage ich und füge fröhlich hinzu: »Drei, da können wir ja was erleben!« »Wie meinen Sie das?«, fragt er noch abwehrend, aber deutlich interessierter. »Wir Männer sind doch, nach meiner Erfahrung, oft auch Abenteurer, die etwas erleben wollen; wie wäre es, wenn wir das Abenteuer einer Therapie zusammen beginnen?« »O. K.!«, sagt er und seine Augen blitzen.

Wir müssen die »männlichen Macken« akzeptieren, dabei aber das Dilemma aufzeigen!

Eine typische »männliche Macke« ist die Art und Weise, wie viele Männer in der Therapie Kontakt aufnehmen, nämlich dadurch, ohne Punkt und Komma, also unter Vermeidung von peinlichen Pausen, zu sprechen, zu erzählen, zu berichten. Sie unterhalten den Therapeuten, fordern eventuell einmal Ratschläge ein, ohne dabei aber in Kontakt mit sich und dem Therapeuten zu sein oder gar an sich zu arbeiten. Der Therapeut ist nun einerseits bemüht, diese »männliche

Macke« nicht zu verurteilen, andererseits ist er an einem therapeutisch hilfreicheren Dialog interessiert. Das folgende Beispiel mag als Hinweis angesehen werden, wie dieser Drahtseilakt gelingen kann:

Herr K., vom Hausarzt wegen einer Depression zu mir überwiesen, ist mit seinen 63 Jahren Frührentner, vorher hat er als Binnenschiffer ein unruhiges Leben geführt. Er redet, redet und redet, erzählt mir viel von seinen »wüsten« Erlebnissen bei seinen Fahrten auf Kanälen, Flüssen und in den Häfen. Was er erlebt habe, so sagt er, das »glaube ihm keiner«, und dabei schaut er mich zwischendurch immer wieder einmal kurz an. Von seiner Depression ist zunächst keine Spur zu sehen, und ich beginne mich zu fragen, wie ich ihn von seiner Macke des Schwadronierens, die mich stört, weil sie therapeutisches Sprechen verhindert, weglocken kann, ohne ihn dabei zu verprellen. Als er mich wieder einmal kurz ansieht, frage ich ihn: »Blicken Sie mich zwischendurch an, weil Sie sich vergewissern wollen, ob ich noch da bin, Ihnen auch noch zuhöre und Ihnen glaube?« Er stockt, schüttelt den Kopf und seine Augen füllen sich mit Tränen. Ich komme ihm etwas näher – mit meinem Rollstuhl geht das ganz leicht – und versichere ihm, ich sei neben seinen wüsten Geschichten doch vor allem an seiner Person interessiert, besonders an seinen Gefühlen, wie jetzt an seiner Trauer. »Wissen Sie, woran ich jetzt denken muss?«, fragt er. »An etwas Schweres in Ihnen?« Er nickt und berichtet unter Tränen vom frühen Tod seines geliebten Opas, der sei sein Vater gewesen, nachdem dieser im Krieg gefallen sei: »Der konnte einem zuhören, das konnte der, das kann ich Ihnen sagen!«, sagt er irgendwie froh. »Und es erinnert Sie ein wenig daran, wenn ich Ihnen zuhöre, wenn Sie Ihre wüsten Geschichten erzählen?«, frage ich. »Er fehlt mir«, sagt er, »so, jetzt ist es aber raus!«

Herr K.s durchaus männertypische »Macke« besteht darin, dass er durch hemmungsloses Schwadronieren den Kontakt zu sich (sein Dilemma) und damit den therapeutischen Kontakt vermeidet (therapeutisches Dilemma). Als ihm diese »Macke« explizit gelassen (1. Lösungsschritt), das therapeutische Gespräch aber vom Inhalt weg auf die Metaebene geführt wird (2. Lösungsschritt), werden sowohl das »männliche Dilemma« als auch Herrn K.s dahinterliegende Einsamkeit und Suche nach Anerkennung sicht- und auch spürbar (3. Lösungsschritt). Letztlich ist hier natürlich die Beziehung das entscheidende therapeutische Mittel, durch das ein therapeutisches Sprechen initiiert, Metakommunikation möglich und persönliche Gefühle zum Thema werden.

Wir müssen unseren Klienten »männlichen Beistand« leisten!

Therapeutisch gesehen reicht es sicherlich nicht aus, den Mangel an männlichen Bezugspersonen im Verlauf der männlichen Sozialisation zu konstatieren und zu bemängeln (vgl. Abschnitt 1, S. 143 ff.). Zumindest vorläufig müssen wir als Männertherapeuten das Defizit an »männlichem Beistand«, unter dem viele Männer leiden, also die Vaterlosigkeit wie auch den Mangel an intimen Freundschaften, immer wieder stopfen, so gut wir können.

Herr F. kommt gerade wegen einer Depression zum Erstgespräch herein und fragt mich, ob ich an den Befunden des Arztes und der Klinik interessiert sei. Ich bejahe, füge aber hinzu, dass ich vor allem an ihm interessiert sei. Das rührt Herrn F. und er sagt: »Das habe ich schon lange nicht mehr gehört!«

Männern fehlt oft das Erlebnis einer wirklichen Solidarität, die frei ist von der kompensatorischen Abwertung von Frauen, die in so manchen Männerbünden vorherrscht. Die Berufswelt ist geprägt von Konkurrenz und Leistung, die alten Cliquen existieren nicht mehr, Freundschaften werden meist zu wenig gepflegt, Gespräche über Persönliches sind Mangelware. So kennen nur die wenigsten Männer jene solidarische Verbundenheit, die sich aus gemeinsam oder gleichsam erlebten Schwierigkeiten, Eigenheiten oder auch Ressourcen entwickelt. Eine solche Solidarität zu fördern hat hohe Priorität, denn sie schafft ein Klima, in dem das therapeutische Arbeitsbündnis gestärkt wird:

»Tja, Herr X., da sitzen wir wohl in einem Boot, denn so viel weiter in meiner Gefühlsarbeit bin ich auch noch nicht, wenn Sie da zum Beispiel meine Frau fragen würden!«

»Wir Männer haben es auch nicht immer leicht mit unserem Müssen! Immer müssen wir es hinkriegen, was für ein Stress, ich will mich mal zurücklehnen und denken: ›Es wird schon!‹ Oder wie ist das bei Ihnen?«

»Sind Sie auch Ostwestfale, ich bin nämlich auch so einer, wir halten eine Menge aus, ehe wir nach dem Weg fragen, uns Hilfe holen oder sogar ›Aua‹ sagen!«

So können wir als Therapeuten zeitweilig als Vater- oder auch Bruderersatz fungieren, den männlichen Klienten aber gleichzeitig animieren, auch in seinem familiären Umfeld und in seinem Bekanntenkreis nach Väterlichkeit und Freundschaft Ausschau zu halten, sobald ihm seine Sehnsucht danach deutlich geworden ist.

Wir müssen den Männern »das Fühlen vormachen«!

Das Wahrnehmen und Ausdrücken von Gefühlen ist für uns Männer nicht gerade leicht. Der männliche Therapeut ist daher für den Klienten insofern Rollenvorbild, dass er ihm an seinem eigenen Beispiel vormacht, wie dieses In-sich-Hineinfühlen überhaupt funktioniert. Wenn der Therapeut dann noch in der Lage ist, auch negative und als »unmännlich« geltende Gefühle auszudrücken, gibt er dem Klienten-Mann damit quasi die Erlaubnis, diese Gefühle auch bei sich selbst zu erforschen und gegebenenfalls zu äußern.

So erlebt der Therapeut zum Beispiel immer wieder Gefühle der Ohnmacht, die sich entwickeln, wenn der Klient ihn in das männertherapeutische Dilemma hineinzieht. Indem er diese eigene Hilflosigkeit nun zurückspiegelt und sein Leiden unter der Sprachgewalt des Klienten zum Ausdruck bringt, eröffnet er diesem die Lernchance, das Dilemma aktiv überwinden zu können – ohne dabei den pädagogischen Zeigefinger einsetzen zu müssen. Der Männertherapeut versucht also, seine Gefühle deutlich zu machen, erlebt, dass ihm das hilft, und bringt es somit dem Klienten nahe, ganz nach dem Motto: »Hilflosigkeit is beautiful«:

Herr D. beschreibt seit acht Sitzungen immer wieder mit monotoner Stimme und mit Selbstvorwürfen im Gepäck seine depressive Verfassung, die in dem Satz gipfelt: »Dann liege ich den ganzen Tag im Bett und komme nicht hoch, oder ich starre auf den Boden, wenn ich auf dem Sofa sitze!« »Wahrscheinlich füttern Sie so Ihre Depression, ich möchte Ihnen helfen, merke aber, dass ich auch ganz schlapp werde! Ein wenig so, wie es Ihnen wohl geht?!« Dabei starre ich auf den Boden vor mich hin und merke die Schwäche, sie ist schwer zu ertragen, ist aber auch sehr mächtig. Ich exploriere mich und beschreibe, wie schwer dieses Gefühl auszuhalten ist, dass ich mich gut darin verlieren könnte und dass ich mich gegenüber jedem, der helfen will, sehr, sehr mächtig fühle. Herr D. sieht mich so passiv abhängen, denkt einige Zeit nach, schaut mich dann unvermittelt direkt an und fragt: »Und, wie entstehen eigentlich Depressionen?« »Vielleicht dadurch, dass man nie über seine Gefühle sprechen konnte! Drücken Sie jetzt doch einmal tüchtig meine Hand und drücken Sie aus, wie stark Ihre Depression ist! Dann erzählen Sie mir davon!« »Tut Ihnen das nicht weh?«, fragt Herr D. »Doch«, sage ich, »aber der Schmerz ist fassbarer als diese Ohnmacht!«

Wir müssen den Männern Hilfestellungen bei der Gefühlswahrnehmung bieten!

Eine weitere hilfreiche Brücke, die in puncto Gefühlswahrnehmung und -ausdruck begangen werden kann, ist die, dass Gefühle körperliche Entsprechungen, Äquivalente haben, die zu erkennen und zu benennen oftmals leichter ist, als die Gefühle selbst direkt zu thematisieren. So können wir als Therapeuten zum Beispiel Körperhaltungen ansprechen oder Bewegungen kommentieren:

»Ich höre Sie schwer atmen, haben Sie es mit der Lunge oder handelt es sich bei dem, über das Sie gerade sprechen, um etwas, was Sie belastet? Wohlgemerkt, Sie hören bei dieser Frage Ihren Psychologen sprechen und nicht Ihren Lungenarzt!«

»Sie kommen heute in meinen Raum, als seien Sie beschwingt, können Sie noch einmal so reinhüpfen, es macht Freude, Sie so zu sehen, wo Sie sonst wie so ein Packesel hereintrotten!?«

Wir müssen Beziehung zu dem Jungen im Manne aufnehmen!

Dass bei Männern im Verlauf der geschlechtlichen Sozialisation der Zugang zu eigenen Gefühlen und Bedürfnissen verloren geht, bedeutet auch, dass ihr innerer Junge mit all seinen Impulsen, seinen Sehnsüchten und Ängsten im Stich gelassen wird – letztlich auch von den Männern selbst. Daher ist es ein wesentlicher Bestandteil der Psychotherapie mit Männern, diesen inneren Jungen im therapeutischen Setting wieder zur Sprache zu bringen. Eine Intervention, die in dieser Hinsicht als Türöffner dienen kann, wäre etwa die Frage: »Wenn Sie jetzt ein Junge oder ein Jugendlicher wären, was würden Sie dann denken: ›Ganz schön blöd hier!‹ oder ›Was will dieser Mann von mir?‹ oder etwas ganz anderes?«

Die an- und abschließende etwas längere Falldarstellung dokumentiert die Einbeziehung der Jungenseite auf vielfältige Weise:

Herr G., fünfzig Jahre alt und wegen Internetsucht in Therapie, fühlt sich oft allein bzw. einsam. »Was sehen Sie, wenn Sie Ihre Augen schließen und sich vorstellen, allein zu sein?«, frage ich. Herr G. antwortet, er empfinde ein schönes Gefühl. Er fühle sich »in seiner eigenen kleinen Welt, wie ein Schutz, als Kind unter der Bettdecke. Als Kind bin ich in der Tat oft unter die Bettdecke geflohen, vor der Kälte zu Hause.« Heutzutage tue er das genaue Gegenteil, wie er jetzt von selbst feststellen müsse! Bei seiner Freundin lehne er es übrigens stark ab, dass die sich gerne mal ins Bett zurückziehe. Ich sage, er habe wohl gelernt, sich systematisch im Stich zu lassen und seine Schutz-Räume zugunsten von Sucht-Räumen aufzugeben. Diese Vermutung verblüfft ihn und macht ihn »traurig«. Er finde zwar, dass der Schmerz über diesen Verlust aus seiner Kindheit »des Verhaltens eines erwachsenen Mannes nicht würdig sei«, in seiner jetzigen Situation möchte er dieses »Defizit« jedoch im Zusammenhang mit seiner schwierigen Lebenslage verstanden wissen. Ich rate ihm dazu, sein altes, kindliches Verhalten wieder aufzunehmen, in Notlagen sei das gestattet. Er könne das »Sich-ins-Bett- bzw. -unter-die-Bettdecke-Legen« einfach neu definieren, sich dabei wohlfühlen und den Versuch wagen, das Gefühl seiner Kindheit wiederzufinden – und damit vielleicht auch ein Stück der eigenen Liebe zu sich selbst. Herr G. macht einen sichtlich verblüfften, aber gleichwohl freudigen Eindruck angesichts dieser Erkenntnis.

Zu Beginn der nächsten Therapiestunde überfällt mich Herr G. damit, dass er seine Hausaufgaben vom letzten Mal nicht erledigt habe. Er sei nicht unter die Decke geschlüpft, weil er sich sonst zu sehr verkrampft hätte. Er hätte sich damit ein wenig unter Druck gesetzt – und dabei sollte es ihm doch einfach nur gut gehen. Zudem waren seine letzten Tage sehr emotional, weil sich seine Freundin und er über eine mögliche Trennung auseinandergesetzt hätten. Er bezeichnet sich und seine Freundin als »Trotzköpfe«, die in Diskussionen jeweils so lange auf ihren Ansichten beharrten, bis von beiden das Wort »Trennung« zur Sprache komme. Ihm gehe es dabei dann jedes Mal »bescheiden«, er fühle sich »mürrisch« und schweige. Ich frage ihn, wie alt die beiden Trotzköpfe denn seien. »Sehr klein, so um die sechs Jahre!«, antwortet Herr G. Ich bitte ihn, einmal aufzustehen und ganz trotzig, wie ein Sechsjähriger eben, zu sagen, was er denn eigentlich wolle, statt zu schweigen. »Ich will keine Trennung!«, sagt Herr G. Ich frage ihn, ob er das auch positiv ausdrücken könne. »Ich will Kontakt!«, sagt er entschlossen und wiederholt es noch zweimal. Anschließend frage ich, wem er das am liebsten sagen würde. »Am liebsten meiner Freundin!«, entgegnet er spontan. »Und wem würde das der Kleine, der Junge in Ihnen, am liebsten sagen?« »Der würde es seinem Vater sagen: ›Kümmere dich um mich! Ich brauche dich!‹«

»Last, but not least« sei darauf hingewiesen, dass die psychotherapeutische Arbeit mit einem männlichen Klienten, wenn sie denn von einem männlichen Therapeuten durchgeführt wird, noch aus einem weiteren Grund in einem »doppelten Dilemma« steckt: Auch wir Männertherapeuten leiden natürlich unter den gleichen »Macken« wie unsere Klienten! Unserer persönlichen Erfahrung nach sollten (und können) wir diese aber weder ignorieren noch verheimlichen, sind sie doch ein wesentliches Element der männertherapeutischen Beziehung, oftmals geradezu die überraschenden Türöffner für die gewünschte ehrliche und echte Beziehung. Insofern nutzen wir als Männertherapeuten zwar unser Wissen über männliche Sozialisationsprozesse und hilfreiche Beziehungsgestaltung, aber ohne dabei zu sehr als Experte zu handeln. Stattdessen stehen wir zu unserer

Hilflosigkeit, akzeptieren sie, wenngleich wir an ihr leiden, und wissen auch um unsere eigenen Defizite im Umgang mit Gefühlen. Und wir mögen uns auch mit unseren »männlichen Macken« – zumindest meistens! Was nicht ganz unwichtig ist, schließlich gilt in der Arbeit mit Männern natürlich ebenfalls das bekannte therapeutische Credo: Nur wer sich selbst gut leiden kann, begegnet seinem Gegenüber und dessen Leiden mit der notwendigen Portion Respekt, Akzeptanz und Liebe!

Fazit und Zusammenfassung

Ausgehend von einem sozialisationstheoretischen Ansatz und den besonderen Schwierigkeiten von Männern, welche sich auch in der therapeutischen Beziehung offenbaren, wird aufgezeigt, warum Männer ein speziell auf sie zugeschnittenes therapeutisches Vorgehen benötigen und wie dieses konkret aussehen kann.

Ausgangspunkt ist, dass Jungen und Männern im Laufe ihrer Sozialisation der Zugang zu ihren Gefühlen mehr und mehr erschwert wird, was letztlich zum »männlichen Dilemma« des mangelnden Selbstbezugs führt. Im Fall einer Psychotherapie entsteht aber zusätzlich noch ein »männertherapeutisches Dilemma«, da im therapeutischen Setting die Arbeit mit und an Gefühlen gewünscht und gefordert ist. Männer, die dazu erzogen wurden, ihre inneren Konflikte im Außen, das heißt durch »Externalisierung«, zu lösen, sollen und müssen in der Psychotherapie nun Lösungen in ihrem Inneren erarbeiten, in einem Inneren, zu dem ihnen der Blick bislang erschwert oder gar versperrt war.

Um diesem doppelten Dilemma gerecht werden zu können, braucht es eine männerspezifische psychotherapeutische Herangehensweise, bei der die betroffenen Männer in einem sowohl konfrontativen als auch solidarischen Setting lernen, Kontakt zu ihren Gefühlen aufzunehmen und diesen Selbstbezug in den therapeutischen Prozess hilfreich einzubringen. Der Mann wird dabei in einem doppelten Sinne zur Sprache gebracht, das heißt inhaltlich zum Thema gemacht und zu einem persönlicheren Sprechen »verführt«, wobei der spezifischen Qualität der therapeutischen Beziehung zwischen Klient und Therapeut eine herausragende Rolle zukommt.

Literatur

Böhnisch, L. (2004). Männliche Sozialisation. Eine Einführung. Weinheim: Juventa.
Böhnisch, L., Winter, R. (1997). Männliche Sozialisation. Bewältigungsprobleme männlicher Geschlechtsidentität im Lebenslauf (3. Aufl.). Weinheim: Juventa.
Brooks, G. R. (1998). A new psychotherapy for traditional men. San Francisco: Jossey-Bass.
Neumann, W., Süfke, B. (2004). Den Mann zur Sprache bringen. Psychotherapie mit Männern (2. Aufl.). Tübingen: dgvt-Verlag.
Rabinowitz, F. E., Cochran, S. V. (2002). Deepening psychotherapy with men. Washington: American Psychological Association.
Real, T. (2001). Mir geht's doch gut. Männliche Depressionen – warum sie so oft verborgen bleiben, woran man sie erkennt und wie man sie heilen kann (2. Aufl.). Bern: Scherz.
Süfke, B. (2005). Psychotherapeutische Arbeit mit Männern in einer Männerberatungsstelle. In W. Neumann, J. Flassbeck, S. Reinisch, B. Süfke, A. Wittmann (Hrsg.), Wi(e)der die therapeutische Ohnmacht – Ressourcenorientierte Psychotherapie in »schwierigen Fällen«. Tübingen: dgvt-Verlag.
Süfke, B. (2008). Männerseelen. Ein psychologischer Reiseführer. Düsseldorf: Patmos.

Heribert Blaß

Seelische Konflikte in der männlichen Entwicklung

Ausblick auf das Thema

Das individuelle Erleben eines jeden Mannes ist von der eigenen Lebensgeschichte und von den wechselnden Beziehungen zu Bezugspersonen innerhalb und außerhalb der Familie geprägt. Es gibt allerdings charakteristische Konflikte und Problembereiche, die im Verlauf fast jeder männlichen Entwicklung, vom männlichen Säugling bis hin zum alten Mann, auftreten und seelisch gelöst werden müssen. Einige Grundkonflikte in verschiedenen Lebensphasen möchte ich beschreiben und dabei auch einige Beispiele aus der ambulanten Psychotherapie nennen.

Biologische Grundlagen und Eltern-Kind-Beziehung

Der erste männerspezifische Problembereich betrifft die biologische Ausstattung. Nach neurowissenschaftlichen Erkenntnissen weisen männliche Föten und Säuglinge ein »genetisches Handicap« auf, das sie zunächst verwundbarer als Mädchen macht. Diese biologischen Voraussetzungen stehen im Widerspruch zu klischeehaften Vorstellungen über eine angebliche »natürliche« Stärke von Jungen (vgl. Hüther, 2009). Dieser Widerspruch erlangt vor allem dann Bedeutung, wenn die Eltern des Jungen bereits vor oder nach der Geburt ein seelisches Bild von männlicher Stärke an ihren Jungen richten. Im positiven Sinn kann eine solch bewusste oder unbewusste Erwartung einen Jungen natürlich stärken, aber eine unreflektierte Wunschvorstellung kann das sich entwickelnde Selbst des Jungen auch überfordern und schwächen, insbesondere wenn Mutter und/oder Vater auf eine real andere Verfassung ihres Jungen mit Enttäuschung reagieren. Patienten beschreiben häufig, dass sie schon früh starke Erwartungen auf sich gerichtet sahen. Das mögliche Entstehen solcher Erwartungen hat der Kinderanalytiker Dammasch eindrucksvoll in einem Fallbeispiel beschrieben. So sagte eine Mutter über ihren angeblich unruhigen dreijährigen Sohn: »Er war sechs Monate, ein halbes Jahr alt, da hat er schon Frauen nachgeschaut und ihnen schöne Augen gemacht« (Dammasch u. Quindeau, 2014, S. 26). Diese Mutter hatte offenkundig ihr eigenes, von heterosexueller Stärke geprägtes Männerbild auf den Sohn projiziert, was sie einerseits stolz machte, aber andererseits zu dauerndem Kontrollverhalten veranlasste, sodass ihr Sohn kaum zur Ruhe kommen konnte.

Das Fallbeispiel unterstreicht die zentrale Bedeutung der unbewussten Einstellungen und der ersten Erfahrungen mit Mutter und Vater, was selbstverständlich für beide Geschlechter gilt. Für den Jungen entsteht allerdings ein spezifischer Konflikt im Zusammenhang mit der Entdeckung des eigenen Körpers: Während der Schwangerschaft und nach seiner Geburt hat ein Junge einen ebenso engen Körperkontakt zur Mutter wie ein Mädchen, jedoch unterscheidet er sich im Gegensatz zum Mädchen anatomisch und geschlechtlich von der Mutter. Diese Tatsache beginnt er ab etwa der zweiten Hälfte des ersten Lebensjahres wahrzunehmen – bis dahin erlebt er Penis und Hoden offenbar als ähnliche körperliche Anhängsel wie Daumen oder Zehen (vgl. Tyson, 1991). Die eigenen genitalen Erregungen sowie die körperliche Wechselseitigkeit mit Mutter und auch Vater prägen dann die Art und Weise, wie ein Junge seinen männlichen Körper und sein Genitale annehmen kann. Er muss seine Verschiedenheit vom mütterlichen Körper zu akzeptieren beginnen und in seinem Selbsterleben erst einen inneren Weg vom weiblichen zum männlichen Körper zurücklegen. Dieser Weg wird erleichtert durch eine liebevolle Wechselseitigkeit und emotionale Anerkennung vonseiten der Eltern. In der psychoanalytischen Theorie hat es viele Debatten darüber gegeben, inwieweit Jungen sich zunächst als ausschließlich weiblich, »proto-feminin«, fühlen würden und sich von der Mutter erst »ent-identifizieren« (Greenson, 1968) müssten oder ob es sich bei dieser Idee nicht um eine Verallgemeinerung besonders unsicherer Bindungen zwischen Mutter und Sohn handele. Kritiker der Theorie von der primären Weiblichkeit meinen, dass nur eine unsichere Bindung den Jungen zu einer übermäßigen Anpassung an die Mutter veranlasse, welche er später abrupt beenden müsse (vgl. Fast, 1999; Diamond, 2004b).

Aus meiner Sicht verschränken sich hier biologische Reifung und die Entwicklung der seelischen Beziehungen: Ein Junge kann ein positiv männliches Selbstgefühl am ehesten in einem offenen und spielerisch reichhaltigen Kontakt zu seinen Eltern ausbilden, vor allem wenn in diesem Kontakt seine expansiven Wünsche nach motorischer Eroberung der Umwelt, aber auch gegengeschlechtliche Phantasien sowie eigene Schutzbedürfnisse einen Platz haben. Diese Vielfalt im körperlichen und seelischen Leben von Jungen möchte ich noch etwas erläutern.

Motorik und Phantasiebildung

Jungen haben in der Regel einen stärkeren Drang nach Bewegung – ihre »kinetische Funktion wird übersetzt« (Hopf, 2014, S. 29). Neben ihrer motorischen Aktivität können sie aber auch passivere Bedürfnisse entwickeln bis hin zu der »empfangenden« Phantasie, schwanger zu sein wie die Mutter. Im Gegensatz zum Mädchen müssen sie schließlich – trauernd – anerkennen, dass sie kein Baby bekommen können. Umso mehr betonen sie dann stolz die Sichtbarkeit ihres Penis, und es hängt in hohem Maße von der begleitenden Reaktion der Eltern ab, ob Jungen ein sicheres Gefühl mit ihrem Penis verbinden oder ob sie mit ihm als körperlichem Symbol für männliche Stärke prahlen müssen. Umgekehrt fürchten nicht wenige Jungen und auch Männer, ihr Penis könne nicht ausreichend sein, sei es nun in der konkreten Form mangelnder Länge oder im Verlust von Erektionsfähigkeit. Darauf werde ich später noch einmal zurückkommen. Bezogen auf die frühe Entwicklung ist es mir wichtig, den Einfluss der elterlichen Einstellungen zu ihrem Sohn zu unterstreichen: Können Eltern auf die vermehrte Bewegungslust ihres Sohnes in einem expansiv-kämpferischen Spiel eingehen? Können sie ihm ein Gefühl von Bewunderung und Stolz für seinen Körper einschließlich Genitalien vermitteln oder reagieren sie ablehnend und hemmend? Können sie auch stillere Verhaltensweisen und Schutzbedürfnisse annehmen oder müssen sie diese aus dem Erfahrungsschatz ihres Jungen ausschließen? Ich denke an mehrere Patienten, die sich im Verlauf ihrer Psychotherapie mit unterschiedlichen Erlebnissen beschäftigten:

Ein Mann von Mitte vierzig, der an körperlich unerklärbaren chronischen Schmerzen im Bereich des Herzens und an Atembeklemmungen litt, erinnerte sich, dass er seit dem frühen Tod seines Vaters der starke Arm für seine Mutter sein musste. Seine Mutter hatte ihr Bedürfnis nach einem beschützenden Mann ganz auf ihn gerichtet, er hatte seine Stärke in den Dienst der Mutter stellen müssen und sich keine Schwäche erlauben dürfen. Seine späteren Körperschmerzen waren für ihn der einzige Ausweg, seine eigenen »eingeklemmten« Bedürfnisse, einmal klein sein zu dürfen, zum Ausdruck zu bringen.

Ein anderer Mann, ebenfalls über vierzig, hatte als Kind Kritik und Verbote für jede Form von motorischer Expansion von der Mutter geerntet: Er durfte sich auch als Kleinkind nicht nackt zeigen, später durfte er nicht Handball spielen, musste ruhig sein und wurde stattdessen angehalten, zu stricken. Die Mutter hatte selbst traumatische Erfahrungen mit dem eigenen Vater gemacht und lehnte bei ihrem Sohn offenbar alles ab, was sie an den eigenen Vater erinnerte. Der Sohn gehorchte zwar vordergründig, aber unbewusst entwickelte er einen heftigen Hass auf seine Mutter, sodass er als erwachsener Mann seinen männlichen Körper im Übermaß trainierte, alles vermeintlich Weibliche bei sich selbst ablehnte und zugleich unsicher in seinen sexuellen Beziehungen zu Frauen blieb.

Diese Beispiele zeigen, dass eine mangelnde Flexibilität der Geschlechtervorstellungen vonseiten der Eltern in einem Jungen ein einseitiges und persönlich einschränkendes Bild von sich selbst als Mann hervorrufen kann.

Insgesamt verläuft die Entwicklung bis zum 36. Lebensmonat *nicht* biologistisch. Biologistisch wäre die Vorstellung: »Ich spüre meinen Penis, also bin ich ein Junge.« Vielmehr verläuft sie mit einer Verschränkung von Biologie und Beziehung in dem Sinne: »Ich fühle mich im Kontakt mit Mutter und Vater als Junge, also sind mein Penis und Hoden auch männlich« (vgl. Fast, 1999, S. 647). Dieses Gefühl gehört zur männlichen *Kerngeschlechtsidentität* (Stoller, 1968). Die Kerngeschlechtsidentität schließt eine Vielfalt männlicher Geschlechtsrollen nicht aus und legt auch die spätere Partnerwahl nicht unabdingbar fest. Sie gilt ebenso für eine homosexuelle Partnerwahl.

Der innere Konflikt um den mütterlichen und weiblichen Körper

Es gibt allerdings einen seelischen Konflikt, in den ein Junge bei aller guten Begleitung durch die Eltern unausweichlich hineinkommt. Dieser Konflikt entsteht durch die wachsende Doppelbedeutung seiner Mutter und ihres Körpers. Zunächst hat der Junge einen nährenden, pflegenden und zärtlichen Umgang mit seiner Mutter erfahren. Mit der Entdeckung des eigenen männlichen Körpers tauchen nun aber auch erotische Wahrnehmungen gegenüber der Mutter auf – es entsteht ein innerer Konflikt zwischen zärtlichen und sexuell erregenden Gefühlen. Dieser Konflikt wird ebenfalls für den erwachsenen Mann bedeutsam bleiben, denn, um es körperlich zu formulieren: Die weibliche Brust, die einen Jungen einmal genährt hat, wird für ihn im Laufe der Entwicklung sexuell erregend. Gleichzeitig bleibt für den Jungen die Frage bestehen, inwieweit er seelisch von dieser Brust getrennt ist oder ob er noch in einem nährenden Sinne an den mütterlichen Brüsten hängt. Anders formuliert: Für den Jungen erwächst das Problem, dass er emotional seine Mutter als Pflegeperson von der Mutter als möglicher Sexualpartnerin trennen muss. Wir gelangen hier in den Bereich des kulturellen Inzesttabus. In der Regel bleibt dieser Konflikt unbewusst, aber eine mangelnde Bewältigung kann im späteren Leben zu Schwierigkeiten führen. Spuren dieses Konflikts zeigen sich beispielsweise, wenn ein Mann in einen Beziehungskonflikt zwischen zwei Frauen gerät, von denen er die eine als »liebe« und versorgende, jedoch sexuell unattraktive Begleiterin erlebt, während er die andere als selbstständig wirkende Frau sexuell begehrt. Eine solche Spaltung des Frauenbilds in zwei emotionale Gegensätze entsteht, wenn ein Mann die nährende Zuwendung der Mutter nicht mit den erotisch stimulierenden Eigenschaften einer Frau in Einklang bringen kann. Dies erfolgt meist aus einer unbewussten Angst, dass die innere Beziehung zur Mutter zu stark sexualisiert werden könnte. Ein anderes Beispiel stammt aus der Pornoszene, wenn im Internet nackte Darstellerinnen als »Mothers I'd like to fuck« (M.I.L.F.) bezeichnet werden. Die seelische Abwehr ist hier auf die Anonymität des Internets verschoben, wenngleich der Inzest durch die Namensgebung phantasmatisch präsent ist. In der ambulanten Psychotherapie von Männern spielt das Ringen um die Versuchungen und die Abwehr von Pornografie häufiger eine Rolle.

Als kurzen Exkurs möchte ich anführen, dass Mädchen es beim sogenannten »Objektwechsel« insofern einfacher haben, als sie in ihrem ersten erotischen Liebesbegehren von der Mutter zum Vater wechseln können, was allerdings nicht heißt, dass nicht auch sie ihre eigenen Konflikte durchleben müssten.

Zur Bedeutung des Vaters

Doch zurück zu den Jungen: Es dürfte einleuchten, dass für die seelische Verbindung der unterschiedlichen Mutter- und Frauenbilder der Kontakt zu einem anwesenden und verfügbaren Vater von großer Bedeutung ist. Auch das Mädchen braucht seinen Vater für die Erweiterung der eigenen Beziehungswelt. Für den Jungen bietet der Vater jedoch den Anreiz, sich mit ihm auf vielfältige Weise zu identifizieren. Dazu gehört auch kämpferisches Spielen, denn die dabei wachsende Identifikation mit dem Vater hilft dem Jungen, den erotischen Konflikt um die Mutter angstfreier zu bewältigen und sich unabhängiger von ihr zu fühlen. Im Gegensatz zur lange herrschenden Auffassung Freuds, dass der Vater hauptsächlich Verbote setze und drohend wirke, sehe ich die wichtigste Rolle des Vaters in dessen *Verbindungsfunktion:* Wenn er mit seinem Sohn kämpferisch spielt, bestätigt er dessen Kraft, aber er setzt ihr auch Grenzen. Und wenn er ängstliche Reaktionen seines Sohnes versteht, muss ein Junge eigene weichere Seiten nicht zurückweisen. Durch einen liebevollen Umgang mit der eigenen Frau kann ein Vater seinem Sohn helfen, den erotischen Konflikt mit der Mutter zu bewältigen und sich auf andere, spätere Beziehungen jenseits der Nähe zur Mutter vorzubereiten (vgl. Blaß, 2006). Ein schönes Beispiel für eine gelungene väterliche Integrationsleistung beschreibt der englische Psychoanalytiker Fonagy (Fonagy, Gergely, Jurist u. Target, 2004): Ein stolzer Vater kaufte seinem kämpferischen vierjährigen Sohn ein reich ausgestattetes Batman-Kostüm. Dieses wirkte aber so echt auf den Jungen, dass er sich vor sich selbst im Spiegel erschrak und wieder nach dem alten Kittel seiner Mutter fragte. Der Vater ging auf den Wunsch seines Sohnes ein. Der Vater reagierte also weder gekränkt, noch lachte er seinen Sohn aus, sondern er akzeptierte dessen ängstliches Schwanken in der seelischen Reifung.

Sozialpsychologische Aspekte

Ich habe die seelische Entwicklung im Dreieck aus Mutter – Vater – Kind in einem idealtypischen Modell geschildert. Die soziale Realität vieler Jungen, natürlich auch vieler Mädchen, besteht heute oft darin, dass die Väter bereits bei der Geburt fehlen oder im Laufe der Entwicklung »verloren« gehen – meist aufgrund von Trennungen oder Scheidungen der Eltern. Speziell für Jungen fällt dann die Verbindungsfunktion des Vaters weg, und umso mehr bekommt die ohnehin wichtige Einstellung der Mutter zur Männlichkeit ihres Sohnes eine vertiefte Bedeutung. Dies betrifft gleichermaßen andere Bezugspersonen in Kindergarten und Schule. Es existiert eine kindertherapeutische und soziologische Debatte, inwieweit Jungen heute in Kindergarten und Schule aufgrund einer vermehrten Beschränkung ihrer Motorik und einer Tabuisierung ihres kämpferischen Spiels einer verstärkten »Feminisierung« ausgesetzt seien. Es gibt Befürworter und Gegner dieser These und die Diskussion darüber ist komplex (vgl. u. a. Blaß, 2009; Dammasch, 2008; Dammasch u. Quindeau, 2014). Unbestritten ist aber, dass in Deutschland das verordnete Methylphenidat aufgrund der Diagnose ADHS fast ausschließlich an Jungen geht. Im Jahre 2010 waren dies immerhin 1,3 Millionen Tabletten, was innerhalb von 17 Jahren einem Anstieg von 5.200 % entspricht (vgl. Hopf, 2014, S. 28). Selbst wenn in einzelnen Fällen diese Medikation indiziert sein mag, kann sich die hirnorganische Verfassung vieler männlicher Kinder und Jugendlicher in 17 Jahren nicht so dramatisch verschlechtert haben. Vielmehr ist davon auszugehen, dass Jungen immer weniger Raum für ihre unmittelbare Motorik und eine spielerische Bewältigung ihrer aggressiven sowie sexuellen Impulse zur Verfügung haben.

In der Folge sehen wir heute eine oft paradoxe Gegenreaktion: Neben dem verordneten Zwang zur Ruhe kommt es immer wieder zu Ausbrüchen von jugendlicher männlicher Gewalt oder zum Ausweichen und Rückzug in gewaltbetonte Computerspiele. In den virtuellen Räumen können sich die Jugendlichen zwar wie in einer

»Jugendbande« zusammentun, aber häufiger sind sie dort auch ihren eigenen Phantasien überlassen und bleiben so allein. Dies schließt einen frühen Zugang zu Pornografie, virtueller Sexualität und Masturbation mit ein. Da Computer eine nahezu unbegrenzte Phantasiewelt erlauben, nutzen Jungen den Computer für ihre Suche nach phantasmatischer Welteroberung meist mehr als Mädchen. Sie können hier ihre Sehnsucht nach Bestätigung als Held in einer gefährlichen Welt ausleben, was für ihre Entwicklung wichtig ist, aber zugleich ist auch »die Gefahr, computersüchtig zu werden, für Jungen größer als für Mädchen« (Hopf, 2014, S. 344).

Männliche Adoleszenz

Die Adoleszenz ist für beide Geschlechter eine weichenstellende Entwicklungsphase. Die Hauptaufgabe der Adoleszenz besteht im Festigen der endgültigen sexuellen Identität, und sowohl die manifeste Masturbation wie auch begleitende Masturbationsphantasien dienen Mädchen wie Jungen dazu, sich von der unbewusst gefühlten Zugehörigkeit zum mütterlichen Körper endgültig zu lösen und den eigenen sexuellen Körper als Frau oder Mann annehmen zu können. M. Laufer (1980) hat in diesem Zusammenhang von einer *zentralen Masturbationsphantasie* gesprochen, die unabhängig von realer Onanie ist und für die Integration der geschlechtsreifen Genitalien in das Körperschema und des sexuell reifen Körpers in das eigene Selbst*gefühl* Bedeutung erlangt. Für beide Geschlechter nimmt in dieser Phase das Ringen bis hin zum Kampf um eine positive oder negative Identifizierung mit dem gleichgeschlechtlichen Elternteil einen zentralen Platz ein, denn erst eine Mischung aus positiver und negativer Identifizierung mit dem gleichgeschlechtlichen Elternteil bildet eine stabile Basis für die Fähigkeit zu heterosexueller Liebe (vgl. Blos, 1978, 1985). Für den adoleszenten Jungen erwächst hier der Konflikt, dass er auf der einen Seite eine liebevolle Annäherung an seinen Vater als männlichen Partner sucht und auf der anderen Seite sich auch selbstbewusst gegen ihn behaupten will. Im Zuge dieses Dilemmas verstärken sich bei vielen männlichen Jugendlichen die homosexuellen Ängste, wovon beispielsweise der in diesem Fall als Beschimpfung verwendete Ausspruch »Du bist ja schwul!«

Zeugnis gibt. Charakteristisch ist für den männlichen Jugendlichen eine Angst nach zwei Seiten: Er kann sich in seiner Vatersehnsucht zu schwach und unterlegen fühlen, er kann aber in seinen kämpferischen Einstellungen zum Vater auch in eine mörderisch anmutende Selbstbehauptung geraten. Die seelische Loslösung von der Mutter und die Integration dieser aufreibenden, widersprüchlichen Einstellungen gegenüber dem Vater in ein sicheres Männlichkeitsgefühl gelingen natürlich umso besser, je mehr eine verstehende Mutter den schmerzlichen Loslösungsprozess zulassen kann und sich ein präsenter Vater den affektiven Wechselfällen des Sohnes in der Adoleszenz stellt.

Konfliktlagen des erwachsenen Mannes

Auch für die Konfliktlagen des erwachsenen Mannes erscheint mir eine Unterscheidung von seelisch-körperlichen und sozialen Konfliktbereichen sinnvoll. Dazu zähle ich die Sexualität des erwachsenen Mannes, seinen Umgang mit partnerschaftlicher Bindung und seine Einstellung zur eigenen Vaterschaft.

Sexualität

Bereits die jugendliche und später erwachsene männliche Sexualität ist mit einer Reihe unbewusster Konflikte verbunden. Die Vorstellung, in den Körper einer Frau – bei homosexueller Entwicklung in den eines Mannes – einzudringen, mobilisiert neben Lustgefühlen innere aggressive Konflikte. Ohne Nutzung der eigenen körperlich-seelischen Aggressivität kann ein Mann den Körper eines anderen Menschen nicht penetrieren, aber ohne eine liebevolle Begrenzung dieser Aggression entsteht keine wechselseitig lustvolle Begegnung – wobei ich sadomasochistische Beziehungen außer Acht lasse. Auf einer unbewussten Ebene müssen Männer sowohl passive als auch aktive Ängste bewältigen. Zu den passiven Ängsten zählt die Furcht, beim Eindringen in den Körper einer Frau beschädigt zu werden. Hier sei noch einmal an die frühe Bindung des männlichen Kindes an den womöglich als übermächtig erlebten Körper der Mutter erinnert. Zu den aktiven Ängsten zählt die Furcht, dabei die Partnerin bzw. den Partner zu attackieren. In der Regel sind diese Befürchtungen unbewusst, aber beim Auftreten funktioneller Sexualstörungen ist eine Auseinandersetzung damit in der Therapie unumgänglich. Bei der Behandlung von seelisch verursachten Erektionsstörungen oder vorzeitigem Samenerguss und auch bei mangelnder Libido finden sich typische Ängste, beispielsweise, sich im Inneren des weiblichen Körpers zu verlieren, oder die Sorge, mit dem eigenen Penis der Partnerin wehzutun und sie zu verletzen. Die sexuellen Hemmungen dienen dann dem Schutz vor der jeweils unbewussten Gefahr. Andererseits können übertriebene Leistungsvorstellungen zu einer Angst vor sexuellem Versagen führen, was beispielsweise bei vorzeitigem Samenerguss häufig der Fall ist.

Insgesamt stellt es für Männer eine spezifische Entwicklungsaufgabe dar, einen relativ angstfreien Umgang mit ihrer eigenen Aggression und mit der seelischen Bedeutung ihres Penis zu gewinnen. Wenn sie ihren Penis als eine Art Waffe erleben, setzen sie ihn entweder in feindseliger Weise gegen eine unbewusst übermächtige Frau ein oder sie reagieren möglicherweise mit einem beschämenden Versagen. Erst wenn ein Mann seine eigene Aggression zähmen und zugleich nutzen kann, verliert sein Penis den Charakter einer Waffe und wird zu einem lustvoll-liebevollen Verbindungsorgan (vgl. Blaß, 2010). Die Mischung von ängstlichen und aggressiven Aspekten in der männlichen Sexualität taucht umgangssprachlich auf, wenn Frauen von Männern »genagelt«, »geknallt«, »gebumst« werden müssten. Neben der rivalisierenden Selbstinszenierung gegenüber anderen Männern verdeckt die aggressive Sprache die unbewusste Angst vor dem weiblichen Genitale und nicht selten auch die eigene Furcht vor einer zärtlichen Liebe.

Partnerschaftliche Bindung

Ein anderer männlicher Konfliktbereich ist mit dem sexuellen verwandt, denn er bezieht sich auf Konflikte um partnerschaftliche Bindung, dies oft im Zusammenhang mit beruflicher Karriere und mit potenzieller Vaterschaft. Auch wenn Frauen vor ähnlichen Entscheidungsfragen stehen, ist nach meiner Erfahrung die Angst vor Einengung durch Partnerschaft und Kinder bei Männern ausgeprägter. Dies hat erneut mit den bereits beschriebenen Ängsten vor Abhängigkeit *oder* Verantwortung zu tun, die viele Männer das Eingehen einer festen Beziehung scheuen lassen, obwohl sie sich gleichzeitig eine Beziehung wünschen.

Sich auf eine verbindliche Beziehung zu einer Partnerin einzulassen, kann für einen Mann mit der Angst verbunden sein, sich erneut der Macht einer Frau beugen zu müssen. Diese Angst ist umso größer, je weniger ihm seine Loslösung von der Mutter gelungen ist. Wünsche nach Zuwendung und emotionaler Bestätigung geraten hier in Konflikt mit Ängsten vor Verlust der persönlichen Freiheit und Selbstbestimmung. Ein ähnliches Motiv kann auch ins Spiel kommen, wenn es einem Mann schwerfällt, nur eine Frau zu begehren und auf die potenziell vielen anderen zu verzichten. Häufig stellt sich in der Therapie heraus, dass eine Don-Juan-Phantasie mit einer Steigerung von Selbstwertgefühl verbunden ist, aber neben der wiederholten Bestätigung auch der Begrenzung phantasierter weiblicher Macht dient und außerdem vor Trennungs- und Verlassenheitsgefühlen schützen soll.

Der männliche Kinderwunsch

In ähnlicher Weise kann der Kinderwunsch eines Mannes ambivalent sein. Sein Wunsch nach einem Kind kann von der Sorge überschattet werden, die eigene Partnerin an das gemeinsame Kind zu verlieren. Eine solche Angst kann Männer zum Verzicht auf eigene Kinder bewegen. Aber selbst diejenigen Männer, die sich Kinder wünschen und sich positiv als »neue« Väter verstehen, stehen heute vor der Frage, welche Nähe und welchen Abstand sie zu ihren Kindern finden oder wahren müssen. Manche Männer bleiben nicht nur dabei, einen fürsorglichen Umgang mit ihren Kindern zu pflegen – was Astrid Lindgren kurz vor ihrem Tod als größte gesellschaftliche Errungenschaft des letzten Jahrhunderts bezeichnete (zit. nach Tönnies, 2009) –, sondern sie gehen darüber hinaus und tendieren dazu, eine Haltung als zweite oder sogar bessere Mutter annehmen zu wollen. Manchmal vermeiden sie dann später notwendige Auseinandersetzungen oder das Wahren von Grenzen gegenüber ihren Kindern, weil sie Ablehnung fürchten oder sich als zu hart erleben. Auch hier ist es für einen Mann nicht so leicht, anzunehmen, dass er zumindest auf einer körperlichen Ebene keine so enge Beziehung zum eigenen Kind haben konnte, wie es der Mutter möglich war. Dafür ist der Körperkontakt von Vätern zu ihren Kindern aber expansiver: Väter halten ihre Kinder häufiger in die Luft und spielen bei heftigerer Bewegung ein »Kamikaze-Play« (Herzog, 1982), was das Selbstvertrauen der Kinder stärkt, denn sie werden in einer abenteuerlichen Situation gut gehalten.

Spätestens ab der Vorpubertät ihrer Kinder ist es für Väter nicht leicht, eine innere Verbindung zwischen der Liebe zu ihrem Kind und dem unvermeidlichen Durchstehen von Konflikten zu finden. Es gibt viele klinische Beispiele dafür, dass Männer in Autoritätskrisen mit ihren Kindern geraten können, welche polar entgegengesetzte Gefahren von zu viel Strenge oder zu viel Nachgiebigkeit enthalten. Insbesondere emotional engagierte Väter müssen oft erst lernen, dass der Umgang mit Söhnen und Töchtern unterschiedlich ist. Einem heranwachsenden Sohn sollte sich ein Vater neben gemeinsamen Unternehmungen auch in einem »liebevollen Kampf« (Stierlin, 1974) stellen können, während ein Vater, um ein schönes Bild von Bolognini (2008) zu gebrauchen, mit seiner Tochter einmal im Leben einen Walzer tanzen und sich dabei gerührt und geehrt fühlen sollte – allerdings nur in der Öffentlichkeit, um sich dann auch allmählich zurückzuziehen. Gemeint ist natürlich die schwierige Balance im Einhalten der Generationengrenze, welche von einem väterlichen Mann den nicht immer leichten Wechsel verlangt, mal präsent zu sein und sich mal zurückzunehmen. Konflikte im Umgang mit eigenen Kindern sind ein häufigeres Thema in Therapien von Männern, und es ist für viele Väter nicht leicht, eine Position als »vertrauter Fremder« (Blaß, 2011) im Umgang mit den eigenen Kindern zu akzeptieren.

Konflikte des alten Mannes

Zum Schluss möchte ich noch etwas zum Entwicklungskonflikt um das männliche Altern sagen. Der Mann als Großvater kann das Nachlassen von körperlicher Kraft mit der Weitergabe seines seelischen Erfahrungsschatzes an die Enkel ausgleichen. Er kann aber auch depressiv reagieren oder gegen das Alter rebellieren. Manche Männer werden resignativ, andere verstärken im Alter ihre Rivalitätskonflikte, meist mit ihren Söhnen oder mit Männern im Alter ihrer Söhne, noch andere heiraten deutlich jüngere Frauen. Im Alter kommt allerdings eine Erfahrung hinzu, die Männern einen spezifisch neuen Zugang zum eigenen Körper eröffnet: Viele Männer entdecken über ihre Prostata, dass auch sie über ein Körperinneres und ein inneres Genitale verfügen, auf das sie sich einstellen müssen (vgl. Diamond, 2004a). Auch hier stehen Männer vor dem Konflikt, ob sie gegen die Notwendigkeit, auf den eigenen inneren Körper Rücksicht zu nehmen, mit verstärkter Kraftanstrengung reagieren oder ob sie darin eine Chance zu mehr Innerlichkeit und Anerkennung der eigenen Begrenzungen *ohne* Verzweiflung sehen können.

In der Therapie kommt es darauf an, männertypische Merkmale in verschiedenen Altersphasen positiv anzuerkennen, Konflikte zu klären und zugleich Vielfältigkeit sowie Flexibilität eines je persönlichen Mannseins zulassen zu können.

Literatur

Blaß, H. (2006). Erwachsene Liebesbeziehungen und die mentalisierende Rolle des Vaters. In F. Dammasch, H.-G. Metzger (Hrsg.), Die Bedeutung des Vaters – Psychoanalytische Perspektiven (S. 42–71). Frankfurt a. M.: Brandes & Apsel.

Blaß, H. (2009). »Sag mir, wo die Männer sind«. Überlegungen zur veränderten Geschlechterverteilung in sozialen Berufen und insbesondere in der psychoanalytischen Ausbildung. In F. Dammasch, H.-G. Metzger, M. Teising (Hrsg.), Männliche Identität (S. 65–80). Frankfurt a. M.: Brandes & Apsel.

Blaß, H. (2010). Wann ist der Mann ein Mann? oder: Männliche Identität zwischen Narzißmus und Objektliebe. Psyche – Zeitschrift für Psychoanalyse, 64, 675–699.

Blaß, H. (2011). Der Vater als vertrauter Fremder. Zur dichotomen Stellung des Vaters. Analytische Kinder- und Jugendlichen-Psychotherapie, 151, 369–388.

Blos, P. (1978). Adoleszenz. Eine psychoanalytische Interpretation. Stuttgart: Klett-Cotta.

Blos, P. (1985). Sohn und Vater. Diesseits und jenseits des Ödipuskomplexes. Stuttgart: Klett-Cotta.

Bolognini, S. (2008). »Ein schwieriges Geschenk« – Psychoanalytische Haltung zwischen Anerkennung des Sexuellen und elterlicher Zuwendung. In G. Schlesinger-Kipp, H. Vedder (Hrsg.), Gefährdete Begegnung – Psychoanalytische Arbeit im Spannungsfeld von Abstinenz und Intimität; Arbeitstagung der DPV 2008. Frankfurt a. M.: Eigenverlag Geber+Reusch.

Dammasch, F. (2008). Die Krise der Jungen. Statistische, sozialpsychologische und psychoanalytische Aspekte. In F. Dammasch (Hrsg.), Jungen in der Krise.

Das schwache Geschlecht? Psychoanalytische Überlegungen (S. 9–28). Frankfurt a. M.: Brandes & Apsel.

Dammasch, F., Quindeau, I. (2014). Biologische, psychische und soziale Entwicklungsprozesse von Jungen und Männern. In I. Quindeau, F. Dammasch (Hrsg.), Männlichkeiten. Wie weibliche und männliche Psychoanalytiker Jungen und Männer behandeln (S. 12–60). Stuttgart: Klett-Cotta.

Diamond, M. J. (2004a). Accessing the multitude within: A psychoanalytic perspective on the transformation of masculinity at midlife. International Journal of Psychoanalysis, 85, 45–64.

Diamond, M. J. (2004b). The shaping of masculinitiy: Revisioning boys turning away from their mothers to construct male gender identity. International Journal of Psychoanalysis, 85, 359–380.

Fast, I. (1999). Aspects of core gender identity. Psychoanalytical Dialogues, 9, 633–661.

Fonagy, P., Gergely, G., Jurist, E. L., Target, M. (2004). Affektregulierung, Mentalisierung und die Entwicklung des Selbst (4. Aufl. 2011). Stuttgart: Klett-Cotta.

Greenson, R. (1968). Dis-identifying from mother: Its special importance for the boy. International Journal of Psychoanalysis, 49, 370–374.

Herzog, J. M. (1982). On father hunger: The father's role in the modulation of aggressive drive and fantasy. In S. H. Cath, A. Gurwitt, J. M. Ross (Hrsg.), Father and child. Boston MA: Little, Brown & Co.

Hopf, H. (2014). Die Psychoanalyse des Jungen. Stuttgart: Klett-Cotta.

Hüther, G. (2009). Männer – Das schwache Geschlecht und sein Gehirn. Göttingen: Vandenhoeck & Ruprecht.

Laufer, M. (1980). Zentrale Onaniephantasie, definitive Sexualorganisation und Adoleszenz. Psyche – Zeitschrift für Psychoanalyse, 34, 365–384.

Stierlin, H. (1974). Eltern und Kinder, Erweiterte Ausgabe 1980. Frankfurt a. M.: suhrkamp taschenbuch.

Stoller, R. (1968). Sex and gender, Vol. 1: The development of masculinity and femininity. London: Hogart Press.

Tönnies, S. (2009). Männer zu Vätern. In Frankfurter Allgemeine Sonntagszeitung, 30. August 2009, Nr. 35, S. 11.

Tyson, P. (1991): Männliche Geschlechtsidentität und ihre Wurzeln in der frühkindlichen Entwicklung. In R. M. Friedman, L. Lerner (Hrsg.), Zur Psychoanalyse des Mannes (S. 1–20). Berlin, Heidelberg, New York: Springer.

Matthias Franz

Was macht den männlichen Rollenkäfig so stabil?

Warum halten Menschen und vielleicht besonders Männer ein Leben lang an Verhaltensmustern fest, auch wenn sie ihnen schaden und sie krank machen? Welche unbewussten Hoffnungen und Befürchtungen bewirken diese Treue zum Schlechten manchmal bis in den frühen Tod? In der Medizin und besonders in der Psychosomatischen Medizin arbeiten Ärzte und Therapeutinnen jeden Tag mit Patienten, die anscheinend lieber an Krankheit oder Suchtmitteln festhalten, als das Wagnis auf sich zu nehmen, die dahinter bestehenden kindlichen Gefühle von Angst, Wut und Trauer und die dazugehörigen beschädigten Bindungs- und Triebwünsche noch einmal bewusst zu spüren, zu verarbeiten und auch die dafür notwendige therapeutische Abhängigkeitsbeziehung einzugehen.

Das Bedingungsgefüge aus unbewusster kindlicher Loyalität zu den enttäuschenden oder gar zerstörerischen Elternbildern, die trotz allem weiterhin auf sie gerichteten Hoffnungen, die dadurch beeinträchtigte affektive und intellektuelle Fähigkeit zur kritischen Sicht auf das Gewesene bedingen eine andauernde Konflikthaftigkeit im Umgang mit sich und anderen. Sigmund Freud prägte hierfür den Begriff des neurotischen Wiederholungszwanges und machte die »Klebrigkeit der Libido« verantwortlich, eine Vorstellung, die wir heute aus bindungstheoretischer Sicht leicht übersetzen können.

Psychosomatische Symptome stellen insofern sowohl Relikte als auch Reparaturversuche dar. Sie fungieren als affektive Codes, die wir im Hinblick auf die Konflikte und Traumata in den Primärbeziehungen unserer Patienten und Patientinnen auch in der Übertragungsbeziehung wiedererleben und deren frühere regulative Sinnhaftigkeit und heutige Vergeblichkeit wir schließlich trauernd anzuerkennen haben. Auch die zerstörerischen Aspekte der Männerrolle könnte man als eine Art kollektive psychosomatische Erkrankung ansehen. Bis heute erscheint beispielsweise das klaglose und wiederholende Eingehen und Ertragen von lebensverkürzenden Gesundheitsrisiken als konsensfähiger Kernaspekt männlichen Rollenverhaltens. Es fällt – trotz schlechterer Gesundheit – Männern oft schwer, achtsam mit ihrem Körper umzugehen, Schwächen und emotionale Bedürfnisse offen zu äußern oder die mit Hilfe immer auch verbundene Abhängigkeit zu ertragen (Weißbach u. Stiehler, 2013).

Dies geschieht aus individuellen Abwehrmotiven und aufgrund destruktiver Rollenbilder, welche der ständigen Absicherung der männlichen Identität auch auf Kosten der Gesundheit dienen. Männer sind deshalb auch als Hilfe suchende Patienten in unseren psychotherapeutischen Praxen und Kliniken seltener als Frauen. Heißt das auch, dass sie gesünder sind? Mitnichten. Kurz und prägnant: Frauen leiden, Männer sterben.

Männer rauchen immer noch mehr, sterben fünfmal häufiger als Frauen den frühen Herztod, sie gehen seltener zur Krebsvorsorge, sie haben die gefährlicheren Jobs. Und sie sterben häufiger an Unfällen und Gewaltfolgen. Ihre Lebenserwartung ist deshalb im Vergleich zu Frauen um fünf Jahre reduziert. Das Desinteresse an diesen Verhältnissen grenzt an kollektive Empathielosigkeit. Es fehlt an Angeboten und Programmen, die mit wahrnehmbarer Wertschätzung auch männer- und jungenspezifische Bedarfslagen aufgreifen. Aber Männer machen sich auch selbst noch nicht ausreichend bemerkbar. Allerdings, wenn es (oder er) richtig gebrannt hat, wagen sich in letzter Zeit unter dem selbstwertprotektiven Coverlabel »Burn-out« nun doch vermehrt auch Männer hervor und suchen psychotherapeutische Hilfe. Hintergrund ihrer oft schweren Krankheitszustände sind arbeitsweltliche Belastungen, aber auch familiäre Konflikte, emotionale Einsamkeit oder Trennungsfolgen. Die meisten psychotherapeutischen Behandlungsangebote richten sich jedoch an Patientinnen, und auch das allgemeinärztliche Gespräch geht häufig an den seelischen Botschaften und sozialen Bedarfslagen von Patienten vorbei (Sieverding u. Kendel, 2012). Es fehlen noch immer die psychosomatischen und psychotherapeutischen Angebote, welche den Bedürfnissen von Männern gerecht werden. Warum ist das alles so? Welches sind die entwicklungspsychologischen und psychohistorischen Ursachen, die bis heute einen empathisch-wertschätzenden Blick auf die innere Verfassung und die Bedürftigkeit von Männern erschweren und die bewirken, dass der krank machende männliche Rollenkäfig auch heute noch so stabil ist?

Wenden wir uns zunächst der Entwicklung der männlichen Identität zu. Erste Identitätskerne erwirbt jedes Baby im affektregulierten responsiven Austausch mit seinen Eltern. Die auf das eigene Selbst bezogene Identität des Erwachsenen beruht auf der Verinnerlichung bedürfnisgerecht regulativer Beziehungserfahrungen und den zugehörigen Affektzuständen. Die mit affektiv dysregulierten Spannungszuständen verbundene reaktive Anpassung des Kindes an neurotische Bedürfnisse oder Ängste seiner Eltern kann hingegen zu einer Scheinidentität führen, die der Kinderarzt und Psychoanalytiker Winnicott (1964) als falsches Selbst bezeichnet hat. An der klinischen Verhaltensoberfläche kann ein falsches Selbst zum Beispiel als ein unsicheres Bindungsmuster erscheinen. »Muss ich meinen schwierigen Eltern ein Leben lang gleichen, ohne es bemerken zu dürfen, oder habe ich dank ihrer empathischen Wahrnehmung und Regulation meiner Affekte und Bedürfnisse – oder vielleicht auch dank meines Psychoanalytikers – die innere Freiheit, mit mir identisch zu sein und selbst die Verantwortung und innere Urheberschaft für meine Gedanken, mein Handeln, ja sogar für meine Gefühle und Träume zu übernehmen?«

Von den Problemen, die von diesen Fragen und Zusammenhängen ausgehen können, scheint das männliche Geschlecht in besonderer Weise betroffen zu sein. Das Männliche ist von Geburt an das immer schon andere, das von Beginn an infrage stehende, das strukturell krisenhafte Geschlecht. Das für seine Zeit durchaus fortschrittliche patriarchalische Geburtsmärchen von der Rippe, aus der Adam seine Eva gebar, wirkt heute wie ein Dokument rührenden Wunschdenkens. Die knöcherne Rippenflanke als Gebärmutter? Eine solche Verleugnung der Tatsachen kann ohne göttliche Intervention und ein starkes Glaubensbedürfnis nicht funktionieren. Es ist doch genau andersherum. Männer werden von Frauen geboren und satt gesäugt. Sie bleiben ein Leben lang von Frauen abhängig. Werden sie von ihnen abgelehnt, sterben sie schon als Jungen, gehen sie ohne Frauen durchs Leben, sinkt ihre Lebenserwartung. Dies ohne Angst zu ertragen, ist nicht immer ganz einfach. Männlicher Gebärneid – wenn es ihn denn gibt – ist wohl eigentlich eine Abwehr der Angst, die es Männern bereitet, nicht von einem Mann geboren worden zu sein.

Der salvierende Wunsch, als Mann von einem Mann geboren zu werden, soll diese Ängste mindern. Er ist Ausgangspunkt zahlreicher männlicher Initiationsriten. Nicht nur Psychoanalytiker, sondern auch feministische Sozialpsychologinnen und -psychologen wie Regina Becker-Schmidt und Rolf Pohl sehen »in der Tatsache der frühen Abhängigkeit von der Mutter, und damit vom anderen Geschlecht, eine [...] Hauptquelle der männlichen Unsicherheit und der kompensatorischen Versuche ihrer Überwindung« (Pohl, 2010). Sie regen an, bei der Suche nach den Wurzeln männlicher Identität auch die unbewussten Dimensionen des Männlichkeitsdilemmas zu berücksichtigen.

Das männliche Geschlecht stellt nun bekanntlich von Anfang an das in psychologischer und gesundheitlicher Hinsicht sowie hinsichtlich der Entwicklung von Problemverhalten gefährdetere Geschlecht dar. Es ist das primär differente, erklärungsbedürftige, das bleibend unfertige Geschlecht, das zwischen forcierter Autonomie und abgewehrter Abhängigkeit von der Mutter schwankende, das immer wieder zwischen Aufbruch und Bedürftigkeit suchende und scheiternde, sich mit seinen technologischen Erfindungen andauernd selbst neu gebärende Geschlecht.

Loyalität bis zur Selbstschädigung in der Hoffnung auf männliche Anerkennung durch idealisierte Vaterfiguren oder männliche Autoritäten stellt deshalb eine zentrale identitätsstabilisierende Operation für viele Männer dar. Besonders in hierarchischen Organisationen lässt sich die Sehnsucht vieler Männer nach Bestätigung ihrer verunsicherten Männlichkeit beobachten, diese Sehnsucht bringt derartige Organisationen auch hervor (Rieger-Ladich, 2009). Ein knappes, wortloses Nicken markiert ein nur zwischen Männern spürbares, verschwiegenes Einverständnis. Ein harter, aber anerkennender Blick, das Wissen um die einsam gemeinsam erlittenen Gefahren und Strapazen, denen man getrotzt, die man überwunden hat: »Gut gemacht. Du bist ein echter Kerl, einer von uns.« Dafür tun auch heute noch viele Männer fast alles und oft mehr, als ihnen guttut. Für diese unter Männern vor dem Hintergrund gleicher Bedürftigkeit stillschweigend getroffene Übereinkunft bedarf es keiner Worte, es herrscht ein verschwiegener Konsens, in den Frauen keinen beschämenden Einblick nehmen sollen.

Der männliche Rollenkäfig, hypermaskuline Codes, Männerbünde, Uniformen, verletzende Rituale oder bestimmte Formen gruppaler Gewalt fungieren auch als kulturelle Reaktionsbildungen, die der Festigung männlicher Identität dienen sollen. Auch der regelmäßig weltweit gefeierte Fußballkult stellt eine hochfunktionale Plattform männlicher Identitätsversicherung dar (Bakhit, 2014). In der Tat: Beim Fußball sind aggressive Exploration und kompetitives Jagd- und Territorialverhalten unschwer als Organisatoren männlicher Identität zu erkennen. Es wird bei diesem Spiel zwar nicht mehr ein ganzes Tier von zwei konkurrierenden Stämmen gejagt und geschossen, aber doch ein Teil seines Fells. Und die erfolgreichsten Jäger, man spricht hier ja auch bezeichnenderweise von Torjägern, bekommen den größten Teil der Beute und zu allem Überfluss auch noch die hübschesten Frauen. Übrigens zeigen Männer bei diesem Jagdspiel völlig unverstellt, dass auch sie über das volle Spektrum aller Affekte verfügen und keineswegs emotionale Analphabeten sind (vgl. hierzu auch Franz et al., 2008).

Die zentrale Leistung nicht für den Fußball, sondern für die Arterhaltung wird jedoch von den Frauen erbracht. Die in Zeiten der Urhorde vielleicht einmal notwendige männliche Verhaltensprogrammatik aus aggressiver Exploration, Jagd, territorialer Sicherung und Zeugung möglichst vieler Nachkommen rechtfertigt angesichts industrieller Wertschöpfung und Samenbanken aus heutiger Sicht eigentlich nicht mehr so recht die Existenz eines weiteren Geschlechtes, dessen archaisch-destruktive Entgleisungen zudem immer wieder für großes Leid sorgen. Die beklommene und verstörende Frage lautet: Wozu gibt es Männer eigentlich noch, wenn die Zukunft sowieso weiblich ist, und wann ist der Mann ein Mann? Diese die Männer wie ein Schatten begleitende, immer wieder neu gestellte Frage nach der eigenen Identität verweist auf eine unauflösbare Verunsicherung, die in dem bekannten Lied von Herbert Grönemeyer ihren auch noch im Falsett gesungenen populären Ausdruck gefunden hat.

Entwicklungspsychologische Aspekte

Drei grundlegende Aspekte der kindlichen Entwicklung möchte ich als Ursachen der strukturell instabilen männlichen Identität hervorheben. *Erstens* die in besonderer Weise vermittelte primäre Differenz von mütterlichem Objekt und männlichem Säugling, *zweitens* die durch wiederholte Brüche in den frühen Beziehungen kompliziertere psychosexuelle Entwicklung des Jungen und *drittens* die Kastrationsangst. Diese mächtigen Organisatoren der männlichen Entwicklung bewirken eine angstgetriebene Bedürftigkeit auch des erwachsenen Mannes nach Anerkennung, Absicherung und Wertschätzung seiner Männlichkeit und eine damit einhergehende Anfälligkeit, sich diese durch Loyalität innerhalb männlich dominierter Hierarchien zu verdienen. Identität gegen Loyalität lautet das Versprechen dieses nicht selten krank machenden Handels.

Zunächst also zur primären Differenzerfahrung, die aufgrund der sexuellen Demarkation des Jungen innerhalb der frühen Beziehung zur Mutter und der auch hierdurch forcierteren Separation eine besondere Qualität besitzt. Beim Mädchen sind primäre Bindungsperson und sexuelles Rollenvorbild identisch. Es empfängt Selbstwert, Bindungssicherheit und sexuelle Identität gewissermaßen aus einer Hand, was auch eigene Probleme mit sich bringt. Die Identitätsentwicklung des Jungen ist komplexer. Die Gestaltung der primären Differenz in der frühen Mutter-Kind-Beziehung erfolgt aufgrund der Kontamination der affektverarbeitenden Spiegelung des Babys durch das sexuelle Unbewusste der Mutter beim Jungen tiefgreifender. Ich beziehe mich hier auf die durch Laplanche zur allgemeinen Verführungstheorie erweiterte freudsche Traumatheorie der Neurosen (Laplanche, 2004). Es geht Laplanche dabei diesseits neurotisierender Prozesse um die fundamentale anthropologische Grundsituation, in der eine mit einem genital-sexuellen Unbewussten und entsprechenden triebhaften Phantasien ausgestattete erwachsene Mutter in affektresonanter Spiegelbeziehung zu einem weitgehend abhängigen und sexuell unreifen Säugling steht.

In dieser asymmetrischen Situation gibt es keine Grenzen, keine Wahrnehmungsfilter, keine eigenen Abwehrmöglichkeiten für den

Säugling. Er verfügt noch über keine Möglichkeit, Ängstigendes oder – was für ihn dasselbe ist – Fremdes zu verarbeiten. Das immer auch sexuelle Unbewusste der Mutter infiltriert so seinen Wahrnehmungsapparat mit für ihn unverständlichen und unverdaulichen – originär eigentlich inzestuösen – Wahrnehmungssplittern, die den Spiegelfluss der affektgesteuerten Abstimmung mit der Mutter in irritierender Weise zum Stocken bringen können, weil der verarbeitende Apparat der Mutter selbst mit vom Baby nicht verstehbaren Botschaften kontaminiert ist. Die Milch enthält quasi plötzlich unverdauliche Klumpen, an denen sich der Säugling verschlucken kann. Bion hat diese sensorischen, nicht mit Affekten oder Bedürfnissen des Säuglings verknüpften Fremdkörper mit kongenialer Unverständlichkeit als Beta-Elemente bezeichnet (Bion, 1962). Diese frühe Kontamination der Identitätsentwicklung durch das sexuelle Unbewusste der Mutter steht im Fall des Jungen nun von Anfang an unter dem besonderen Einfluss des ständig präsenten Geschlechtsunterschiedes zwischen Mutter und Sohn.

Kaum eine Frage beschäftigt werdende Eltern so stark wie die nach dem Geschlecht ihres Kindes (Kooper et al., 2012). Die Andersartigkeit ihres neugeborenen Jungen wird von manchen Müttern so stark im Sinne eines Verlustes erlebt, dass sie zum Ausgangspunkt einer Depression werden kann. Andererseits fanden sich in der Forschung Hinweise darauf, dass der erstgeborene Sohn von vielen Eltern stärker begrüßt wird als eine Tochter (Cowan, Cowan Pape u. Kerig, 1993; Oakley, 1981). Die sexuelle Verschiedenheit zwischen Mutter und Baby verleiht dem Getrenntsein vom Primärobjekt eine besondere Qualität. Wie ein Stein, der ins Wasser geworfen wird und Kreise zieht, ist die Männlichkeit des Babys durch seine grundsätzliche Andersartigkeit Ausgangspunkt auch unbewusster sexueller Phantasien und daran geknüpfter Integrationsbemühungen der Mutter.

Diese Bemühungen können die Fluidität der affektiven Abstimmung verändern, sodass das Jungenbaby vermehrter regulativer Bestätigung und Versicherung bedarf. In Anlehnung an Bion (1962) lässt sich formulieren, dass die verarbeitende Alpha-Funktion, mit der die Mutter die vom Kind in sie (re)projizierten Beta-Elemente annimmt, hält und entgiftet, durch deren sexuelles Unbewusstes kompromittiert wird.[1] Der Blick der Mutter auf ihren Jungen kann so beispielsweise mit eigener narzisstischer oder ödipal-libidinöser Freude über dessen idealisierte Männlichkeit, aber auch mit eigenem Ekel vor dessen zudringlich erlebter Phallizität kontaminiert sein (Hirsch, 2011). Hier könnte dann bereits ein präödipaler Ausgangspunkt späterer Kastrationsängste angelegt werden (Tyson u. Tyson, 2001, S. 290).

Das Jungenbaby spürt die obligatorischen sexuellen Kontaminationen des Spiegelungsvorganges in Form einer nicht mehr laminaren Fluidität, da die Mutter in der identifikatorischen Regulation ihres Babys gleichzeitig auch dessen Verschiedenheit repräsentieren und verarbeiten muss und so beispielsweise beschämter oder narzisstisch bedürftiger und dann latent befangener spiegelt als bei einem Mädchen. Mit diesem kann sie sich eher verbünden und identisch phantasieren. So enthält der Spiegelprozess im Erleben des männlichen Säuglings die irritierende Komponente der von der Mutter wahrgenommenen Unterschiedlichkeit und ihrer daran geknüpften unbewussten sexuellen Phantasien. Dies mag auch ein Grund für die frühe explorative Außenorientierung des Jungen sein.

Heribert Blaß erwähnt in seinem vorangehenden Beitrag ein Fallbeispiel von Dammasch (Dammasch u. Quindeau, 2014, S. 26), das diese Zusammenhänge gut verdeutlicht: Eine Mutter berichtet über ihren jetzt dreijährigen angeblich unruhigen Sohn: »Er war sechs Monate, ein halbes Jahr alt, da hat er schon Frauen nachgeschaut und ihnen schöne Augen gemacht.« Blaß führt aus, dass »diese Mutter […] offenkundig ihr eigenes [sexuelles], von heterosexueller Stärke geprägtes Männerbild auf den Sohn projiziert [hatte], was sie einerseits stolz machte, aber andererseits zu dauerndem Kontrollverhalten veranlasste, sodass ihr Sohn kaum zur Ruhe kommen konnte.«

Aus Beobachtungsstudien ist bekannt, dass im ersten Halbjahr nach der Geburt Jungen tendenziell stärker körpernah motorisch

---

1 Brunner (2011) schreibt zu diesem Vorgang: »Der […] dargelegte intergenerationelle Prozess der ›Verführung‹ und Übersetzung, über den sich das Subjekt konstituiert, ist immer ein konfliktuöser, weil das, was vom Kind in und an die Pflegepersonen ausgestoßen wird, immer auch zu Teilen das von diesen Verdrängte ist, das zuvor mit den rätselhaften Botschaften in das Kind implantiert wurde« (S. 49).

stimuliert werden als Mädchen. Ab der zweiten Hälfte des ersten bis zum Ende des zweiten Lebensjahres stimulieren Mütter ihre männlichen Babys dann aber eher explorationsanregend über akustische und visuelle Distanzsignale, während sie ihre Mädchen eher körpernah stimulieren (Keller, 1979; Lewis, 1977). Diese frühen Trennungstendenzen wiederholen und verstärken sich in der identifikatorischen Hinwendung des Jungen zum Vater aufgrund der hierfür nötigen früheren Trennung von der Mutter, um sich später von ihm ab- und wiederum der ödipalen Mutter zuzuwenden.

Die frühere Demarkation innerhalb der Dyade, die hierdurch forciertere frühe Separation und der zum Identitätserwerb nötige mehrfache Wechsel zwischen Mutter und Vater bergen besondere Risiken für den Jungen. Sie verkomplizieren seine Entwicklung, machen sie störanfälliger und können so Identitätsbrüche bewirken. Schon Greenson (1982) beschrieb bei einem Misslingen der frühen Separation von der Mutter als Lösungsversuche die feminine Anpassung des Jungen oder die Entwicklung einer übertrieben männlichen Scheinidentität. Dammasch (2000) mildert diese Sichtweise durch seinen Hinweis auf die Möglichkeit einer frühen phantasmatischen Triangulierung des kleinen Jungen. Dieser kann im günstigen Fall sogar bei realer Abwesenheit des Vaters im Inneren seiner Mutter ein positives Bild von deren eigenem Vater oder von dem von der Mutter begehrten Vater des Kindes auffinden. Mit diesem Bild kann er sich identifizieren. Das im Unbewussten der Mutter repräsentierte libidinöse Vater- und Männerbild stellt für den Jungen eine erste Wertschätzung der eigenen Männlichkeit und so etwas wie ein Startsignal für lustvolle Exploration dar. Von Klitzing (2002) hat in seinem Konzept der triadischen Kompetenz der Eltern empirische Nachweise für derartige Zusammenhänge erbringen können.

Zweifel und Fragen begleiten den schwierigen Weg des Jungen: »Wenn ich schon nicht bei der Mutter bleiben kann, wird sie mich loslassen und werde ich beim Vater finden, was mir die Mutter nicht vollständig geben konnte? Wenn ich es bei ihm gefunden habe, wird meine Mutter es dann auch an mir lieben und wenn sie es an mir liebt, wird Vater es mir dann auch lassen?«

Die männliche Verunsicherung wiederholt sich ein drittes Mal in der mit frühen Verlustängsten unterlegten Kastrationsangst des ödipalen Jungen, jetzt aber auf einem sexuell dynamisierten Niveau. Die Kastrationsangst des Jungen wie des Mannes ist möglicherweise die stärkste Angst, die Männer überhaupt empfinden können. Mit der impliziten Thematisierung dieser Angst lassen sich Jungen und Männer daher sehr effektiv manipulieren. Die Kastrationsangst wird, gerade weil sie so schwer zu ertragen ist und eine reflexhafte Wahrnehmungshemmung erzeugt, weithin unterschätzt. Wir beobachten das klinisch beispielsweise in der psychoonkologischen Behandlung von Patienten mit Hoden- oder Prostatakarzinomen. Nach Diagnosemitteilung entwickeln diese Männer sehr häufig Suizidphantasien (Fall et al., 2009), werden in der Regel aber nicht danach gefragt oder entsprechend unterstützt. Auch Ärzte haben manchmal Angst.

Ein weiteres Beispiel für die auf die Kastrationsangst bezogene Wahrnehmungshemmung und den damit verbundenen Verlust an faktenbasierter Diskursfähigkeit stellt der schwer erträgliche Umgang mit den rituellen Verletzungen kindlicher Genitalien im Rahmen der in Deutschland geführten öffentlichen Debatte um die rituelle Jungenbeschneidung dar (Franz, 2014). Trotz aller behaupteter Aufgeklärtheit der beteiligten Entscheidungsträger war es möglich, dass religiöse Phantasiesysteme im Verein mit patriarchalischen Machtansprüchen und nicht etwa medizinische Fakten oder die UN-Kinderrechtskonvention den politischen Entscheidungsprozess in Richtung der gesetzlichen Erlaubnis der medizinisch nicht indizierten Genitalbeschneidung bei kleinen Jungen beeinflussten.

Die männliche Kastrationsangst mag auch evolutionsbiologisch begründbar sein, da die außen befindlichen, stets gefährdeten männlichen Genitalien zur Arterhaltung in ganz besonderer Weise geschützt werden müssen. Frauen fällt es leichter, die enorme Wucht der männlichen Kastrationsangst nachzufühlen, wenn sie sich ein weibliches Pendant vergegenwärtigen: eine konstant ausbleibende Schwangerschaft bei intensivem Kinderwunsch.

Die stets gefährdete männliche Geschlechtsidentität ist also in besonderer Weise absicherungsbedürftig. Und das macht Männer so abhängig von der Bestätigung ihrer Männlichkeit durch Väter – oder wenn diese fehlen, durch idealisierte männliche Autoritäten. Ihnen ordnen sie sich oft unter großen Opfern unter und kämpfen um deren Anerkennung und Wertschätzung. Spürbar wird das, wenn Männer in Psychotherapien über ihre vergeblich auf den (abwesenden) Vater und dessen Anerkennung gerichteten kindlichen Wünsche sprechen. Selten sind Männer emotional so tief berührt wie dann. Männliche Identität durch Loyalität gegenüber idealisierten oder ersehnten Vätern als Schutz vor den Irritationen in der differenten Abhängigkeitsbeziehung vom Primärobjekt ist wie erwähnt die Geschäftsgrundlage in vielen männlich-hierarchischen Organisationen, zuweilen auch bei Angehörigen von Uniformberufen (Rieger-Ladich, 2009). Wir fanden empirische Hinweise auf solche Zusammenhänge in einer Studie an psychosomatisch erkrankten Feuerwehrleuten (Franz et al., 2005): In einer Feuerwehr-Leitstelle erkrankten in kurzer Zeit zahlreiche Mitarbeiter an Tinnitus. Dies führte zu einer so bedrohlichen Entwicklung, dass die Funktionsfähigkeit der Feuerwehr einer Großstadt infrage gestellt war. Die tiefenpsychologischen Interviews ergaben bei allen erkrankten Feuerwehrleuten eine durch Versagen des Vorgesetzten reaktualisierte konflikthafte Beziehung zum Vater oder gar dessen gänzliches Fehlen. Die Identifizierung mit dem phallisch-maskulinen Traditionsberuf des Feuerwehr-Mannes und die auf einen idealisierten Chef projizierten Jungenwünsche einer verunsicherten Peergroup uniformierter Brüder dienten der sekundären Festigung der verunsicherten männlichen Identität. Auslösend für den kollektiv auftretenden Tinnitus war, dass der zuvor idealisierte Vorgesetzte die Männlichkeit seiner Untergebenen in einer kritischen Belastungssituation zynisch infrage gestellt hatte. Das Loyalitätsmodell scheiterte also genau in dem Moment, in dem der Ersatzvater seinen Söhnen die Anerkennung ihrer Männlichkeit verweigerte und sie im Umgang mit hohen Belastungen nicht stützte, sondern als unmännlich kritisierte.

Psychohistorische Einflüsse

Zu diesen der männlichen Identitätsentwicklung aus psychoanalytischer und entwicklungspsychologischer Sicht innewohnenden Verunsicherungen treten nun gerade in Deutschland weitere psychohistorische Problemlagen, welche die Entwicklung einer sicheren männlichen Identität zusätzlich infrage stellen und erschweren. Dies möchte ich nun im Weiteren ausführen.

Seit etwa 200 Jahren etablierte sich in Mitteleuropa im Zuge der nationalstaatlichen Militarisierung und Industrialisierung eine Kultur der männlichen Zurichtung durch obligatorische frühe Gewalt- und Entwertungserfahrungen, Abhärtung und Gefühlsferne. Dieser Prozess wurde beklemmend eingefangen beispielsweise in Musils Roman »Die Verwirrungen des Zöglings Törleß« oder in Hanekes Film »Das weiße Band«. Er mündete in eine männliche Sozialisation, welche die rücksichtslose Verwendbarkeit der uniformierten Männer als Menschenmaterial im Krieg (Funck, 2002) und als Humankapital in der Produktion sicherstellte und ein maschinenhaftes männliches Selbstbild bewirkte. Bis heute übt der metallische Markenkern dieses Männerbildes – die homophobe schweigsame Härte gegen sich und andere – noch tektonischen Druck aus. Die Befürchtung vieler Jungen und Männer, als Weichei, Warmduscher oder – vielleicht am schlimmsten? – als Frauenversteher geoutet zu werden, ist bis heute Ausdruck tiefgreifender männlicher Verunsicherung und der Abwehr zärtlicher Bindungswünsche, die im männlichen Rollenkäfig abgesperrt bleiben sollen.

Dazu werden seit etwa hundert Jahren die Identitätskerne vieler Jungen und Männer von vergifteten Vaterbildern bestimmt. Vier deutsche Vätergenerationen haben zu einer Entwertung des Vaters beigetragen, an der wir bis heute leiden. Da ist zunächst die patriarchalisch-wilhelminische Vaterautorität, die den Kulminationspunkt männlicher Identität auf dem Feld der Ehre im Töten oder Sterben für das Vaterland phantasierte. Das eingepanzerte Männerbild dieser Zeit schilderte die Wiener Feministin Rosa Mayreder (1905): »Männlich zu sein, männlich so sehr als möglich, unbedingt, ungemischt männlich, das gilt ihnen [den Männern] als Auszeichnung. Sie sind unempfindlich für das Brutale oder Niedrige oder Verkehrte einer Handlung, wenn sie mit dem traditionellen Kanon der Männlichkeit übereinstimmt.« Es folgt die Generation der nationalsozialistischen Vernichtungsväter, die als Täter wie als Opfer von den Söhnen nicht ohne Verwundungen verinnerlicht werden konnten, anschließend der tote Vater der Nachkriegszeit und schließlich der heutige, nach elterlicher Trennung abwesende Vater. Diese Jahrhundertgenealogie unseres Vaterbildes ist eine transgenerational weitergegebene Last, welche die Identitätsbildung vieler Jungen und Männer bis heute beschwert (Franz, 2011; Radebold, 2000, 2004). Die von erwachsenen Männern vergeblich auf diese Väter gerichteten Wünsche nach Anerkennung und väterlicher Wertschätzung sind in oft erschütternder Weise Ursache seelischen Leids und Thema in vielen psychotherapeutischen Behandlungen. Die leidvolle biografische Fernwirkung des kriegsbedingt abwesenden Vaters auf die Entwicklung der betroffenen Kinder konnten wir in epidemiologischen Studien noch Mitte der 1990er Jahre erstmals in Deutschland nachweisen (Franz, Lieberz, Schmitz u. Schepank, 1999; Franz, Hardt u. Brähler, 2007). Noch fünfzig, ja sogar noch sechzig Jahre nach dem Ende des Zweiten Weltkriegs zeigten die vaterlos aufgewachsenen Kriegskinder eine signifikant höhere psychische Beeinträchtigung als die ehemaligen Kriegskinder, welche in der Kindheit mit ihrem Vater zusammenlebten.

Im Gefolge dieser kollektiv traumatischen historischen Kompromittierung des Vater- und Männerbildes durch den Krieg und die nationalsozialistische Gewaltherrschaft ist nun seit etwa fünfzig Jahren das Männliche einer spürbaren Schwächung, ja Geringschätzung ausgesetzt (vgl. Hollstein, 2012, 2013). Die frühfeministischen Beiträge zur aggressiven Entwertung des Männerbildes inklusive der bis heute noch erfolgenden einseitigen, jedoch kontrafaktischen (Schlack, Rüdel, Karger u. Hölling, 2013) Zuschreibung von Gewalt an die Adresse der Männer werden dabei verständlicher, wenn man sich an die epochale, bis in die 1970er Jahre andauernde aktive Unterdrückung der Frau und die tiefe Enttäuschung über die nach dem Zweiten Weltkrieg völlig diskreditierten männlichen Autoritäten erinnert.

Allenthalben wird aber auch heute noch ein Negativbild vom Mann entworfen. Schon als Junge ist er das Problemgeschlecht: hyperaktiv, aggressiv, impulsiv, in weiblich dominierten Kitas und Schulen schwer erziehbar und folglich der künftige Bildungsverlierer. So verschreiben wir allein in Deutschland fast zwei Tonnen Methylphenidat pro Jahr vorwiegend für die Gehirne oft unverstandener Jungen – kein besonders intelligentes Frühförderprogramm für Jungen. Marianne Leuzinger-Bohleber weist in ihrem Beitrag in diesem Band auf die Leitlinie zur psychodynamischen Behandlung von ADHS-Kindern hin, die angesichts der positiven Effekte auch psychoanalytischer Behandlungsangebote eine Alternative zu einer Dauermedikation eröffnen könnte (Borowski et al., 2010). In ihrem Buch »The War Against Boys« schilderte Christina Hoff Sommers (2000) bereits vor über zehn Jahren die zunehmend pathologisierende Sichtweise auf normales Jungenverhalten, die von einigen Pharmaunternehmen mittlerweile zum Geschäftsmodell ausgebaut wurde: »We have turned against boys and forgotten a simple truth: the energy, competitiveness, and corporal daring of normal males are responsible for much of what is right in the world. No one denies that boys aggressive tendencies must be mitigated and channeled toward constructive ends. Boys need (and crave) discipline, respect, and moral guidance. Boys need love and tolerant understanding. But being a boy is not a social disease.«

Als erwachsener Mann taucht er dann in der medialen Öffentlichkeit als stereotyper Gewalttäter, machtbesessener Unterdrücker, Empathieversager, Modernisierungsverlierer, emotionaler Analphabet, narzisstischer Gockel, gewissenloser Karrierist oder zurückgebliebener, radikalisierungsanfälliger Trottel auf. Im Gegensatz zu einem reichen Kanon positiver weiblicher Eigenschaften sind positive männliche Eigenschaften heute kaum noch benennbar. Was empfinden eigentlich kleine Jungen, wenn sie derartige entwertende Dauerbotschaften aus den Medien entgegenzunehmen haben?

Zur allgegenwärtigen Entwertung des Mannes schrieb Christoph Kucklick (2012) in der »Zeit« aus kulturhistorischer Sicht über das »verteufelte Geschlecht«. Er beschreibt, wie wir gelernt haben, alles Männliche zu verachten. Und warum das auch den Frauen schadet. Den seit 200 Jahren tobenden Entwertungskampf gegen den »triebhaft-bösen Mann« versteht er als säkularen Deutungsversuch, mit dem das Böse in der gottlosen Moderne dingfest und bekämpfbar gemacht werden soll. Umgekehrt wirft beispielsweise Rolf Pohl Teilen der sich sammelnden Männerbewegung vor, einen larmoyant-aggressiven antifeministischen Feldzug gegen die Frauen zu führen. Die Frau würde so im Gefolge einer konservativen maskulinistischen Familienideologie als am Elend der Männer eigentlich Schuldige zur Projektionsfigur, die der Abwehr eigener diffuser Ängste vor der verleugneten marktliberalen Modernisierungskrise diene (Pohl, 2010). Vermutlich ist diese aufgeregte Jagd auf den bösen Mann oder die schuldige Frau für die Ablenkung von wirklich wichtigen Themen tatsächlich sehr nützlich.

Der zuweilen aber doch empathielosen Generalentwertung von Männern stehen aktuell nun auch noch erstaunliche Anforderungskataloge gegenüber, die in ihrer unrealistischen Anspruchlichkeit an eine projektive Idealisierung mit Abwehrfunktion denken lassen. Gesucht – und nach den vorangegangenen Enttäuschungen offenbar schmerzlich vermisst – wird seit etwa zwanzig Jahren der vollempathische Partner – bei Bedarf auch gern mit starker Schulter zum heimlichen Anlehnen. Gefordert wird der kooperative, auch nach einem ganzen Arbeitstag[2] emotional entspannte Vater – aber auch der kompetitive, konfliktfähige, beruflich erfolgreiche Mann, ein echter Kerl, der auch mal was durchstehen kann und weiß, was er, aber auch sie will. Und gefragt ist sogar auch schon wieder der soldatische Mann, der in weltweiten Auslandseinsätzen angeblich für unsere Interessen kämpft, möglichst ohne dabei allzu viel Aufhebens zu machen[3], und, wenn nötig, tapfer stirbt. »Bitte schön lächeln, aber nicht schwächeln!« könnte das Motto dieses idealisierten Männerbildes lauten, das im Übrigen auch von weiblicher Seite mit subtilen Beiträgen stabilisiert wird. Davon später mehr.

Die zunehmende und krank machende Dysfunktionalität des traditionellen männlichen Rollenkäfigs und das enorme Anforderungsspektrum an das Idol des omnipotenten Faktotums, des Alleskönners, verunsichern heute viele Männer zusätzlich. Wie sollen sie unter diesen Bedingungen den krank machenden Rollenpanzer verlassen, sich neu erproben und finden? Wie sollen sie sich angstfrei einer kompetitiven Informationsgesellschaft stellen, in der der beschleunigte Wechsel kontextabhängiger Identitäten ein Schlüsselkriterium des Erfolges zu sein scheint? Das kann ja nur gelingen, wenn der Mann sich seiner

---

2 Die Vollerwerbsquote von Vätern beträgt in Deutschland derzeit etwa 95 %, bei Müttern beträgt sie im Mittel 25 % bis etwa 30 % bis zu einem Alter der Kinder von 14 Jahren, sie steigt auf 37,3 %, wenn die Kinder zwischen 15 und 17 Jahren alt sind (Keller u. Haustein, 2012). Bei alleinerziehenden Müttern ist die Vollerwerbsquote deutlich höher als bei Müttern in elterlicher Paarbeziehung.

3 Bis heute ist die psychotherapeutische Versorgung traumatisierter Soldaten bei uns nicht ausreichend (Schulte-Herbrüggen u. Heinz, 2012).

Identität und seines Wertes sehr sicher ist und ihm die dafür erforderlichen Freiräume von der Gesellschaft wertschätzend zur Verfügung gestellt werden. Davon ist jedenfalls bislang recht wenig zu spüren.

Die fehlende Wertschätzung und das unbewusste Festhalten am männlichen Rollenkäfig

Die Entwicklung einer emotional kompetenten, verbindlichen und selbstbewussten Männlichkeit wird aber nicht nur durch die störanfälligere frühe Entwicklung des Jungen und den historischen Rollenkäfig behindert. Erschwert wird den Jungen dieser Weg durch das häufige Fehlen der Väter, die ihnen den männlichen Weg nach außen, aber auch in die Welt ihrer Gefühle und den konstruktiven Umgang mit ihrer motorischen Impulsivität zeigen könnten. Jungen leiden unter den Folgen einer konflikthaften elterlichen Trennung und der damit zumeist verbundenen Abwesenheit des (häufig entwerteten) Vaters besonders stark (Franz, 2013). Sehr schwierig wird es für den Jungen, dem nicht nur der Vater fehlt, sondern der außerdem von seiner konflikthaft getrennten Mutter mit einem entwerteten Vaterbild konfrontiert wird. Für den Jungen bedeutet dies einen kaum lösbaren Loyalitätskonflikt. Etwa 10 % aller Trennungen verlaufen Expertenschätzungen zufolge hochstrittig. Besonders in solchen Konstellationen werden dem Jungen die Separation von einem den Dritten ausschließenden Mutterbild und die männliche Identifikation mit dem Vater erschwert, ohne dass er sich in der Dyade wertgeschätzt erleben kann. Emotionale Abhängigkeit wird so als bedrohlich verinnerlicht und abgespalten. Diese Sichtweise ermöglicht ein vertieftes Verständnis der Unfähigkeit vieler vaterlos aufgewachsener Jungen und Männer, Schwäche, Trauer und Passivität in Beziehungen angstfrei zuzulassen und Abhängigkeit als hilfreich zu erleben und für sich zu nutzen.

Ein unspektakuläres, alltagsnahes Beispiel für eine früh wirksame Abwertung passiv-zärtlicher Anteile bei einem kleinen Jungen: Der vierjährige Junge eines Akademikerpaares entwickelt Interesse für Mädchenspielsachen. Er befasst sich hingebungsvoll mit Puppen und Vater-Mutter-Kind-Angelegenheiten. Die Eltern schauen mit angestrengter Liberalität zu, werden schließlich aber unruhig. Nicht, dass man grundsätzlich etwas gegen ein freies Spielen hätte. Aber wie soll der Junge in unserer kalten Leistungsgesellschaft bestehen, wenn er dadurch in eine Außenseiterposition geriete und seine Schulleistungen Schaden nähmen? Eine Therapeutin diagnostiziert bei dem Jungen fortschrittlicherweise ein männliches Identitätsdefizit und beginnt eine Behandlung. Unausgesprochenes Ziel ist es wohl, dem Jungen die Vorzüge eines explorationsorientierten, vermutlich jungentypischen Spielverhaltens zu erschließen. Das gelingt auch. Er passt sich nach einer Weile an, wohl weil er spürt, was seine ängstlichen Eltern brauchen. Anschließend zieht sich der Junge jedoch zurück, wirkt wenig initiativ und still. Nach einer Vorstellung diesmal bei einer analytischen Spieltherapeutin und nach einigen Behandlungsstunden fragt die Therapeutin den Jungen, wer sich denn in der Familie am meisten freue, dass er nicht mehr mit Puppen spiele. Er antwortet leise: die Mama.

Man sieht: »Big boys don't cry« – diese aus dem 19. Jahrhundert auf uns gekommene trostlose Reifungsanforderung an unsere Jungen wirkt untergründig weiter – auch in aufgeklärt wirkenden Familien und wohl auch in Psychotherapien. Das klaglose Eingehen und Ertragen von Härten und Gesundheitsrisiken ist bis heute ein konsensfähiger Kernaspekt der Männerrolle. Ohne Sorge oder gar Bestürzung übergeht die Öffentlichkeit die Gesundheitsrisiken, denen Männer ausgesetzt sind. Schon als Jungen bringen sie sich dreimal häufiger um als Frauen. Wer will das wissen? Aus Angst vor Hilfe und verweiblichender Abhängigkeit gehen Männer seltener zum Arzt. Aber auch die diagnostischen Routinen der Medizin sind blind für ihre seelischen Beschwerden und ihre rollentypisch verzerrten Symptomschilderungen (Sieverding u. Kendel, 2012). Der Unterschichtmann lebt 15 Jahre kürzer als die Oberschichtfrau und zahlt – so er Arbeit hat – zuvor noch für deren Rente ein. So ist das eben. Wir fordern gleichen Lohn für Frauen und Männer – zu Recht! Warum nicht auch gleiche Lebenserwartung für Männer und Frauen? Warum gibt es eigentlich in Parkhäusern nicht auch bewachte Parkplätze für ängstliche Männer? Männer sterben wesentlich häufiger als Frauen an Gewaltfolgen. Es fehlt an Männerärzten, es fehlte jahrelang an einem Männergesundheitsbericht der Bundesregierung und es fehlt auch an männlichen Psychotherapeuten, kurz: Es fehlt an expliziter Wahrnehmung und Wertschätzung von Jungen und Männern.

Ein aktuelles Beispiel für die Gefühllosigkeit gegenüber dem Leid von Jungen und Männern ist auch die Hinnahme und Erlaubnis der rituellen Genitalbeschneidung bei kleinen Jungen durch die Mehrheit des Deutschen Bundestages, wohingegen jede, auch die geringste, rituelle bzw. medizinisch nicht indizierte Verletzung der Intimsphäre bei Mädchen in Deutschland zu Recht als Verbrechen geahndet wird. Es scheint, als gälten Aufklärung, UN-Kinderrechtskonvention und Grundgesetz nicht für kleine Jungen und als hätte man angesichts des Machtanspruchs archaischer religiöser Phantasiesysteme schon wieder vergessen, dass Erwachsene an den Genitalien von Kindern nichts zu suchen haben, dass man Kindern nicht wehtut. Frank Dammasch (2015) führt dazu aus:

»Ist die Motivation der Glaubensgemeinschaften zur Beibehaltung der Genitalbeschneidung als kollektivierende Körpereinschreibung des Glaubens inhärent verstehbar, so ist es dagegen äußerst irritierend, dass ein moderner säkularer Staat per Gesetz diese archaische Form der einschneidenden Missachtung körperlicher Unversehrtheit von männlichen Säuglingen und Kleinkindern ausdrücklich unterstützt. Dies ist umso irritierender, da der gleiche Staat die religiös motivierte Genitalbeschneidung bei Mädchen und sogar die einfache körperliche Strafe durch Eltern streng ahndet. Ist das Genital eines Jungen weniger schützenswert als das des Mädchens – oder ist es so großartig, dass man durch die Beschneidungserlaubnis dessen besondere Beziehung zu Gott gesetzlich anerkennen muss?«

Die religiöse phallozentrische Idee von einer patriarchalischen Gottheit, welche die amputative Verletzung des Penis kleiner Jungen unverhandelbar ins Zentrum ihrer vielen Forderungen stellt, wirkt heute wie ein erratisches Relikt, wie ein verletzender Identitätsoktroy. Dieser Zwangsakt wird aber sogar – allerdings eher mittels theologischer Verweistechniken – von Psychoanalytikern (z. B. Blumenberg u. Hegener, 2012, 2013) als unhinterfragbares religiöses Tabu eingefordert, als ein Denkverbot, dessen kritische Analyse von den Autoren unausweichlich als antisemitische Reinszenierung eingeordnet wird. Wenn vom Kinderschutzgedanken geleitete Kritiker dieser Zustände von Beschneidungsbefürwortern als geschichtsvergessene Enkel in assoziative Nähe zu den Holocausttätern gebracht werden, offenbart das zum einen eine erschreckende argumentative Armut und zum anderen relativiert und instrumentalisiert es den faschistischen Terror, auch um sich nicht die Frage zu stellen, die von immer mehr jüdischen und islamischen Eltern gestellt wird: Was tue ich da meinem Sohn eigentlich an?

Dass Beschneidungsgegner jedweden Bekenntnisses ihre kinderschutzrechtlich begründete Position auch aus prosemitischen Motiven heraus einnehmen könnten, ist für die Befürworter dieses kindlichen Verletzungsrituals wohl keine intellektuelle Option. Man sollte – so formuliert es der Wiener Kulturwissenschaftler und der Aufklärung verpflichteter Jude Jérôme Segal (2014) – auch kleine Jungen heute nicht mehr mit dem Messer begrüßen. Man sollte sie auch nicht auf dem Höhepunkt der kindlich-ödipalen Sexualentwicklung und der damit einhergehenden Kastrationsängste in ihrer Intimzone bedrohen und verletzen. Wir wissen heute aus zahlreichen Studien, dass kindheitlich erlebte und verinnerlichte Gewalterfahrungen oder Gewaltzeugenschaft bei vielen Betroffenen später aus traumatisch induzierter Loyalität zu unreflektierbaren Wiederholungshandlungen beitragen können.

Der unfassliche legislative Umgang mit diesem Problem ist ein Beispiel dafür, dass auch der Gesetzgeber noch nicht zu einer vollständigen Faktenwahrnehmung und zu einem Schutz der Kinderrechte auch von Jungen in der Lage war und dieses angsterzeugende Thema so schnell wie möglich – ohne das von Beschneidungskritikern geforderte Moratorium – entsorgen wollte. Traumatisch betroffene männliche Beschneidungsopfer wurden im Gesetzgebungsverfahren deshalb erst gar nicht gehört (Rupprecht, 2014). Der kritische Dialog über dieses leidvolle Ritual und seine auch in psychotherapeutische Behandlungen gelangenden Opfer ist angesichts lautstarker Beschneidungsbefürworter in der bislang eher beklommen schweigenden psychoanalytischen Community unumgänglich, auch und weil es die Identität von Großgruppen, die schrecklichen Abgründe des Holocaust und interkulturelle Wertekonflikte tangiert (Franz, 2014).[4]

---

4 Es würde den Rahmen dieses Beitrags, der für die strukturellen Brüche in der männlichen Identitätsentwicklung und ihre kollektiven Auswirkungen

Die geschilderte kollektive Spaltungsabwehr aus destruktiver Entwertung und Geringschätzung der Bedürfnisse von Jungen und Männern bei gleichzeitiger idealisierender Anspruchlichkeit an den Mann lässt aus psychoanalytischer Sicht tiefer gehende Ängste – beispielsweise vor dyadischen Verstrickungen – vermuten. In Liebesbeziehungen tragen Frauen aus diesen Gründen zuweilen unbewusste Erwartungen an ihre Partner heran, welche die metallischen Aspekte der Männerrolle adressieren und den männlichen Rollenkäfig so ungewollt weiter stabilisieren. Ein Unglück für alle Beteiligten. Der schwächelnde, der ratlose, der zaudernde Mann als Partner ängstigt manchmal auch Frauen, die das bewusst weit von sich weisen würden. Auch äußerlich selbstbewusste und aufgeklärte Frauen können ihre Partner auf die traditionelle Männerrolle festlegen:

Eine Rechtsanwältin vereinbart einen Supervisionstermin und berichtet von Schwierigkeiten mit dem ihr nachgeordneten Abteilungsleiter. Dieser hintertreibe ihre Vorgaben und stelle ihre Führung permanent infrage. Die Arbeitsfähigkeit des Teams sei bedroht. Es zeigt sich im Gespräch, dass die Anwältin nicht wahrnehmen und sich aufgrund eigener Selbstzweifel auch nicht vorstellen kann, wie bedrohlich sie als Frau auf den narzisstisch bedürftigen alteingesessenen Abteilungsleiter wirkt und wie sehr sie seine Bedürftigkeitssignale übersieht. Nach Verdeutlichung dieser auf schwächelnde Männer bezogenen Wahrnehmungshemmung berichtet sie unvermittelt, dass sie sich – gegen ihren Willen – in einen von ihr als eindrucksvoll männlich präsent erlebten, aber verheirateten Kollegen verliebt habe. Eigentlich suche sie Hilfe für sich, da sie ihre Familie nicht gefährden wolle. Aber: Sie träume von *ihm,* sehne sich nach *seiner* Nähe und müsse andauernd an *ihn* denken.

Sie leide darunter, dass ihr Mann – als Rechtspfleger geringer qualifiziert als sie – seit Längerem depressiv sei. Er traue sich nichts mehr zu, sei krankgeschrieben und voller Selbstzweifel, ziehe sich zurück und streichele nur noch den Hund. Sie halte das nicht mehr aus, so habe sie sich ihre Ehe nicht vorgestellt, es sei zum Verzweifeln. Sie denke

---

sensibilisieren soll, sprengen, hier Weiteres auszuführen. Dies habe ich zusammen mit zahlreichen anderen Beschneidungskritikern ausführlich an anderer Stelle getan (Franz, 2014).

nur noch an ihren Kollegen. Sie berichtet weiter, dass sie ihren Vater sehr früh verlor und bei einer invasiv-bedürftigen und latent vorwurfsvoll die Entwicklung ihrer Tochter beäugenden Mutter aufwuchs. Von ihr fühlt sie sich bis heute trotz ihres beruflichen Erfolges bestimmt und kleingemacht. In den ersten glücklichen Ehejahren habe sie sich diese Mutter vom Halse halten können, jetzt sei es wieder deutlich schlimmer, wie sie sich einmische und ihr auch noch die Schuld am Zustand des Ehemannes gebe.

Die durch die Depression des Ehemannes freigelegten dyadischen Fusionsängste der Anwältin sind auch in der Idealisierungsübertragung fassbar, indem an mich als väterlichem Professor das ganze Leid und entsprechende, auf den Vater gerichtete Rettungserwartungen adressiert werden. In Folgegesprächen konnte die Klientin Einsicht in diese Zusammenhänge gewinnen und trauernd auf ihre Verliebtheit in einen idealisierten Ersatzvater verzichten.

Ein Beispiel für die angstgetriebene Beschwörung der traditionellen Männerrolle, die als partnerbezogene Idealisierung und bei dessen Versagen durch neue Verliebtheit in einen »echten« Mann vor der Refusion mit der übergriffigen Mutter schützen soll.

Aber auch in psychoanalytischen Behandlungen können solche auf unbewussten Idealisierungen beruhenden Entwertungen des bedürftigen Mannes das Gegenübertragungsgeschehen bestimmen. Ein letztes Fallbeispiel zeigt, wie es eine Analytikerin, die aufgrund unaufgelöster dyadischer Ängste unbewusst noch auf ein kompensatorisch idealisiertes Männerbild angewiesen ist, nicht leicht hat, die oralen oder narzisstischen Bedürftigkeitssignale eines Patienten zu decodieren.

Ein erfolgreicher, jetzt aber beruflich abgestürzter narzisstisch hoch anspruchlicher Patient berichtet seiner Analytikerin mit Empörung, dass ihm seine Frau, seit auch sie in Therapie sei, morgens seine Brötchen nicht mehr schmiere. Nicht ganz unwahrscheinlich, dass unsere Analytikerin – solidarisch mit der Frau des ja auch sie immer wieder entwertenden Patienten – diese Verführung mitagiert und heimlich denkt: »Na endlich, es wurde auch höchste Zeit, dass er mit dieser erniedrigenden Anspruchlichkeit an seine zum Selbstobjekt degradierte Frau nicht mehr durchkommt. Wie gut, dass das psychoanalytische Fachvokabular zu Gebote steht, um diesen Vorgang zu benennen. Was sollen wir Frauen denn noch alles für die Männer tun? Jetzt beherrschen sie uns nicht nur, nun jammern sie auch noch.«

Möglicherweise aber entgehen der Analytikerin die Schamgefühle, die es diesem gescheiterten und pseudoautonomen Karrieristen bereitet, nun auch noch einer Frau gestehen zu müssen, endlich gut von ihr gefüttert werden zu wollen. Würde die Analytikerin den Empörungsimpuls ihres Patienten so mitagieren, würde sie per projektiver Identifikation erneut zur narzisstisch selbstbezogenen oder bedürftigen Mutter. Das kennt der Patient ja, er erwartet im Grunde nichts anderes. Die Analytikerin hätte aber den Test, den viele narzisstisch beschädigte Männer mit ihren Therapeutinnen durchführen, um deren Empathiefähigkeit für Jungen und Männer zu prüfen, wohl nicht bestanden. Ihr Patient wird das trockene Brot der Anpassung weiter zu kauen haben, wenn er bei ihr bleibt, weil er als Junge lernen musste, seine zärtlich-oralen Wünsche in einem narzisstisch-entwertenden Modus abzuwehren.

Persönlich schützt sich die Kollegin mit der Zurückweisung des so ansprüchlich erscheinenden Brötchen-Mannes, indem sie unbewusst am Bild des autarken Mannes festhält, der sich seine Brötchen selbst schmiert. Aufgrund ihrer eigenen Bedürftigkeit nach einem idealisierten männlichen Retter kann sie so mit männlicher Bedürftigkeit nicht wirklich angstfrei umgehen. Um eigene dyadische Refusionsängste nicht neu erleben zu müssen, beharrt sie vielleicht auf einer scheinautonomen Ertüchtigung ihres Patienten, sie erlebt vielleicht eine uneingestandene Enttäuschung und Verachtung im Umgang mit ihrem bedürftigen männlichen Patienten, ohne dies auf dessen verinnerlichtes Mutterbild zu beziehen. Vielleicht diagnostiziert sie ein Defizit an reifer genitaler Männlichkeit und wiederholt so die zu frühe Vertreibung ihres Patienten aus der Spiegelbeziehung, ohne es zu bemerken, weil sie aufgrund ihrer eigenen Latenzen die Übertragungsbotschaft nicht entschlüsseln kann.

Sie kann den Jungen in ihrem Patienten dann nicht mehr erreichen. Aber sie schützt sich mit ihrem idealisierten Männerbild vom autarken Brötchenschmierer vor ihrer eigenen präautonomen ablehnenden oder konsumierenden Mutter. Die unbewusste weibliche Angst vor dyadischer Refusion zugunsten der Mutter (und nicht der Tochter) kann so die unbewusste Rekonstruktion des Rollenphantoms vom starken Mann bewirken. Als Wiedergänger des idealisierten Vaters und als Garant der eigenen Autonomie schützt er die Analytikerin vor der inneren Realität der reduplikativen Wiedervereinnahmung durch die Mutter. Das dazugehörige Gegenübertragungsagieren durch die Fixierung ihres Patienten auf das Bild vom autarken Mann verhindert dessen weitere Entwicklung und stabilisiert dessen identitätsfremde Fixierung auf destruktiv-narzisstische Rollenbilder. Im Grunde wiederholt sich dann die Konstellation einer frühen Notreifung bei Konfrontation des Jungen mit unverdaulichen Botschaften aus dem mütterlichen Unbewussten. So weit das Fallbeispiel.

Fazit und Ausblick

Aus psychoanalytischer Sicht bewirken die primäre Differenz des männlichen Babys zur sexuellen Mutter, seine frühen und wiederholten Trennungserfahrungen während der kindlichen Entwicklung, die unvermeidlichen Kastrationsängste als obligatorische Determinanten zusammen mit den psychohistorischen Belastungen durch dysfunktionale Männerbilder und die Folgen der Vaterentbehrung, der reaktiven Entwertung des Männlichen und den wiederum hierauf folgenden projektiven Idealisierungen des Männerbildes eine Entwicklungskulisse tief greifender struktureller Verunsicherungen in der männlichen Identitätsentwicklung. Patriarchalische Loyalität, antifeminine Einstellungen, idealisierende Ausrichtung an rollentypischen Zerrbildern von Männlichkeit ermöglichen als Reaktionsbildungen die kollektive Abwehr dieser Verunsicherungen und individuell auch die Abwehr von zärtlichen Wünschen nach Abhängigkeit, die viele Männer traurigerweise nur zu Suchtmitteln herstellen können.

Die Folgen der Vaterlosigkeit oder nicht erfahrener männlicher Anerkennung ergreifen die Kindheiten immer größerer Bevölkerungsgruppen und gesellen sich zu dem Angriff marktliberaler Kräfte und von Teilen der Politik auf alles, was mit frühkindlicher

Bindung und Familiarität zu tun hat. Auch Jungen und Männer leiden unter dieser Entwicklung und erkranken psychosomatisch. Wenn der Anteil früh verunsicherter, wenig selbstbewusster oder reaktiv an den krank machenden metallischen Aspekten der traditionellen Männerrolle ausgerichteter Männer weiter steigt, werden den zu Recht erstarkten Frauen nicht nur die passenden männlichen Partner ausgehen. Männer mit einem fehlenden oder negativen Bild von Väterlichkeit, Männer, die sich durch ihre Mütter und später dann auch durch den – ja oft schon gut getarnten – Kinderwunsch ihrer Partnerinnen rekrutiert und aufgefressen fühlen, sind keine Seltenheit. Männer, die sich davor fürchten, dass hinter der Scheide schon wieder eine Mutter lauert, diese Männer werden sich nicht angstfrei in generative Paarbeziehungen begeben und sich als liebevolle Familienväter einbringen. Der Anteil kinderlos allein lebender lediger Männer jedenfalls steigt in Deutschland auf mittlerweile etwa 4,7 Millionen Männer (Statistisches Bundesamt, 2011) und ihr Kinderwunsch sinkt (Bosch-Stiftung, 2006).

Wir leben zudem in einer Zeit, in der das väterliche und männliche Element wenig Wertschätzung erfährt – wenngleich das Bewusstsein für die gesellschaftlichen Folgen der Vaterentbehrung und des Männerbashings in letzter Zeit zu wachsen scheint. Psychotherapeuten und Psychotherapeutinnen sollten das Bewusstsein für den Wert und die Bedeutung des Vaters und die Folgen seines Fehlens für die männliche Identitätsentwicklung auch in ihren Behandlungen wachhalten. Sie sollten dem immer schon verunsicherten männlichen Geschlecht, den Jungen und Männern, wenn sie sich schon in ihre Behandlung wagen, mit Wertschätzung und im Wissen um ihre strukturelle Unsicherheit und Gefährdung begegnen, sich nicht von ihren narzisstischen Funktionsfassaden blenden oder zum Mitagieren provozieren lassen und ihnen einen angstfreieren Zugang zu ihrer emotionalen Bedürftigkeit, aber auch den konstruktiv aggressiven Seiten ihrer Sexualität erschließen.

Ein positives Verständnis männlicher Identität ohne fremdbestimmte Loyalität, rollentypische Idealisierungen oder ein antifeminines Ressentiment könnte wachsen, wenn beide Geschlechter Unfertigkeit, Krisenhaftigkeit und Gefährdung als Grundlagen männlicher Identität und die reaktive kollektive Abwehrfunktion der traditionellen Männerrolle anerkennen. Dann könnten Männer leichter ihren krank machenden Rollenkäfig verlassen und darauf verzichten, die frühe Mutter oder ihre aktuellen Stellvertreterinnen anzugreifen, um ihre eigene Unsicherheit nicht zu spüren. Und Frauen bräuchten Jungen und Männer dann vielleicht nicht mehr idealisierend auf die Männerrolle festzulegen oder reaktiv zu entwerten, um eigene Verunsicherungen nicht wahrnehmen zu müssen.

Literatur

Bakhit, C. (2014). Fußball Total – Gruppenanalytische Perspektiven. Gruppenpsychotherapie und Gruppendynamik, 50 (3), 238–253.
Bion, W. (1962). Lernen durch Erfahrung. Frankfurt a. M.: Suhrkamp.
Blumenberg, Y., Hegener, W. (2012). Juristischer und psychoanalytischer Furor gegen die Beschneidung – oder das alte Lied vom ausgeschlossenen Dritten. Psyche – Zeitschrift für Psychoanalyse, 66, 1118–1128.
Blumenberg, Y., Hegener, W. (2013). Geschichtsvergessenheit? Eine Antwort auf die Entgegnungen von Wolfgang Schmidbauer und Matthias Franz. Psyche – Zeitschrift für Psychoanalyse, 67 (5), 483–489.
Borowski, D., Bovensiepen, G., Dammasch, F., Hopf, H., Staufenberg, H., Streeck-Fischer, A. (2010). Leitlinie zu Aufmerksamkeits- und Hyperaktivitätsstörungen. Analytische Kinder- und Jugendlichenpsychotherapie, 146, 238–274.
Bosch-Stiftung (2006). Kinderwunsch höher als Geburtenrate. Zugriff am 30.11.2013 unter www.bosch-stiftung.de/content/language1/html/8214.asp.
Brunner, M. (2011). Trauma, Krypta, rätselhafte Botschaft. Einige Überlegungen zur intergenerationellen Konfliktdynamik. In M. Brunner, J. Lohl (Hrsg.), Unheimliche Wiedergänger? Zur Politischen Psychologie des NS-Erbes in der 68er-Generation. Psychosozial, 124, 43–59.
Cowan, P. A., Cowan Pape, C., Kerig, P. K. (1993). Mothers, fathers, sons, and daughters. Gender differences in family formation and parenting style. In P. A. Cowan (Eds.), Family, Self, and Society. Hillsdale: Lawrence Erlbaum.
Dammasch, F. (2000). Die innere Erlebniswelt von Kindern alleinerziehender Mütter. Eine Studie über Vaterlosigkeit anhand einer psychoanalytischen Interpretation zweier Erstinterviews. Frankfurt a. M.: Brandes & Apsel.
Dammasch, F. (2015). Buchbesprechung. AKJP, 165, 108–113.
Dammasch, F., Quindeau, I. (2014). Biologische, psychische und soziale Entwicklungsprozesse von Jungen und Männern. In I. Quindeau, F. Dammasch (Hrsg.), Männlichkeiten. Wie weibliche und männliche Psychoanalytiker Jungen und Männer behandeln (S. 12–60). Stuttgart: Klett-Cotta.
Fall, K., Fang, F., Mucci, L., Ye, W., Andrén, O. et al. (2009). Immediate risk for cardiovascular events and suicide following a prostate cancer diagnosis. Prospective cohort study. PLoS medicine, 6 (12), e1000197.

Franz, M. (2011). Der vaterlose Mann. In M. Franz, A. Karger (Hrsg.), Neue Männer – muss das sein? Risiken und Perspektiven der heutigen Männerrolle(S. 113–171). Göttingen: Vandenhoeck & Ruprecht.

Franz, M. (2013). Elterliche Trennung und Scheidung – Folgen und Risiken für die Kinder. In M. Franz, A. Karger (Hrsg.), Scheiden tut weh. Elterliche Trennung aus Sicht der Väter und Jungen (S. 80–121). Göttingen: Vandenhoeck & Ruprecht.

Franz, M. (Hrsg.) (2014). Die Beschneidung von Jungen. Ein trauriges Vermächtnis. Göttingen: Vandenhoeck & Ruprecht.

Franz, M., Balló, H., Heckrath, C., Frenzel, A., Schilkowsky, G., Schneider, C., Schmitz, N., Löwer-Hirsch, M., West-Leuer, B., Hirsch, M., Ott, J. (2005). Tinnitus als soziale Infektion? Tinnitus als ein Indikator eines dekompensierten Gruppenprozesses innerhalb einer Organisation. Psychotherapeut, 50 (5), 318–327.

Franz, M., Hardt, J., Brähler, E. (2007). Vaterlos: Langzeitfolgen des Aufwachsens ohne Vater im Zweiten Weltkrieg. Zeitschrift für Psychosomatische Medizin und Psychotherapie, 53 (3), 216–227.

Franz, M., Lieberz, K., Schmitz, N., Schepank, H. (1999). Wenn der Vater fehlt. Epidemiologische Befunde zur Bedeutung früher Abwesenheit für die psychische Gesundheit im späteren Leben. Zeitschrift für psychosomatische Medizin, 45, 113–127.

Franz, M., Popp, K., Schaefer, R., Sitte, W., Schneider, C., Hardt, J., Decker, O., Braehler, E. (2008). Alexithymia in the German general population. Social Psychiatry and Psychiatric Epidemiology, 43 (1), 54–62.

Funck, M. (2002). Ready for war? Conceptions of military manliness in the Prusso-German officer corps before the first world war. In K. Hagemann, S. Schüler-Springorum (Eds.), Home/Front. The military, war and gender in twentieth-century Germany (pp. 43–68). Oxford u. New York: Berg.

Greenson, R. (1982). Psychoanalytische Erkundungen. Stuttgart: Klett-Cotta.

Hirsch, M. (2011). Pseudo-ödipales Dreieck – ein häufiges Muster männlicher Sozialisation. In M. Franz, A. Karger (Hrsg.), Neue Männer – muss das sein? Risiken und Perspektiven der heutigen Männerrolle (S. 131–146). Göttingen: Vandenhoeck & Ruprecht.

Hoff Sommers, C. (2000). The war against boys. New York: Simon & Schuster.

Hollstein, W. (2012). Was vom Manne übrig blieb. Stuttgart: Opus magnum.

Hollstein, W. (2013). Invasion der Loser. Zugriff am 30.11.2013 unter www.sueddeutsche.de/leben/abschied-vom-starken-geschlecht-invasion-der-loser-1.1715009

Keller, H. (1979). Frühsozialisation von Geschlechtsunterschieden. In H. Keller (Hrsg.), Geschlechtsunterschiede. Psychologische und physiologische Grundlagen der Geschlechterdifferenzierung. Weinheim u. Basel: Beltz.

Keller, M., Haustein, T. (2012). Vereinbarkeit von Familie und Beruf – Ergebnisse des Mikrozensus 2010. Wirtschaft und Statistik, 1, 30–50.

Klitzing, K. von (2002). Frühe Entwicklung im Längsschnitt. Von der Beziehungswelt der Eltern zur Vorstellungswelt des Kindes. Psyche – Zeitschrift für Psychoanalyse, 56 (9–10), 863–887.

Kooper, A. J., Pieters, J. J., Eggink, A. J., Feuth, T. B., Feenstra, I., Wijnberger, L. D., Rijnders, R. J., Quartero, R. W., Boekkooi, P. F., van Vugt, J. M., Smits, A. P. (2012). Why do parents prefer to know the fetal sex as part of invasive prenatal testing? ISRN obstetrics and gynecology.

Kucklick, C. (2012). Das verteufelte Geschlecht. Zugriff am 08.05.2012 unter www.zeit.de/2012/16/DOS-Maenner

Laplanche, J. (2004). Die rätselhaften Botschaften des Anderen und ihre Konsequenzen für den Begriff des »Unbewussten« im Rahmen der Allgemeinen Verführungstheorie. Psyche – Zeitschrift für Psychoanalyse, 58, 898–913.

Lewis, M. (1977). Socioemotional development and its relevance for curriculum. Merrill Palmer Quarterly, 23, 17–28.

Mayreder, R. (1905). Zur Kritik der Weiblichkeit. Jena: Diedrichs.

Oakley, A. (1981). Subject women. Oxford: Robertson.

Pohl, R. (2010). Männer – das benachteiligte Geschlecht? Weiblichkeitsabwehr und Antifeminismus im Diskurs über die Krise der Männlichkeit. In M. Bereswill, A. Neuber (Hrsg.), In der Krise? Männlichkeiten im 21. Jahrhundert. Münster: Westfälisches Dampfboot.

Radebold, H. (2000). Abwesende Väter. Göttingen: Vandenhoeck & Ruprecht.

Radebold, H. (2004). Kindheiten im II. Weltkrieg und ihre Folgen. Gießen: Psychosozial-Verlag.

Rieger-Ladich, M. (2009). Lektionen in symbolischer Gewalt. Der Körper als Gedächtnisstütze. In T. Alkemeyer, K. Brümmer, R. Kodalle, T. Pille (Hrsg.), Ordnung in Bewegung. Choreographien des Sozialen. Körper in Sport, Tanz, Arbeit und Bildung (S. 179–195). Bielefeld: transcript.

Rupprecht, M. (2014). Das Recht, alles zu glauben – nicht aber, alles zu tun. In M. Franz (Hrsg.), Die Beschneidung von Jungen. Ein trauriges Vermächtnis (S. 421–445). Göttingen: Vandenhoeck & Ruprecht.

Schlack, R., Rüdel, J., Karger, A., Hölling, H. (2013). Körperliche und psychische Gewalterfahrungen in der deutschen Erwachsenenbevölkerung. Bundesgesundheitsblatt – Gesundheitsforschung – Gesundheitsschutz, 56 (5–6), 755–764.

Schulte-Herbrüggen, O., Heinz, A. (2012). Psychische Traumatisierung bei Soldaten. Herausforderung für die Bundeswehr. Deutsches Ärzteblatt international, 109 (35–36), 557 f.

Segal, J. (2014). Interview. Zugriff am 13.4.2015 unter https://www.youtube.com/watch?v=ppKnyV3FSys

Sieverding, M., Kendel, F. (2012). Geschlechter(rollen)aspekte in der Arzt-Patient-Interaktion. Bundesgesundheitsblatt, 55, 1118–1124.

Statistisches Bundesamt (2011). Mikrozensus. Zugriff am 09.11.2014 unter http://www.bpb.de/wissen/5MJEAP,0,0,Alleinlebende_nach_Familienstand.html

Tyson, P., Tyson R. (2001). Lehrbuch der psychoanalytischen Entwicklungspsychologie. Stuttgart: Kohlhammer.

Weißbach, L., Stiehler, M. (Hrsg.) (2013). Männergesundheitsbericht 2013. Bern: Huber.

Winnicott, D. W. (1964/1980). Die Rolle des Vaters. In D. W. Winnicott, Kind, Familie, Umwelt (Übers. U. Seemann. 3. Aufl., S. 95–100). Basel: Ernst Reinhardt.

Manfred Endres

Gewaltbereite Jugendliche – eine therapeutische Herausforderung

Gewalttätige Auseinandersetzungen sind ein allgegenwärtiges Phänomen. Es beschäftigen uns kriegerische Auseinandersetzungen im Nahen Osten, wo Gewalttaten auch von Jugendlichen verübt werden. Heute hat die erhöhte Gewaltbereitschaft von minderjährigen Jugendlichen, die aus Kriegsgebieten nach Deutschland flüchten, besondere Aufmerksamkeit in den Medien. Dazu zählen gewalttätige Auseinandersetzungen in Massenunterkünften, in Wohngemeinschaften oder in der Schule. Jugendlichen mit Migrationshintergrund wird eine erhöhte Gewaltbereitschaft zugeschrieben, was sich durch offizielle Statistiken nicht eindeutig belegen lässt. Gewalttätige Auseinandersetzungen finden unter Jugendlichen häufig im schulischen Bereich statt, aber auch im öffentlichen Raum, wo zunehmend Aufzeichnungen von Überwachungskameras in die Medien gelangen. Insgesamt scheint trotz andersartiger öffentlicher Wahrnehmung Gewalt, die von Jugendlichen ausgeht, in den letzten Jahren zu stagnieren.

In der Kinder- und Jugendgesundheitsstudie des Robert Koch-Institutes (KiGGS) wurden die Kinder und Jugendlichen auch nach ihren Gewalterfahrungen befragt (Schlack u. Hölling, 2007). Danach sind männliche Jugendliche häufiger Opfer von Gewaltübergriffen und selbst auch häufiger Täter, verglichen mit den gleichaltrigen Mädchen. Die Studie zeigt, dass Jungen eher zu einem externalisierenden Verhalten neigen, Mädchen in Form von selbstverletzendem Verhalten hingegen häufiger autoaggressiv reagieren.

Die Adoleszenz als krisenhafte Entwicklungsphase

Um diese Phänomene zu verstehen, müssen wir uns mit den seelischen Prozessen vor und in der Adoleszenz beschäftigen. Rückblickend ist die Adoleszenz für die meisten Menschen eine eher unheimliche Zeit. In Therapien mit Erwachsenen findet man häufig das Phänomen, dass die adoleszente Entwicklung nur lückenhaft erinnert werden kann. Erinnerungen aus der Kindheit sind oft präziser und lebendiger.

In den letzten zehn bis zwanzig Jahren kam es zu einer intensiveren Beschäftigung mit adoleszenten Entwicklungsprozessen. Darüber hinaus trägt die neurowissenschaftliche Forschung zunehmend Fakten über Veränderungen im Gehirn während der Adoleszenz zusammen (Uhlhaas, 2011). Die Adoleszenz ist eine Zeit der neurobiologischen und damit auch der psychologischen Revolution. Es kommt zu einer kompletten Umstrukturierung und Neustrukturierung des Gehirns und damit zu einer Labilisierung von seelischen Strukturen, die dazu führen, dass sich Jugendliche nicht mehr in gewohnter Weise erleben und verhalten. Sie erscheinen häufig verwirrt, verunsichert, aus dem Gleis geraten. In der Schule macht sich das häufig in Schulleistungsstörungen bemerkbar. Schüler, die bislang gute schulische Leistungen zeigten, verlieren ihre Leistungsfähigkeit bis hin zum kompletten Schulversagen.

Mario Erdheim (1993) hat das Konzept der Nachträglichkeit, das von Sigmund Freud entwickelt wurde, neu aufgegriffen und betont, dass in der Adoleszenz zahlreiche Entwicklungsschritte der voradoleszenten Zeit neu bewertet und neu durchgearbeitet werden. Zu den zentralen Aufgaben der Adoleszenz zählen die Ablösung von den Eltern, die Integration des reifenden sexuellen Körpers in das Selbstbild, die Veränderung der Beziehung zu den Gleichaltrigen, erste Liebesbeziehungen und die Entwicklung einer reifen Geschlechtsidentität. Die Adoleszenz stellt für jeden Jugendlichen eine Zeit normaler Entwicklungskrisen dar, zu der Phänomene wie das Experimentieren mit Drogen, Alkohol, Nikotin ebenso zählen wie sexuelles Experimentieren sowie provokantes, aggressives Agieren gegenüber Eltern, Lehrpersonen etc. Adoleszente Entwicklungskrisen werden in der Regel ohne therapeutische Hilfe überwunden. Mitunter kommt es jedoch zu einem Verlauf, der in eine chronifizierte Pathologie führen kann. Zeichen hierfür können exzessiver Drogen- und Alkoholmissbrauch, sozialer Rückzug, Schulverweigerung, Leistungsversagen, Angstzustände, depressive Verstimmungen, psychotische Phänomene, Suizidgedanken und Impulsdurchbrüche in Form von aggressivem, gewalttätigem Verhalten sein.

Heute wissen wir, dass die Bewältigung der präadoleszenten Entwicklungsaufgaben entscheidend davon abhängt, in welcher psychischen Verfassung der Jugendliche in die Adoleszenz eintritt. Unverarbeitete Konflikte, Deprivationen, Traumatisierungen und strukturelle Defizite können den adoleszenten Entwicklungsprozess erheblich stören und zu einem Entwicklungszusammenbruch führen. Aufgrund der körperlichen Veränderungen in der Adoleszenz, vor allem wegen der sexuellen Reifung des Körpers und des Erwachens der Sexualität, ist gerade der männliche Jugendliche auf ein ausreichendes Funktionieren der Selbstwertregulation, das heißt auf eine ausreichende narzisstische Balance, angewiesen. Multiple kumulative Traumatisierungen, Störungen der Entwicklung der männlichen Geschlechtsidentität sowie Beeinträchtigungen der Selbstwertentwicklung führen insbesondere beim männlichen Jugendlichen zu einer fragilen Selbstwertregulation, die im adoleszenten Entwicklungsprozess zusätzlich beschädigt werden kann. Die drohende narzisstische Beschädigung wird über impulsiv gewalttätiges Verhalten abgewehrt mit dem Ziel der Wiederherstellung eines kohärenten Selbstgefühls.

Die Entwicklung eines stabilen Selbstwertgefühls beim männlichen Jugendlichen hat verschiedene Wurzeln. Dazu zählen sichere Bindungserfahrungen zu unterschiedlichen Bezugspersonen und die Entwicklung einer stabilen Geschlechtsidentität, die beim Jungen vor allem von der physischen Präsenz des Vaters abhängt. Jungen müssen im Gegensatz zu Mädchen, bei denen die frühe Mutter im weiteren Verlauf der Entwicklung die wichtigste Figur für die Entwicklung der weiblichen Identität bleibt, relativ früh, im zweiten Lebensjahr, den Geschlechtsunterschied realisieren. Für die weitere Entwicklung ihrer männlichen Geschlechtsidentität müssen sie sich von der Mutter ab- und dem Vater zuwenden. Hier liegt ein Grund für die größere narzisstische Vulnerabilität von männlichen Jugendlichen.

Fallbeispiel
Ralf kam im Alter von elf Jahren in meine psychotherapeutische Behandlung. Ihm drohte der Schulausschluss, nachdem er in Auseinandersetzungen mit Mitschülern in letzter Zeit zunehmend aggressiv und gewalttätig gewesen sei. Das Fass zum Überlaufen habe eine tätliche Auseinandersetzung mit einem gleichaltrigen Mädchen gebracht,

wo es zu gewalttätigen Handlungen mit sexuellen Übergriffen gekommen sei.

Zur Vorgeschichte: Schwangerschaftsverlauf, Geburt und frühe Kindheit seien normal verlaufen. Kurz nach dem dritten Geburtstag von Ralf, seine Schwester war zu diesem Zeitpunkt ein Jahr alt, erlitt die Mutter einen schweren Skiunfall. Nach dem Unfall lag sie mehrere Monate im Koma, anfangs war es nicht klar, ob sie den Unfall überleben würde. Aufgrund der schweren Kopf- und Wirbelsäulenverletzungen kam es zu einer hohen Querschnittslähmung, sie konnte nur noch mühsam sprechen und die Arme eingeschränkt bewegen. Die Pflege rund um die Uhr erfolgte durch Pflegekräfte und den Mann. Unmittelbar nach dem Unfall der Mutter wurde Ralf für neun Monate zu den Großeltern nach Westdeutschland gebracht, die er bis dahin kaum kannte. Die weitere Entwicklung verlief dann bereits im Kindergarten problematisch, mit wiederholten aggressiven Ausbrüchen. In den ersten drei Grundschulklassen sei Ralf friedlich und angepasst gewesen, in der vierten Grundschulklasse sei er wieder deutlich aggressiver und hyperaktiv geworden.

Die Auffälligkeiten bei Ralf haben zu einem Zeitpunkt begonnen, als beim Vater ein Hautkrebs diagnostiziert wurde. Die Prognose war anfangs unklar, die Kinder wussten über die Diagnose nicht Bescheid. Zu Therapiebeginn lebte die Mutter zusammen mit ihrem Mann und ihren beiden Kindern. In den ersten Monaten der Therapie eskalierte die Situation zu Hause und in der Schule weiter. Es kam zu massiven tätlichen Auseinandersetzungen mit der Schwester, die in einer der Auseinandersetzungen eine schwere Kopfplatzwunde erlitt, es kam zu Auseinandersetzungen mit dem Vater, der sich mehrere Finger brach. Die Mutter fühlte sich massiv bedroht und wurde wiederholt tätlich angegriffen. Es kam zu tätlichen Auseinandersetzungen in der Schule. Zusätzlich häuften sich autoaggressive Tendenzen, Ralf fuhr extrem Fahrrad, verursachte mehrere Unfälle, bei denen er sich wiederholt verletzte.

Nun einige psychodynamische Überlegungen: Ralf wurde in eine bereits schwierige Ehesituation hineingeboren. Der Vater von Ralf beschrieb die Beziehung zwischen Ralf und seiner Mutter in den ersten Lebensjahren als eher kühl-distanziert, er meinte, seine Frau habe eigentlich nie wirklich emotionale Wärme und Empathie besessen. Beide Eltern seien beruflich sehr eingespannt gewesen. Vonseiten der Großeltern gab es kaum Unterstützung, da sich die Großeltern, mütter- wie väterlicherseits, wenig für die Familie interessiert hätten. So waren die Eltern für die Kinder die wichtigsten Bezugspersonen. Kurz nach dem dritten Geburtstag von Ralf, wenige Tage vor Ostern, erlitt die Mutter einen schweren Skiunfall. Mit diesem Ereignis verlor Ralf seine Mutter, erst neun Monate später begegnete er ihr wieder, nahezu bewegungsunfähig, mit entstellter Sprache, da es ihr nur mit Mühe möglich war, sich zu artikulieren. Zusätzlich kam es durch den Unfall aufgrund der Gehirnschädigung zu einer Persönlichkeitsveränderung der Mutter. Nach langer, sicher schwer belastender Trennung (Robertson u. Robertson, 1975) fand Ralf nicht mehr die bekannte Mutter vor, sondern eine schwerstkörperbehinderte, in ihrem Wesen veränderte Frau. Er wurde so zum Sohn einer traumatisierten Frau, die wenig Entwicklungsraum für ihre Kinder bereitstellen konnte, da sie selbst mit eigenen Traumabewältigungen beschäftigt war.

Ähnliches gilt für die Beziehung zum Vater, der selbst durch den Unfall der Ehefrau traumatisiert den Kindern emotional kaum noch zur Verfügung stand. Er war mit Beruf und Betreuung seiner Frau völlig überfordert. Hinzu kam die reale Trennung vom Vater, da Ralf für neun Monate zu den von ihm wenig geliebten Großeltern mütterlicherseits nach Westdeutschland gegeben wurde.

Nach der Rückkehr nach Hause wurde Ralf im Kindergarten betreut, wo er zunehmend aggressive Verhaltensweisen entwickelte. Dies verstehe ich als Reaktion auf die häusliche Situation, in der ein völlig überforderter Vater mit mehreren rund um die Uhr beschäftigten Pflegepersonen die schwerstbehinderte Mutter zu pflegen versuchte. Erst in der Grundschule stabilisierte sich Ralf, sodass er die vier Grundschuljahre ohne größere Auffälligkeiten absolvieren konnte. Dies lässt sich gut zum einen dadurch erklären, dass die psychische Entwicklung in der Latenzzeit relativ stabil verläuft und sich zum anderen der Vater emotional stabilisiert hatte. Die massiven Eskalationen zu Hause und in der Schule begannen, als Ralf zehn Jahre alt war, wozu zwei Faktoren entscheidend beitrugen. Zum einen trat Ralf in die Frühadoleszenz ein, eine Entwicklungsphase, in der sich Ich-Strukturen labilisieren und es aufgrund der vorangegangenen unverarbeiteten traumatischen Erfahrungen zu einem neuerlichen Aufbrechen des Traumas kommt. Das geschwächte Ich von Ralf wurde von massiven unkontrollierbaren Ängsten überschwemmt, die impulsive Gewalthandlungen und autoaggressive Handlungen zur Folge hatten. Gleichzeitig verschlimmerte sich die Situation massiv durch die Krebserkrankung des Vaters, der sich innerlich von seinen Kindern abwandte, da er zunehmend mit seiner eigenen Erkrankung beschäftigt war. In dieser Situation, in der Ralf die Lebensbedrohung spürt, fürchtet er auch den Verlust des Vaters, eine Erfahrung, die er aus seinem dritten Lebensjahr kennt, als er nach dem Unfall der Mutter von Vater und Mutter getrennt bei den Großeltern leben musste.

So wurden unverarbeitete traumatische Trennungserfahrungen und Entwicklungsdefizite im adoleszenten Entwicklungsprozess reaktiviert, die zu einer massiven Beeinträchtigung der weiteren Entwicklung führten. Die Reaktivierung der frühkindlichen Trennungstraumata sowie die Retraumatisierung in der Adoleszenz durch die Erkrankung des Vaters, vor dem Hintergrund der labilisierten Struktur in der Frühadoleszenz, berührt unterschiedlichste Entwicklungslinien. Die Entwicklung einer stabilen männlichen Geschlechtsidentität wurde beeinträchtigt, da er als Dreijähriger lange vom Vater getrennt war und er ihn in der Folge als schwach und hilflos erlebte. Aus dieser Erfahrung rührt auch die Beschädigung seines Selbstwertgefühls. Besonders bedrückend erlebte er zudem die Tatsache, dass der Vater seine Anwaltskanzlei verkaufte. Pseudoprogressiv versuchte Ralf, sich seine Lebensräume außerhalb der Familie zu erobern, scheiterte dort häufig, wie die vielen Schulwechsel zeigen. Er blieb schuldhaft an die Mutter in einer hochgradig ambivalenten Bindung gebunden, indem er auf der einen Seite unendlich wütend auf sie war und auf der anderen Seite starke Scham- und Schuldgefühle aushalten musste. Im Gespräch über seine Gewalthandlungen wurde immer wieder deutlich, wie sehr es ihm leidtat, dass er sich nicht beherrschen konnte. Hier kam eine Fähigkeit zur Empathie zum Ausdruck, die für die Prognose der Behandlung günstig war. Ein völlig fehlendes Einfühlungsvermögen bei manch anderen gewalttätigen Jugendlichen lässt auf eine Empathiestörung schließen, die Ausdruck einer schweren Frühstörung im Sinne einer generalisierten Bindungsstörung sein kann.

Es war auch die psychosexuelle Entwicklung hochgradig beeinträchtigt, da der Unfall der Mutter mit der dramatischen Körperbehinderung zu Beginn der ödipalen Phase eine liebevolle Hinwendung zur Mutter erheblich einschränkte und dann in der Frühadoleszenz zur beschriebenen Mischung und Fragmentierung aggressiver und sexueller Impulse führte. Diese Überschwemmung durch Aggressionen und Autoaggressionen erschwerte es dem Jungen zusätzlich, die beginnende sexuelle Entwicklung zu integrieren.

In den Stunden wirkte Ralf meist friedlich, fast angepasst. Aus Behandlungen mit schwer traumatisierten Patienten weiß man, dass sie häufig versuchen, auf einen prätraumatischen Zustand zu regredieren, um das Trauma ungeschehen zu machen. In gleicher Weise entwickelten sich die Stunden mit Ralf über einen langen Zeitraum. Er spielte mit mir mit großer Begeisterung Regelspiele. Ich hatte den Eindruck, er müsse dort anknüpfen, wo die Welt noch in Ordnung war, als es noch möglich war, mit der Mutter zu spielen. Ausgehend von der sicheren Basis des gemeinsamen Spiels war es dann möglich, sich mit dem Unfall seiner Mutter auseinanderzusetzen, seinen Ärger, seine Wut und seine Verzweiflung zu artikulieren. Gleichzeitig konnte er in der therapeutischen Beziehung zu einem männlichen Therapeuten über eine lange Zeit in seiner männlichen Identität nachreifen und seine narzisstische Entwicklung vorantreiben. Zusätzlich besserte sich seine Symbolisierungsfähigkeit, da er den therapeutischen Raum gut nutzen konnte, indem er im Spiel seine Traumata gut in Szene setzen konnte.

Im Rahmen der Behandlung fand umfangreiche begleitende Elternarbeit statt. Besonders hilfreich war, dass beide Eltern eine eigene Psychotherapie aufnahmen. Die psychische Verfassung von Ralf besserte sich entscheidend, als sich der Vater entschloss, mit den Kindern aus dem gemeinsamen Haus auszuziehen und sich eine Wohnung zu nehmen. Im Verlauf der Behandlung wurde deutlich, dass Ralf massiv unter dem Kontakt mit der Mutter litt, da dieser Kontakt stets die Qualität von massiver Retraumatisierung hatte. Die Situation zu Hause war zwischenzeitlich untragbar geworden. Zur Mutter war der Kontakt deswegen so schwierig, da sie selbst nicht in der Lage war, trauernd ihre Körperbehinderung zu verarbeiten, und ständig damit beschäftigt war, zu betonen, dass sie wieder ganz gesund werden würde. Zur Besserung von Ralf trug auch bei, dass sich die Prognose der Krebserkrankung des Vaters als relativ günstig herausstellte. Im Verlauf der Behandlung stabilisierte Ralf sich so weit, dass sich die aggressiven Durchbrüche in Grenzen hielten und er den Anforderungen der Schule gerecht werden konnte.

Grundsätzliche Überlegungen zur Behandlung traumatisierter und damit potenziell gewalttätiger Jugendlicher

Ein Problem der Behandlung schwer traumatisierter Kinder und Jugendlicher besteht darin, dass durch traumatische Vorerfahrungen Symbolisierungsprozesse tief greifend gestört sein können. Kinder und Jugendliche treten dann nicht mehr über symbolische Spiele mit dem Therapeuten in Beziehung, sondern verwickeln ihn in eine affektiv hoch aufgeladene Beziehung. Die Mehrzahl dieser Kinder, wie Barbara Diepold (1998) es formuliert, versucht heftig agierend, die Grenzen des Therapiepaktes und des Therapeuten zu überschreiten. Sie sind motorisch impulsiv, erschrecken mit unartikulierten Lauten, werden von widerstreitenden Triebimpulsen überschwemmt und zeigen Wut von kannibalistischer Heftigkeit. Wenn sie sich wütend, destruktiv und hyperaktiv verhalten, externalisieren sie ihre traumatischen Erfahrungen. Wenn sie seelisch erstarrt sind, haben sie die lebendigen Beziehungen abgebrochen und sich mit Unbelebtem identifiziert. Beide Grundreaktionsmuster lösen heftige Gegenübertragungsgefühle aus: auf der einen Seite Angst, Verwirrung und Wut, auf der anderen Seite innere Leere, Müdigkeit, Verzweiflung. Beide Affektkonstellationen machen therapeutisches Handeln schwierig, weil Gefühle von Überlastung und Wünsche mobilisiert werden, das Kind loszuwerden, was Zweifel an der therapeutischen Identität und Schuldgefühle erzeugt. Aber man entwickelt auch Mitleid mit den Kindern und möchte, dass es ihnen besser als bisher geht, was dazu verleiten kann, korrigierende emotionale Erfahrungen anzubieten. Das würde zwar die eigene psychische Stresssituation erleichtern, aber auch die Möglichkeit nehmen, das Trauma in der Übertragungsbeziehung zu bearbeiten.

Einige Überlegungen zur Gegenübertragung formulierte Barbara Diepold (1998): Zu Beginn der Therapie stellt sich die traumatische Identität in der Übertragung dar, indem Gewalt real wird und sich in Beziehungslosigkeit und destruktiver Aggressivität äußert. Der eigentliche traumatische Inhalt ist noch nicht symbolisierungsfähig und somit dem Fühlen nicht zugänglich. Man wird als Therapeutin mit primärprozesshaftem Material überschwemmt. Dafür fehlt in der Regel der eigene Erfahrungsrahmen und die Empathiefähigkeit ist überfordert.

Schwierigkeiten ergeben sich allerdings dadurch, dass das Deponierte nicht still im Therapeuten ruht, sondern Wirkung entfaltet. Therapeuten sind eben nicht leblos wie Container, sondern fühlende Menschen, die von dem Leid der traumatisierten Kinder angerührt werden. Was das Kind selbst noch nicht fühlen kann, entfaltet in ihnen seine affektive Wirkung. Die Voraussetzung dafür ist allerdings, nicht der vom Patienten induzierten Gefahr der Erstarrung oder Übererregung zu erliegen, wobei besonders die Übererregung die Gefahr des Gegenübertragungsagierens in sich birgt. Gerade darin besteht auch die Anstrengung dieser Arbeit, dass Therapeuten durch ihr Fühlen erfassen, was das Kind an Leid in sich hat, und sich trotzdem nicht verführen lassen, dieses Leid wiedergutmachen zu wollen. Das ist nicht möglich und man würde bei dem Versuch eine Spirale von Bedürfnissen und eine regressive Eskalation im Kind in Gang setzen.

Die therapeutische Anstrengung besteht darin, das Leid zu erfassen und trotzdem – und damit bin ich jetzt auf der Ebene der Behandlungstechnik – die Stunde pünktlich zu beenden, die Mitnahme von Spielzeug nicht zuzulassen, Zerstörungen zu unterbinden, ein eher sparsam eingerichtetes Spielzimmer mit vorwiegend gestaltenden Materialien wegen der Gefahr der Reizüberflutung anzubieten und eigene Grenzen dem Kind deutlich zu vermitteln. Diese Art Sicherung des Rahmens ist eine Vorbedingung für das Durcharbeiten. Indem sich so aus dem Spielzimmer für das Kind ein »Spielraum« entfaltet, ein »potenzieller Raum«, in dem sie zunächst ihr verwundetes Selbstgefühl wiederherstellen können, narzisstische Allmacht erleben und mithilfe projektiver Identifizierungen die psychische Kapazität ihres Therapeuten nutzen können, werden sie ihr Trauma wiederbeleben, soweit Barbara Diepold (1998).

Im Fallbeispiel wurde deutlich, wie eine körperliche Erkrankung von beiden Eltern die seelische Entwicklung vor und während der Adoleszenz beeinträchtigt hat. In ähnlicher Weise beschädigen andersartige Traumatisierungen die Selbstwertentwicklung. Besonders häufig sind psychische Erkrankungen der Eltern, die die seelische Entwicklung von Kindern massiv beeinträchtigen können. Zu nennen wären hier schwere psychiatrische Erkrankungen, wie Schizophrenie oder psychotische Depressionen, aber auch psychogene Erkrankungen wie Angsterkrankungen, Suchterkrankungen, Borderline- bzw. Persönlichkeitsstörungen. Nicht zu unterschätzen sind transgenerationale Traumatisierungen durch Kriegsereignisse, aber auch durch körperliche oder sexuelle Misshandlungen. Nach verlässlichen Untersuchungen sind zwischen 5 und 10 % der Kinder schwersten Misshandlungen und sexuellen Traumatisierungen ausgesetzt (Hellmann, 2014). Traumatische Erfahrungen können auch schwere Beeinträchtigungen der Selbstwertregulation verursachen und führen mit hoher Wahrscheinlichkeit zu Impulsdurchbrüchen und Gewalthandlungen in der Adoleszenz.

Schlussfolgerungen

1. Es ist wichtig, ausreichend therapeutische Angebote für gewalttätige männliche Jugendliche bereitzustellen. Heute stehen nicht ausreichend Therapieplätze, insbesondere für schwierige männliche Jugendliche, zur Verfügung. Gerade im ländlichen Bereich besteht ein eklatanter Mangel an therapeutischen Angeboten. »Schwierigen Patienten« kann nur selten ein Therapieplatz vermittelt werden. Im Rahmen der Ärztlichen Akademie bilden wir Kinderärzte und Kinder- und Jugendpsychiater zur Zusatzbezeichnung Psychotherapie weiter. Unter den Ausbildungskandidaten und -kandidatinnen besteht gegenwärtig ein Geschlechterverhältnis von etwa 1:4, das heißt, 80 % sind Frauen, die sich für die Psychotherapieweiterbildung interessieren, lediglich 20 % sind Männer. Gerade gewalttätige männliche Jugendliche sind leichter von männlichen Therapeuten zu behandeln, da identitätsstiftende, die männliche Geschlechtsidentität stabilisierende Prozesse leichter eingeleitet werden können. Hier gilt es, mehr

Kollegen für die psychotherapeutische Weiterbildung zu begeistern.
2. Es gilt, die Situation in Heimen zu verbessern. Häufig werden Jugendliche, die in Heimen untergebracht werden, retraumatisiert, da eine adäquate Behandlung durch konstante Bezugspersonen aufgrund der hohen Fluktuation von jungen, therapeutisch unerfahrenen Betreuern und Betreuerinnen zu einer Retraumatisierung der Jugendlichen führt. Ich möchte an dieser Stelle auf den Dokumentarfilm »Die zweite Geburt« (Ärztliche Akademie für Psychotherapie von Kindern und Jugendlichen, 2014) aufmerksam machen, der die psychoanalytisch orientierte Behandlung traumatisierter Kinder im Heim behandelt.
3. Es gilt, präventive Angebote verstärkt zu unterstützen. Zum einen ist hier der Eltern-Kleinkind-Psychotherapiebereich zu erwähnen, wo durch frühe therapeutische Interventionen spätere Fehlentwicklungen vermieden werden können. Ein weiterer Ansatz sind frühe Hilfen für Risikogruppen. Dazu zählt auch das von Matthias Franz (2014) entwickelte präventive Elterntraining »wir2« für alleinerziehende Mütter, das durch wertschätzende, emotionszentrierte Gruppenarbeit eine Selbstwertstabilisierung bei den Müttern bewirkt und in dem begleitenden Gruppentraining die Kinder stabilisiert, u. a. mit dem Ziel, gewalttätigem Verhalten in der Jugend präventiv zu begegnen. Im präventiven Bereich gilt es vor allem, Erzieher, Lehrer und Ärzte bezüglich der Früherkennung von Situationen, die die Entwicklung von Kindern beeinträchtigen, zu schulen, um Kindern und Jugendlichen frühzeitig eine adäquate Behandlung zuteilwerden zu lassen. Hier komme ich auf die Kinder- und Jugendgesundheitsstudie (Schlack u. Hölling, 2007) zurück, die belegt, dass nur etwa die Hälfte der Kinder, die eine behandlungsbedürftige psychische Symptomatik zeigen, eine adäquate Behandlung erhält.

Literatur

Ärztliche Akademie für Psychotherapie von Kindern und Jugendlichen e. V. (2014). Die zweite Geburt. Eine Dokumentation über die Behandlung schwer traumatisierter Kinder. München: Bilderfest GmbH.

Diepold, B. (1998). Schwere Traumatisierungen in den ersten Lebensjahren – Folgen für die Persönlichkeitsentwicklung und Möglichkeiten psychoanalytischer Behandlung. In M. Endres, G. Biermann (Hrsg.), Traumatisierung in Kindheit und Jugend (S. 131–141). München: Ernst Reinhardt.

Erdheim, M. (1993). Psychoanalyse, Adoleszenz und Nachträglichkeit. Psyche – Zeitschrift für Psychoanalyse, 10, 934–950.

Franz, M. (2014). wir2. Bindungstraining für Alleinerziehende. Göttingen: Vandenhoeck & Ruprecht.

Hellmann, D. (2014). Repräsentativbefragung zu Viktimisierungserfahrungen in Deutschland. Hannover: Kriminologisches Forschungsinstitut Niedersachsen.

Schlack., R., Hölling, H. (2007). Gewalterfahrungen von Kindern und Jugendlichen im subjektiven Selbstbericht. Erste Ergebnisse aus dem Kinder- und Jugendgesundheitssurvey (KiGGS). Bundesgesundheitsblatt – Gesundheitsforschung – Gesundheitsschutz, 50, 819–835.

Robertson, J., Robertson, J. (1975). Reaktionen kleiner Kinder auf kurzfristige Trennungen von der Mutter im Lichte neuerer Beobachtungen. Psyche – Zeitschrift für Psychoanalyse, 29, 626–664.

Uhlhaas, P. (2011). Das adoleszente Gehirn. Stuttgart: Kohlhammer.

Bernhard Stier

ADHS – warum zappelt Philipp?

»Ritalin ist eine Pille gegen eine erfundene Krankheit, gegen die Krankheit, ein schwieriger Junge zu sein. Immer mehr Jungs bekommen die Diagnose. Die Pille macht sie glatt, gefügig, still und abhängig.« Dieses Zitat aus einem Artikel von Christiane Hoffmann und Antje Schmelcher in der Frankfurter Allgemeinen Sonntagszeitung vom 16.02.2012 sollte aufhorchen lassen.

Neben zahlreichen Fragen, die sich um die Diagnostik und Behandlung des Aufmerksamkeitsdefizit-Syndroms (mit Hyperaktivität), kurz ADHS genannt, ranken, scheint bislang die Tatsache, dass Jungen deutlich häufiger von diesem Syndrom betroffen sind, unwidersprochen hingenommen zu werden. Ist ADHS ein Jungen-Syndrom und wenn ja, gibt es dafür eine Erklärung?

Zappelphilipp – mal anders. Eine Fallvignette

Jakobs (Name geändert) Vater war die meiste Zeit beruflich unterwegs und kümmerte sich wenig um den Jungen. Die Mutter hatte einen Freund, als Jakob vier Jahre alt war, und ab da wuchs er die meiste Zeit bei Verwandten auf. In der Schule wurde ihm schnell langweilig und er war den Lehrern als Unruhestifter bald ein Dorn im Auge. Naturwissenschaften und Mathematik interessierten Jakob nicht. Er wollte nur Bilder malen und Gedichte schreiben. Er fühlte sich als Künstler und unverstandenes Genie. Er war schon in jungen Jahren sehr rebellisch. Er prügelte sich auf Schulhöfen und ging mit seiner Bande Süßigkeiten und Zigaretten stehlen oder zog Mädchen aus Spaß die Höschen herunter. Mehrfach drohte er wegen wiederholten unentschuldigten Fehlens von der Schule verwiesen zu werden.

Es darf getrost davon ausgegangen werden, dass Jakob heutzutage eine ADHS-Diagnose und mit hoher Wahrscheinlichkeit auch eine entsprechende Therapie bekommen würde. Das wäre sehr schade, denn vermutlich wären uns dann zahlreiche Welthits vorenthalten worden. Denn bei der geschilderten Person handelt es sich um keinen geringeren als John Lennon. ADHS und Erfolg schließen sich keinesfalls aus. Im Gegenteil wäre die Welt ohne Menschen mit ADHS um zahlreiche Erkenntnisse und Errungenschaften in Wissenschaft und Kultur ärmer; man denke nur an Leonardo da Vinci, Einstein, Beethoven, Mozart, Picasso – die Reihe lässt sich ohne Probleme bis in die Neuzeit fortsetzen. Nicht vergessen sollten wir auch berühmte und beliebte Kinderbuchgestalten wie zum Beispiel Pumuckl, Michel aus Lönneberga oder Pippi Langstrumpf.

Diagnostik

Grundlage für das diagnostische Vorgehen bilden die ADHS-Klassifikationsschemata nach DSM-IV und ICD-10. Eine gute Diagnostik beinhaltet:
- ein Elterninterview;
- das Interview mit dem Kind;
- die körperliche/neurologische Untersuchung;
- serologische Untersuchung, EEG und EKG;
- Verhaltensbeobachtung;
- die psychologische/psychiatrische Anamnese;
- psychologische Testverfahren;
- Beurteilungsskalen und Testverfahren sowie
- Angaben zur Sozial- und Umgebungsanamnese, insbesondere Herkunft, Kindergartenzeit und Schule.

Hyperkinetische Störungen, zu denen auch ADHS zählt, werden durch mehrere Zuweisungsmerkmale erfasst (Forschungskriterien für hyperkinetische Störungen gemäß ICD-10, Weltgesundheitsorganisation, 1994, S. 187–189):
1. Durch charakteristische Verhaltensmerkmale wie Unaufmerksamkeit, Impulsivität und Hyperaktivität. Beispielhafte Verhaltensmerkmale dafür sind:
   a) *Unaufmerksamkeit*: ist unaufmerksam gegenüber Details oder macht Sorgfaltsfehler, die Aufmerksamkeit kann bei Aufgaben oder bei Spielen häufig nicht aufrechterhalten werden,

hört scheinbar nicht, was ihm gesagt wird, kann oft Erklärungen nicht folgen, kann häufig Aufgaben und Aktivitäten nicht organisieren.
b) *Impulsivität*: platzt häufig mit der Antwort heraus, kann nicht warten, bis er/sie an der Reihe ist, stört und unterbricht andere häufig.
c) *Hyperaktivität*: fuchtelt mit Händen und Füßen herum, verlässt den Platz im Klassenraum, läuft in unpassenden Situationen herum oder klettert extensiv, ist beim Spielen unnötig laut, legt trotz sozialer Einflussnahme ein anhaltendes Muster extensiver motorischer Unruhe an den Tag.
2. Diese Verhaltensmerkmale müssen seit mindestens sechs Monaten zu beobachten sein.
3. Die »Verhaltensprobleme« sollen vor dem siebten Lebensjahr begonnen haben. (Bei Vorschulkindern soll nur eine extreme Ausprägung zur Diagnose führen.)
4. Die Verhaltensprobleme müssen ferner eine in Bezug auf Alter und Entwicklungsstand des Kindes abnorme Ausprägung besitzen, also eine deutliche unangemessene Qualität haben.
5. Die Hinweise auf Unaufmerksamkeit und Verhaltensmerkmale für Hyperaktivität müssen in mehr als einer Situation (z. B. zu Hause, im Klassenraum, beim Spielen, in der Klinik) registriert werden, was den Nachweis einer situationsübergreifenden Symptomatik erfordert.
6. Die genannten Verhaltensmerkmale müssen darüber hinaus so beschaffen sein, dass sie ein deutliches Leiden oder Beeinträchtigungen der sozialen, schulischen oder beruflichen Funktionsfähigkeiten beim betroffenen Kind bzw. Jugendlichen verursachen.

Neben dem zeitlichen Aufwand einer erforderlichen umfangreichen und aufwendigen Diagnostik liegen die Probleme vor allem in der großen Heterogenität des Krankheitsbildes und in den mehr der Symptomatik als der Ätiologie folgenden Klassifikationsschemata. Zudem spielt die Erfahrung des Untersuchers eine zentrale Rolle. Das führt vielfach dazu, dass die Empfehlungen der Fachgesellschaften nur ausnahmsweise befolgt werden (Seyberth u. Mentzer, 2004).

Fehldiagnose ADHS

Kaum eine andere psychische Störung des Kindes- und Jugendalters wird so heftig und emotional in der Öffentlichkeit diskutiert wie ADHS (z. B. Blech, 2010; Schmitz, 2011; Stein, 2014). Das Hyperkinetische Syndrom (HKS) bzw. das Aufmerksamkeitsdefizit-Hyperaktivitätssyndrom (ADHS) gilt unbestritten als die häufigste psychiatrische Störung im Kindes- und Jugendalters. Die Prävalenz wird in einer neuen Metaanalyse über die unterschiedlichen Klassifikationssysteme und kulturellen Spezifika hinweg mit weltweit 5,29 % angegeben. Die Häufigkeit ist nach ICD-10 etwas geringer als nach DSM-IV, was sich allein dadurch erklären lässt, dass nach ICD-10-Forschungskriterien nur der »kombinierte Subtyp« mit Vorliegen aller drei Kardinalsymptome verschlüsselt wird. Für Europa kann im Kindes- und Jugendalter eine Prävalenz von knapp 5 % angenommen werden (Romanos, Schwenck u. Walitza, 2008). Studien insbesondere aus dem angloamerikanischen Sprachraum weisen erhebliche Schwankungen bezüglich der Prävalenzen auf (4–26 %). Im Kindesalter werden zudem höhere Prävalenzen als bei Jugendlichen angegeben. Außerdem wird bei Jungen die Diagnose ADHS rund drei- bis viermal häufiger gestellt als bei Mädchen.

Immer wieder zeigen Daten, etwa von Krankenkassen, dass die Zahl der Kinder und Jugendlichen mit ADHS stetig zunimmt. So ergibt zum Beispiel das Ergebnis einer Versicherungsstichprobe der Barmer GEK 2013, dass bei 20 % aller Jungen, die 2000 geboren wurden, im Alter von sechs bis elf Jahren die Diagnose ADHS gestellt wurde (Mädchen 7,8 %) (Richter-Kuhlmann, 2013). Allein zwischen 2006 und 2011 sind laut Barmer-GEK-Arztreport 2013, basierend auf den Daten von acht Millionen Versicherten, die Diagnoserate für ADHS um 49 % und die Methylphenidat-Verordnungsraten um 39 % gestiegen. Schaut man sich die Daten aus dem Barmer-GEK-Report noch genauer an, so fällt zudem auf, dass der Anteil männlicher Kinder und Jugendlicher mit der Diagnose F90 (Hyperkinetische Störungen) und die – auf etwas niedrigerem Niveau – beinahe parallel verlaufende Kurve der Methylphenidat-Verordnungen dabei in Unterfranken deutlich über dem Bundesdurchschnitt und an der Spitze in der BRD liegen (Grobe, Bitzer u. Schwartz, 2013). Diese und andere Aussagen führten dazu, dass der Barmer-GEK-Arztreport 2013 zur Häufigkeit von ADHS und seiner medikamentösen Behandlung Gegenstand diverser kritischer Stellungnahmen wurde (z. B. Döpfner, Banaschewski u. Schulte-Körne, 2013; Stollhoff, Skrodzki u. Hartmann, 2013).

Demgegenüber spiegeln die aktuellen KiGGS-Analysen diese hohen Prävalenzen nicht wider. Nach Auskunft der Eltern der ersten Erhebung der KiGGS-Studie 2003–2006 erhielten 5 % aller Heranwachsenden die Diagnose ADHS von einem Arzt/einer Ärztin oder einem Psychologen/einer Psychologin. Jungen waren dabei mehr als viereinhalbmal häufiger betroffen als Mädchen (Mädchen 1,7 %, Jungen 8 %). Die Folgeuntersuchung 2009–2012 ergab im Vergleich zur Ersterhebung keine signifikante Zunahme der Diagnosehäufigkeit (Schlack, Mauz, Hebebrand u. Hölling, 2014). Dies deckt sich mit den Daten aus anderen europäischen Ländern.

Die widersprüchlichen Ergebnisse der zitierten Studien lassen vermuten, dass ein erheblicher Anteil der Patienten mit Aufmerksamkeitsdefizit- und Hyperaktivitätssyndrom (ADHS) fehldiagnostiziert bzw. fehltherapiert wird (Seyberth u. Mentzer, 2014). Es ist an der Zeit, Diagnostik und Therapie von ADHS auf den Prüfstand zu stellen und kritisch zu hinterfragen, inwieweit in der klinischen Versorgung von den Empfehlungen der evidenzbasierten Leitlinien der kinder- und jugendpsychiatrischen Fachgesellschaften, die gegenwärtig unter Federführung der DGKJP aktualisiert werden, abgewichen wird. Schon im Jahr 2005 hatte der Vorstand der Bundesärztekammer auf Empfehlung seines wissenschaftlichen Beirats eine »Stellungnahme zur Aufmerksamkeitsdefizit-Hyperaktivitätsstörung (ADHS)« veröffentlicht, die sich ausführlich und kritisch mit dem aktuellen wissenschaftlichen Kenntnisstand, der Definition, Ätiologie und Diagnostik sowie Therapie und Verlauf von ADHS auseinandersetzt (Bundesärztekammer, 2005). Mit Blick auf die Versorgung der Patientinnen und Patienten wurde darin u. a. festgehalten, dass zum Teil erhebliche Wissenslücken bezüglich einer adäquaten Diagnostik (vor allem auch Differenzialdiagnostik) bestehen. Ebenso wurde auf unzureichende Kenntnisse über die Häufigkeit, die Kombinationen und Erfolge der verschiedenen (medikamentösen und nichtmedikamentösen) Behandlungskomponenten hingewiesen. Zudem besteht mehr Informationsbedarf darüber, mit welcher Bereitschaft die verschiedenen Therapieelemente in Anspruch genommen und Therapievorschriften eingehalten werden.

Eine repräsentative Befragung von Kinder- und Jugendlichenpsychotherapeuten und -psychiatern lieferte 2012 erstmals empirische Belege dafür, das ADHS zu häufig diagnostiziert wird (Bruchmüller u. Schneider, 2012). Dabei wurden Fallgeschichten (FG) an 1.000 Therapeutinnen und Therapeuten geschickt mit der Bitte, eine Diagnose zu stellen. Es existierten vier Versionen: FG 1 (ADHS) erfüllte alle ADHS-Kriterien. FG 2–4 (kein AHDS) enthielten mehrere ADHS-Symptome, aber verneinten andere AHDS-Kriterien, sodass keine AHDS-Diagnose vergeben werden konnte. Alle FG existierten zudem in einer weiblichen und einer männlichen Version. Als Ergebnis wiesen die Untersucherinnen auf zwei wesentliche Befunde hin:
- Therapeuten halten sich bei der Diagnostik von ADHS nicht strikt an die Diagnosekriterien (16,7 %).
- Das Geschlecht des Kindes beeinflusst die Diagnoseraten deutlich (Jungen »ADHS positiv«: 22 % versus Mädchen »ADHS positiv«: 11 %).

Die Autorinnen kamen zu dem Ergebnis, dass unter Therapeuten eine Aufklärung über Verzerrungstendenzen, Häufigkeit und Folgen von Fehldiagnosen sowie eine fundierte Ausbildung in der Anwendung strukturierter Interviews notwendig sind, um die Diagnosequalität in der klinischen Praxis zu sichern.

Eine aktuelle ADHS-Forschungsstudie des Sigmund-Freud-Instituts Frankfurt stützt diese Befunde. Bei akkurat durchgeführter Eingangsdiagnostik hatten nur neun von 101 vorstellig gewordenen Kindern mit entsprechenden Symptomen und vorgängigen Verdachtsdiagnosen durch Eltern, Lehrer oder Ärzte die Diagnose ADHS zu Recht erhalten (Dammasch, 2013).

Grobe und Schwartz vom Institut für Sozialmedizin, Epidemiologie und Gesundheitssystemforschung in Hannover, die Autoren des Barmer-GEK-Arztreports 2013, berichten zudem von besonders hohen Diagnoseraten zum Ende des Grundschulalters vor dem

Übergang an weiterführende Schulen. Sie vermuten, dass sich darin die Erwartungshaltung und der Druck der Eltern widerspiegeln. Die Wissenschaftler aus Hannover konnten auch elternabhängige Faktoren ausmachen. Demnach sinkt mit steigendem Ausbildungsniveau der Eltern das Risiko der Kinder, eine ADHS-Diagnose zu erhalten. Kinder arbeitsloser Eltern sind häufiger von der Störung betroffen, während ADHS bei Kindern von Gutverdienern tendenziell seltener diagnostiziert wird. Auch gibt es Hinweise darauf, dass Kinder jüngerer Eltern ein höheres Risiko haben als diejenigen von Eltern mittleren Alters. »Ob das an einer größeren Gelassenheit von Eltern im fortgeschrittenen Alter liegt oder an Erziehungsproblemen jüngerer, bleibt offen«, sagt dazu Rolf-Ulrich Schlenker, stellvertretender Barmer-GEK-Vorstandsvorsitzender (zit. aus Richter-Kuhlmann, 2013).

Auch diese Befunde lassen vermuten, dass Therapeuten – wie bei anderen Alltagsentscheidungen auch – in der Diagnosesituation häufiger Heuristiken einsetzen. Jedoch birgt das heuristische Vorgehen in der Diagnosesituation ein erhöhtes Risiko für Fehlentscheidungen. Beim Störungsbild ADHS führt dies dazu, dass die Diagnose vorschnell vergeben wird, obwohl die Patienten die Diagnosekriterien gar nicht vollständig erfüllen. Männliche Patienten sind davon wesentlich häufiger betroffen als weibliche (Bruchmüller u. Schneider, 2012).

Weiterhin wird immer wieder diskutiert, dass es sich bei ADHS um ein kulturabhängiges Phänomen handelt (Hagmann, 2009; Köckenberger, 2001). Die Wahrnehmung des Beobachters, ja einer ganzen Nation, spielt offensichtlich eine große Rolle. Wer, wie, was fühlt sich gestört? Kurz vor seinem Tod gestand der amerikanische Psychiater Leon Eisenberg – er hatte als Erster dafür gesorgt, dass Hyperaktivität und Aufmerksamkeitsschwäche unter dem Namen ADHS als psychische Erkrankung klassifiziert wurde –, dass er inzwischen glaube, ADHS sei ein Paradebeispiel für eine fabrizierte Erkrankung.

Hyperaktivität

Frank (fiktiver Name) – zwölf Jahre alt – ist kreativ, witzig und originell, findig für besondere Lösungen, schnell im Denken, einfühlsam, hilfsbereit und gerechtigkeitsliebend; wenn die Motivation stimmt, kurzzeitig sehr leistungsfähig, hartnäckig und zielstrebig bei eigenen Projekten. – Würde man hier an ADHS denken?

Er ist aber auch vergesslich und unordentlich, unpünktlich und unverlässlich, tut sich schwer, Sachen zu Ende zu bringen, ist leicht ablenkbar, impulsiv und schnell wütend. – Greift man jetzt eher zur (Verdachts-)Diagnose ADHS?

Beide Beschreibungen stammen aus der Broschüre »Gemeinsam ADHS begegnen« (Medice Arzneimittel Pütter GmbH & Co. KG, Iserlohn) und zeigen das vielfältige Bild dieses Syndroms. Dabei machen sie deutlich, dass ADHS unter bestimmten Bedingungen durchaus sehr positive und förderungswürdige Eigenschaften zeigt, also keinesfalls unbedingt ein Stigma sein muss, geschweige denn ein zu therapierendes Krankheitsbild.

Als ADHS-Kernsymptome gelten Unaufmerksamkeit, Impulsivität und Hyperaktivität. Sie sind als zentrale Störungsbilder für die Diagnosestellung entscheidend. Im Rahmen des multifaktoriellen Ursachenmodells von ADHS ist besonders die Hyperaktivität ein Symptom mit vielen Gesichtern. Sie wird in unterschiedlichen Zusammenhängen gesehen und diskutiert (siehe Tabelle 1).

Tabelle 1: (nach Falk-Frühbrodt, 2002 – gekürzt) Hyperaktivität als Folge

– von Untererregung
– von Übererregung
– von Störungen im Glucosestoffwechsel
– von Wahrnehmungsstörungen
– von Allergien und Nahrungsmittelunverträglichkeiten
– sozialer und erzieherischer Einflüsse
– zur Kompensierung von Minderwertigkeitsgefühlen
– familiärer Konflikte
– erhöhter Bleikonzentration

Eine Studie zog 2010 weltweit starkes Medieninteresse auf sich. Todd E. Elder von der Michigan State University untersuchte die Diagnosevergabe von ADHS in der klinischen Routinepraxis (2010). Der Autor verglich die Häufigkeit von ADHS-Diagnosen bei den jeweils ältesten und jüngsten Kindern einer Klasse. Es zeigte sich, dass die jüngsten Kinder einer Klasse etwa doppelt so häufig eine ADHS-Diagnose bekommen hatten und mit Methylphenidat behandelt wurden wie die ältesten Kinder. Dieser Effekt war stabil und unabhängig davon, ob das Schuljahr im September oder im Dezember begonnen hatte. Diese Befunde können so interpretiert werden, dass der relative Altersvergleich bei der Diagnosevergabe eine starke Rolle spielt: Die vergleichsweise geringere motorische Reife und der vergleichsweise unkontrolliertere Bewegungsdrang jüngerer Kinder einer Schulklasse scheint als Hyperaktivität im Sinne von ADHS fehlinterpretiert zu werden.

Die komplexe Wechselwirkung von Leib, Seele und Geist, wie sie in dem Zusammenspiel von Bewegung, Aufmerksamkeit und Affektbewältigung zum Ausdruck kommt, wird von Hans Hopf in seinem Artikel »Das Dilemma der unruhigen Jungen« betont (Hopf, 2013): »Bewegung, Aufmerksamkeit sowie Affektbewältigung sind primär psychische Phänomene und standen immer im Zentrum der Pädagogik. Bewegungsunruhe, Aufmerksamkeitsdefizite sowie Affektdurchbrüche sind Störungen dieser Bereiche vor dem Hintergrund von belastenden Lebensereignissen, Beziehungsstörungen, Deprivationen, Traumatisierungen.« Die Neurobiologie liefert für das, was wir als unseren Geist, unsere Psyche verstehen das biologische Korrelat. In Gedanken, Phantasien und Beziehungen wird jedoch aus Biologie psychisches Erleben. Dabei ist das neurobiologische Geschehen kein manifester und stereotyp ablaufender Prozess. Er kann durch Einflüsse von Pädagogik und Psychotherapie immer wieder verändert werden. Es besteht ein ständiges Wechselspiel zwischen Leib und Seele und einer störenden und/oder fördernden Umwelt. »Dieses Zusammenspiel von Seele, Körper und Umwelt wird in der Regel bei allen seelischen Erkrankungen im Kindes- und Jugendalter zu Grunde gelegt und akzeptiert, nur nicht bei Bewegungsunruhe, Aufmerksamkeitsstörungen und bei Problemen mit der Beherrschung von Gefühlen und Trieben« (Hopf, 2013).

Lebhaftigkeit, vermehrter Bewegungsdrang und Herumtollen wird, und dies betrifft weit mehr die Jungen als die Mädchen, häufig vorschnell mit Hyperaktivität gleichgesetzt. Schnell ist damit die Verbindung zu ADHS hergestellt. Die vorschnelle Diagnose und die nachfolgenden Therapien geben Eltern, Erzieherinnen und Lehrern eine Scheinsicherheit. Kindern hingegen geben sie früh das

Gefühl, ein Defizit zu haben! Für Kinder ist es in einem Umfeld, in dem ihre Bewegungsräume zunehmend eingeschränkt und ihr Bewegungsdrang sanktioniert wird, immer schwieriger, noch ausreichende und kindgerechte Bewegungsräume zu finden. Gleichzeitig reagiert die Gesellschaft heute empfindlicher auf lebhafte und unangepasste Kinder. Trotz Tendenzen, Bewegung wieder mehr in Kindergarten und Schule zu integrieren und Bewegungsmöglichkeiten und -räume auszubauen, tut sich das Personal beider Institutionen schwer, dem natürlichen Bewegungsdrang von Kindern positiv zu begegnen. Es fehlt vielfach immer noch die Einsicht, dass Bewegung nicht nur dem Körper, sondern auch, und das eigentlich vorrangig, dem Geist guttut.

Bewegung formt das Gehirn – die Bedeutung von Bewegung für Aufmerksamkeit, Konzentration und Lernen

»Wer sich bewegt, dem fällt das Denken leichter!« (Gruber, 2007).

Bewegung – gemeint ist strukturierte Bewegung (dies kann auch rhythmisches Kippeln mit dem Stuhl sein!) – diente immer schon zur Unterstützung geistiger Arbeit und Konzentration. Schon vor 2000 Jahren kamen die Philosophen der Antike beim Spazierengehen zu neuen Erkenntnissen und es wurde währenddessen gelehrt und gelernt. Goethe und andere Gelehrte arbeiteten früher häufig an Stehpulten und gingen beim Nachdenken auf und ab.

Die Bedeutung der motorischen Entwicklung für die gesamte und nicht nur die körperliche kindliche Persönlichkeitsentwicklung konnte bereits in zahlreichen Untersuchungen nachgewiesen werden. Demnach sind für Entwicklungs- und Lernprozesse vor allem Bewegung, Handlung und Wahrnehmung von Bedeutung (vgl. Herm, 1997, S. 15). Dies bestätigt zum Beispiel die Studie von Breithecker (Bundesarbeitsgemeinschaft, 2005). Darin heißt es, »dass eine Schule, in der Bewegungsaktivität unterstützt und gefördert wird, auch positive Auswirkungen auf Lernfähigkeit und Leistungsbereitschaft der Kinder hat. Bei der Untersuchung auf Aufmerksamkeitsleistung ergeben sich wesentliche Unterschiede zwischen verschiedenen Vergleichsklassen« (S. 10).

Lernen braucht Bewegung. Kinder, die über eine bessere Bewegungskoordination verfügen, können sich auch besser konzentrieren (Graf, Koch u. Dordel, 2002). Eine empirische Studie von Dordel und Breithecker (2003), die in verschiedenen Schulklassen mit unterschiedlichen Bewegungsanteilen die Aufmerksamkeitsleistung untersucht hat, liefert dafür deutliche Belege.

Aufmerksamkeit und Konzentrationsfähigkeit gelten als wesentliche Grundlage für erfolgreiches Lernen. Aber Konzentration ist nur möglich, wenn auch der Körper mitmacht. Wenn der Körper negative Signale aussendet, wenn das Kind also unruhig ist und herumzappelt, ist auch die Konzentration gestört. Nur wenn es sich um strukturierte Bewegung handelt, kommt auch im Gehirn Lust auf, bei der Sache zu bleiben. Es kommt also sehr auf gezielte, »sinnvolle« Bewegung an. Eine Erklärung für die Steigerung der Aufmerksamkeit durch Bewegung kann in deren förderlichen Wirkung auf die Durchblutung des Gehirns liegen. Bewegung regt allgemein den Stoffwechsel an und nimmt außerdem Einfluss auf die Aktivität der Neurotransmitter. Zudem werden durch Bewegung hormonelle Prozesse beeinflusst, die zum Abbau von Stress und zu einer Steigerung des psychischen und geistigen Wohlbefindens führen (Hollmann u. Löllgen, 2002). Bewegung kann also als Copingversuch verstanden werden, mit einem erhöhten Stresslevel umzugehen.

Entgegen weitläufigen Meinungen stören Bewegungsaktivitäten aufmerksames und konzentriertes Arbeiten nicht, sie schaffen vielmehr die Bedingungen dafür, dass Aufmerksamkeit und Konzentration wiederhergestellt werden können. Bewegung fördert den Informationsfluss im Gehirn, die Verknüpfung von Nervenzellen wird unterstützt, das Gehirn wird besser mit Sauerstoff versorgt, Kinder können sich besser konzentrieren. Außerdem macht das Lernen mehr Spaß, wenn man sich aktiv und mit Energie mit einer Sache oder einem Problem beschäftigen kann (Bildung und Gesundheit NRW, o. J.). Ein »bewegtes Leben« ist Grundvoraussetzung für unser Denken und Handeln (siehe Tabelle 2).

Tabelle 2: Ein »bewegtes Leben« und seine Folgen für die Gehirnleistung (aus: Forum. Ernährung Heute, o. J.)

– erhöhte Konzentrationsfähigkeit
– verbesserte Wahrnehmung
– verbessertes Kurzzeitgedächtnis
– Anregung der Sinne
– erleichtertes »Begreifen« eines Lernstoffes
– Beruhigung bei Stress und Verhinderung von Denkblockaden
– Anregung bei Müdigkeit
– Förderung der Zusammenarbeit beider Hirnhälften
– verstärkte Arbeit der linken Hirnhälfte (bei Rechtshändern)
– Förderung kreativen Denkens, verbesserte Problemlösefähigkeiten
– Erschließung eines zusätzlichen Informationszuganges
– schnellere Informationsverarbeitung (schneller erkennen und schneller reagieren)
– Förderung vernetzten Denkens und Handelns
– Förderung der emotionalen Intelligenz
– reduzierte Wahrscheinlichkeit für das Auftreten von kognitiven Störungen und Demenz

Braucht Leonce mehr Bewegung als Lena?

»Motorik, Aggression und Sexualität sowie eine archaische Lust an der Bewegung sind bei Jungen eng miteinander verknüpft. Jungen neigen zur Bewegungsunruhe und externalisieren ihre Konflikte. Andererseits wurden die freundlichen weiten Räume immer enger, sie wurden zubetoniert und mit gefährlichen Objekten vollgestellt. Jungen flüchten sich daher oft in eine Alternativwelt, die Computerwelt, für die sie mittlerweile bessere Ausstattungen mitbringen« (Hopf, 2006, S. 40). Jungen sind generell mehr von der Einschränkung der Bewegungsangebote, erst recht mit Beginn der Schulzeit, betroffen als Mädchen, denn sie benötigen mehr Bewegung und haben kürzere Konzentrationszeiten. Dies gilt vor allem für die ersten vier Schuljahre. Körperliche Betätigung, »das Austoben«, ist für Jungen in bestimmten Altersstufen besonders wichtig. Überfüllte Klassenzimmer, ständige Kürzungen des Sportunterrichts und fehlende Ausgleichsphasen engen den Bewegungsspielraum von Jungen (und Mädchen) immer mehr ein (Stangl, o. J. a).

Jungen sind anders als Mädchen, u. a. aufgrund der erhöhten Produktion von Testosteron. Das formt schon ab der frühen Embryonalphase ihr Gehirn und ihr Denken. Bezüglich des Gehirns sieht das zum Beispiel so aus (Tabelle 3):

Tabelle 3: Jungen haben ein anderes Gehirn

– Die Verbindung zwischen beiden Gehirnhälften ist schwächer ausgebaut (stärkere Lateralisation)
– Die Sprache ist stärker linksseitig lokalisiert
– Das Testosteron hat eine beschleunigende Wirkung auf Differenzierung der rechten Hirnhälfte. Z. B. wird damit die räumliche Vorstellung besser
– Die orbitofrontale Region ist weniger stark ausgebildet. Dadurch kommt es zur schlechteren Impulskontrolle des limbischen Systems
– Das Erkennen, besonders von bewegten Objekten, wird schneller und einfacher, allerdings auf Kosten der Genauigkeit

Als Lateralisation des Gehirns bezeichnet man die neuroanatomische Ungleichheit und funktionale Aufgabenteilung und Spezialisierung der Großhirnhemisphären. Die testosteronbedingte stärkere Lateralisation des Gehirns bedingt primär aber auch ein Handicap im Denken, denn integrierendes (ganzheitliches) Denken ist weniger eine Frage des Gebrauchs einer Gehirnhälfte, sondern des Zusammenspiels beider. Dieses Denken beruht auf einem breiteren Horizont und geht von größeren Zusammenhängen aus, berücksichtigt dabei viele Einflussfaktoren und wirkt nicht auf das System ein, sondern arbeitet mit ihm (Probst u. Gomez, 1991). Bedeutend ist in diesem Zusammenhang die Strukturierung des Balkens, der für den Informationsaustausch zwischen beiden Hälften verantwortlich ist. Ob dabei die Größe des Balkens geschlechterabhängig unterschiedlich ist, wird sehr kontrovers diskutiert, ist aber eher zu verneinen. Unwidersprochen ist allerdings, dass Bewegung die Verbindung beider Hirnhälften miteinander deutlich fördert und so das integrierende Denken unterstützt. Interessant ist in diesem Zusammenhang, dass selbiges Testosteron, welches die Lateralisation des Gehirns verstärkt, gleichzeitig den Bewegungsdrang, den Entdeckungsdrang, den Antrieb und die körperliche Aktivität steigert. So werden die möglichen Folgen der stärkeren Lateralisation quasi »hintenherum« gemildert, gewissermaßen neutralisiert.

Das Setzen von Zielen, vorausschauendes und planvolles Handeln, Impulskontrolle, emotionale Regulation, Aufmerksamkeitssteuerung, zielgerichtetes Initiieren und Sequenzieren von Handlungen, Prioritätensetzung, Analyse der Handlungsergebnisse, die Selbstkorrektur und das Einfühlen in andere Personen werden in der Hirnforschung als exekutive Funktionen bezeichnet. Dabei handelt es sich um geistige Funktionen, mit denen Menschen ihr Verhalten und soziales Miteinander in ihrem Umfeld steuern. Voraussetzung für eine gute Funktionsfähigkeit dieser kognitiven Leistungen ist das ausbalancierte Zusammenspiel eines Regelkreises, bestehend aus verschiedenen Hirnzentren, den dazugehörigen Neurotransmittern und dem Frontalhirn. Zu diesen Hirnzentren gehören u. a. der Parietallappen, das anteriore Cingulum, die Hippocampusregion, die Basalganglien und der Thalamus.

Bewegung wie auch aktives Musizieren sind als Fördermaßnahmen zur Stabilisierung dieses Regelkreises hervorragend geeignet, wie zahlreiche Arbeiten belegen (z. B. Braus, 2014; Seither-Preisler, Parncutt u. Schneider, 2014; Stöglehner, 2012). Leider hat das Wissen um die Bedeutung der gezielten Förderung exekutiver Funktionen bisher noch viel zu selten seinen Niederschlag in den therapeutischen Bemühungen gefunden (Spitzer u. Kubesch, 2010). So ist auf der Website des ADHS-Zentrums Emsland zu lesen: »Die Ergebnisse weiterer zahlreicher Untersuchungen mit ADHS-erkrankten Kindern und Jugendlichen legen nahe, dass ein auf die exekutiven Funktionen gerichtetes Training der Erkrankung vorbeugen oder bei bereits bestehenden Auffälligkeiten den Heilungs- oder zumindest Besserungsprozess fördern kann.« Bewegung bietet als Säule des gezielten Trainings exekutiver Funktionen die Möglichkeit einer zur medikamentösen Therapie alternativen oder ergänzenden Behandlung.

Jungen, ADHS und Bewegung

Bei ADHS liegt eine Störung des Regelkreises vor, welcher für die Steuerung und Ausprägung exekutiver Funktionen verantwortlich ist (Braus, 2014). Wie erwähnt ist als Fördermaßnahme zur Stabilisierung dieses Regelkreises u. a. die Bewegung hervorragend geeignet. In diese Richtung zeigt auch die Untersuchung von Mark D. Rapport von der University of Central Florida. Er stellte fest, dass Jungen mit ADHS Bewegung brauchen, um aufmerksam zu bleiben. Das Stillsitzen fällt ihnen schwer, außer sie befinden sich in einer Situation, die sie in hohem Maß extern stimuliert, sodass sie weniger eigene Gehirnleistung erbringen müssen, zum Beispiel bei Computerspielen (vergleiche das Verhalten des »Normalbürgers« bei ermüdenden Sitzungen!). Diese Jungen brauchen die körperliche Unruhe, um konzentriert zu arbeiten. Das würde auch teilweise erklären, warum stimulierende Medikamente das Verhalten von Kindern mit ADHS positiv beeinflussen können.

Das Fehlen von Bewegungsanreizen in der frühkindlichen Entwicklung führt zu Störungen des Stoffwechselgleichgewichts zwischen Dopamin und Serotonin und damit zur Störung der mit diesen Botenstoffen verbundenen Dynamik und Funktionalität neuronaler Anpassungsprozesse. Dies führt wiederum zur dauerhaften Effizienzeinbuße in der aktivitätsbedingten Anpassung und Umstrukturierung neuronaler Strukturen (Gasse u. Dobbelstein, 2004). Ist dies vielleicht der Grund für die viel zitierten Unterschiede im dopaminergen System von ADHS-Patienten gegenüber dem Normalkollektiv? Damit wären sie nicht Ursache, sondern Folge.

Die Schulsituation stellt die größten Anforderungen in den Problembereichen der ADHS-Kinder. Gerade der Schuleintritt geht mit erhöhten Anforderungen an die Aufmerksamkeit, Impulsunterdrückung und Kontrolle motorischer Aktivitäten (wie Stillsitzen) einher. Dies lässt die ADHS-Symptome deutlicher hervortreten, was erhöhte diagnostische Anstrengungen zu diesem Zeitpunkt plausibel erklären kann. So zeigt die KiGGS-Studie Welle 1 (Schlack, Mauz, Hebebrand u. Hölling, 2014) einen deutlichen Anstieg erstmaliger ADHS-Diagnosen im Alter von fünf Jahren und den höchsten Anstieg überhaupt mit sechs Jahren. »In Unkenntnis genauer Verursachungen, aber vielfältiger Vermutungen [...] wurden die verschiedensten Diagnosebezeichnungen geprägt. Diese betonen zunächst das ständige Zappeln und die exzessive Ruhelosigkeit. Die Kinder werden vorschnell mit stigmatisierenden Begriffen bedacht, wobei Etikettierungen, ständige Vorwurfshaltung und Ausgrenzung die Symptomatik des hyperaktiven Kindes eher fördern. Durch die Sammeltopfbegriffe wird eine gezielte Eingrenzung der tatsächlichen Problematik eines Kindes unmöglich« (Stangl, o. J. b).

Wie steht es aber mit der bewegungsorientierten Entwicklungsförderung für Kinder mit ADHS? Koentker (2010) stellt dazu als Ergebnis einer Evaluationsstudie fest:

- Es gibt kein einheitliches und die verschiedenen Forschungsdisziplinen integrierendes Erklärungsmodell.
- Die postulierte multimodale Behandlung von Kindern und Jugendlichen mit ADHS reduziert sich in der Praxis oft auf eine medikamentöse Behandlung.
- Die Vorteile bewegungsorientierter Fördermaßnahmen werden meist nur als sekundäre Behandlung oder zur Behandlung komorbider Symptome diskutiert, obwohl diverse Studien auf die Notwendigkeit hinweisen, den Aspekt Bewegung in der Interventionsforschung stärker zu berücksichtigen.
- Erstaunlicherweise haben sich Maßnahmen im Rahmen bewegungsorientierter Entwicklungsförderung bisher weder in der Forschung noch in der Praxis zufriedenstellend durchgesetzt.

Eine Metaanalyse nichtmedikamentöser Therapien bei ADHS brachte ein sehr ernüchterndes Ergebnis (Sonuga-Barke et al., 2013). So ergab sich einzig eine geringe, aber signifikante Verbesserung der Symptomatik bei der Supplementation von freien Fettsäuren und dem Verzicht auf künstliche Farbstoffe. Verhaltenstherapie, Neurofeedback, Gedächtnistraining sowie diverse Diäten führten zu keinem signifikanten Erfolg. Dabei ist bezeichnend, dass die Wirksamkeit von Bewegung nicht Eingang in die Metaanalyse fand. Hier gibt es bislang zu wenige Therapieansätze. Die skizzierten Beobachtungen und das Wissen um neurobiologische Wirkmechanismen rechtfertigen, diese therapeutischen Optionen zukünftig stärker zu berücksichtigen. So antwortete der Psychologe Johannes Streif, stellvertretender Vorsitzender des Vereins ADHS-Deutschland, auf die Frage »Kann Bewegung helfen?«: »Ja, Bewegung ist ein wichtiger, vielleicht der wirksamste Bestandteil in der nichtmedikamentösen Therapie von ADHS-Kindern« (Zeit Online, 2013). Ähnlich sieht dies auch der renommierte Schweizer Pädiater Remo Largo (Kutter, 2013).

Fazit: Es ist zu vermuten, dass Jungen nicht per se von ADHS mehr betroffen sind. Ihr natürlicher Bewegungsdrang sollte nicht pathologisiert und unreflektiert in die Schublade »Hyperaktivität« gepackt werden. Jungen brauchen naturgegeben mehr Bewegung zum Denken als Mädchen. Der gegenüber dem weiblichen Geschlecht verstärkte Bewegungsdrang ist testosteronbedingt und dem Denken (gemeint ist das integrierende Denken) absolut förderlich. Jungen diesen Bewegungsdrang abzusprechen und ihre Bewegungsräume einzuschränken ist kontraproduktiv. Bei gesunden, lediglich »unkonzentrierten« wilden Jungen sind ausreichende Bewegung und ein geregelter Alltag ohne Fernsehen jeder Therapie und jedem Medikament überlegen! Bewegung ist ein wichtiger, vielleicht der wirksamste Bestandteil in der nichtmedikamentösen Therapie von Jungen mit ADHS. Langsam beginnt sich sogar die Meinung durchzusetzen, dass die Betroffenen sich durch das »Zappeln« selbst therapieren. Sie bringen dadurch ihr träges Nervensystem in Schwung, verbessern und optimieren den Regelkreis exekutiver Funktionen und fördern die Dopamin-Ausschüttung (Stangl, o. J. b).

Die Bewegungsräume und -möglichkeiten von Kindern, insbesondere von Jungen, müssen wieder mehr in den Blick genommen und gefördert werden. Bewegungsförderung und aktives Musizieren sollten als therapeutische Optionen bei ADHS mehr Bedeutung bekommen.

Ergebnis

Zu fordern ist eine gendergerechte Diagnostik des AD(H)S. Dabei bedarf es geschlechtsspezifischer Diagnosekriterien, die den Eigenheiten des Geschlechts des Kindes oder Jugendlichen gerecht werden. Jungen sind anders als Mädchen! Der natürliche, gegenüber Mädchen gesteigerte Bewegungsdrang bei Jungen muss besonders beachtet werden. Die anstehende Überarbeitung der AWMF-Leitlinie »Hyperkinetische Störungen F90« sollte dies berücksichtigen. Die Bedeutung von Bewegung für die gesunde Entwicklung im Kindesalter, besonders bei Jungen, muss bei der Diagnostik und ihrer Beurteilung stärker fokussiert werden. Zukünftig ist die Bewegungsförderung als ein zentraler Bestandteil in die Therapie zu integrieren.

Wir brauchen Kindergärten, Schulen und Gemeinden, die Kindern, besonders Jungen mit ADHS, mehr Bewegungsraum bieten, und wir brauchen Eltern, Pädagogen und Ärzte, die das Bedürfnis nach Bewegung mehr unterstützen und nicht pathologisieren!

Literatur

ADHS-Zentrum Emsland http://urlm.de/www.adhs-zentrum-emsland.de

Barmer GEK (o. J.). Barmer GEK Arztreport 2013. ADHS-Diagnosen und Ritalin-Verordnungen boomen. Zugriff am 18.08.2014 unter https://presse.barmer-gek.de/barmer/web/Portale/Presseportal/Subportal/Infothek/Studien-und-Reports/Arztreport/Arztreport-2013/Content-Arztreport-2013.html?w-cm=CenterColumn_t348846

Bildung und Gesundheit NRW (o. J.). Bewegung – ein grundlegendes Element der Erziehung und Bildung. Zugriff am 18.08.2014 unter http://www.bug-nrw.de/schule/bewegung/grundlagentext/index.html

Blech, J. (2010). Fehldiagnose Zappelphilipp. Der Spiegel, 34. Zugriff am 08.07.2015 unter http://www.spiegel.de/spiegel/print/d-73388936.html

Braus, D. (2014). Das Frontalhirn, exekutive Funktionen und Mehrsprachigkeit. Perspektive ADHS, 8 (6).

Bruchmüller, K., Schneider, S. (2012). Fehldiagnose Aufmerksamkeitsdefizit- und Hyperaktivitätssyndrom? Empirische Befunde zur Frage der Überdiagnostizierung. Psychotherapeut, 57, 77–89.

Bundesarbeitsgemeinschaft für Haltungs- und Bewegungsförderung e. V. (Hrsg.) (2005). Bewegte Kinder – Schlaue Köpfe. Wiesbaden (Nur über Internetbestellung; E-Mail: baggesund@aol.com).

Bundesärztekammer (Hrsg.) (2005). Stellungnahme zur Aufmerksamkeitsdefizit-/Hyperaktivitätsstörung (ADHS). Langfassung. http://www.bundesaerztekammer.de/page.asp?his=0.7.47.3161.3163

Dammasch, F. (2013). ADHS – Ruhelose Jungen und ihre frühen Beziehungsmuster. In B. Stier, R. Winter (Hrsg.), Jungen und Gesundheit. Stuttgart: Kohlhammer.

Döpfner, M., Banaschewski, T., Schulte-Körne, G. (2013). Stellungnahme der Deutschen Gesellschaft für Kinder- und Jugendpsychiatrie, Psychosomatik und Psychotherapie (DGKJP) zum Barmer GEK Arztreport 2013 über die Häufigkeit von Diagnosen einer hyperkinetischen Störung und der Verordnung von Medikamenten zu ihrer Behandlung. DGKJP. http://www.dgkjp.de/aktuelles/23-stellungnahmen/162

Dordel, S., Breithecker, D. (2003). Bewegte Schule als Chance einer Förderung der Lern- und Leistungsfähigkeit. Haltung und Bewegung, 23, 5–9.

Elder, T. E. (2010). The importance of relative standards in ADHD diagnoses: Evidence based on exact birth dates. Journal of Health Economics, 29, 641–656.

Falk-Frühbrodt, C. (2002). Warum zappelt der Zappelphilipp? Zugriff am 18.08.2014 unter http://www.ads-kurse.de/hyperaktivitaet.html

Forum. Ernährung Heute (o. J.). Links und Downloads. Zugriff am 18.08.2014 unter http://www.forum-ernaehrung.at/cms/feh/dokument.html?ctx=CH0 100&doc=CMS1188387024781

Gasse, M., Dobbelstein, P. (2004). Lernen braucht Bewegung. Forum Schule, 2 (11), 23–28.

Graf, C., Koch, B., Dordel, S. (2002). Körperliche Aktivität und Konzentration. Gibt es Zusammenhänge? Sportunterricht, 52 (5), 142–145.

Grobe, T. G., Bitzer, E. M., Schwartz, F. W. (2013). Barmer GEK Arztreport 2013 – Schwerpunkt: ADHS. Siegburg: Asgard-Verlagsservice.

Gruber, M. (2007). Wer sich bewegt, dem fällt das Denken leichter! Ernährung heute, 1, 12–13.

Hagmann, L. (2009). Interview mit Frau Professor Leuzinger-Bohleber, Direktorin des Frankfurter Sigmund Freud-Instituts und Professorin für psychoanalytische Psychologie an der Universität Kassel. Zugriff 20.8.14 unter https://www.thieme.de/viamedici/arzt-im-beruf-aerztliches-handeln-1561/a/adhs-krankheit-oder-kulturelles-phaenomen-4414.htm

Herm, S. (1997). Psychomotorische Spiele für Kinder in Krippen und Kindergärten. Berlin: Luchterhand.

Hoffmann, C., Schmelcher, A. (2012). Ritalin gegen ADHS – Wo die wilden Kerle wohnen. Frankfurter Allgemeine Sonntagszeitung, 16.02.2012.

Hollmann, W., Löllgen, H. (2002). Bedeutung der körperlichen Aktivität für kardiale und zerebrale Funktionen. Deutsches Ärzteblatt, 99, 1379–1381.

Hopf, H. (2006). Die unruhigen Jungen. In F. Dammasch (Hrsg.), Jungen in der Krise. Frankfurt a. M.: Brandes & Apsel.

Hopf, H. (2013). Das Dilemma der unruhigen Jungen – Kinder im Verhältnis von Familie und Gesellschaft. Zugriff am 18.08.2014 unter http://www.psychoanalyse-aktuell.de/321+M55aa66a40cb.0.html

Köckenberger, H. (2001). Was bewegen Hyperaktive? Kita aktuell, 10 (2), 33–37.

Koentker, C. (2010). Bewegungsorientierte Entwicklungsförderung für Kinder mit ADHS – eine Evaluationsstudie unter Einbeziehung der Kontextvariablen. TU Dortmund, Fakultät Rehabilitationswissenschaften.

Kutter, I. (2013). Wir zwingen Kinder dazu, still zu sitzen. Zeit Online. Zugriff am 26.06.2014 unter http://www.zeit.de/2013/07/ADHS-Studien

Probst, G., Gomez, P. (1991). Vernetztes Denken: ganzheitliches Führen in der Praxis (2. Aufl.). Wiesbaden: Gabler.

Rapport, M. D., Bolden, J., Kofler, M. J., Sarver, D. E., Raiker, J. S., Alderson, R. M. (2009). Hyperactivity in boys with Attention-Deficit/Hyperactivity Disorder (ADHD): A ubiquitous core symptom or manifestation of working memory deficits? Journal of Abnormal Child Psychology, 37, 521–534

Richter-Kuhlmann, E. (2013). Barmer GEK Arztreport: Eine »Generation ADHS« wächst heran. Deutsches Ärzteblatt, 2, 64.

Romanos, M., Schwenck, C., Walitza, S. (2008). Diagnostik der Aufmerksamkeitsdefizit-/Hyperaktivitätsstörung im Kindes- und Jugendalter. Der Nervenarzt, 79, 782–790.

Schlack, R., Mauz, E., Hebebrand, J., Hölling, H. (2014). Hat die Häufigkeit elternberichteter Diagnosen einer Aufmerksamkeitsdefizit-/Hyperaktivitätsstörung (ADHS) in Deutschland zwischen 2003–2006 und 2009–2012 zugenommen? Bundesgesundheitsblatt, 201, 57, 820–829.

Schmitz, T. (2011). Mach mich lieb. Süddeutsche Zeitung, 05/06.11.2011.

Seither-Preisler, A., Parncutt, R., Schneider, P. (2014). Size and synchronization of auditory cortex promotes musical, literacy and attentional skills in children. The Journal of Neuroscience, 34 (33), 10937–10949.

Seyberth, H. W., Mentzer, D. (2014). Methylphenidat unter besonderer Beobachtung. Erfordernis einer detaillierten Nutzen-Risiko-Bewertung. Monatsschrift Kinderheilkunde, 162, 438–444.

Sonuga-Barke, E., Edmund, J. S., Sonuga-Barke J. S., Brandeis, D., Cortese, S., Daley, D., Ferrin, M., Holtmann, M., Stevenson, J., Danckaerts, M., van der Oord, S., Döpfner, M., Dittmann, R. W.,Simonoff, E., Zuddas, A., Banaschewski, T., Buitelaar, J., Coghill, D., Hollis, C., Konofal, E., Lecendreux, M., Wong, I. C. K., Sergeant, J. (2013). Nonpharmacological interventions for ADHD: Systematic review and meta-analyses of randomized controlled trials of dietary and psychological treatments. American Journal of Psychiatry, 170, 275–289.

Spitzer, M., Kubesch, S. (2010). Exekutive Funktionen. Newsletter Nr. 8, 5. Juni 2010. ZNL TransferZentrum für Neurowissenschaften und Lernen, Ulm.

Stangl, W. (o. J. a). Geschlechtsunterschiede. Zugriff am 18.08.2014 unter http://arbeitsblaetter.stangl-taller.at/PSYCHOLOGIEENTWICKLUNG/Geschlechtsunterschiede.shtml

Stangl, W. (o. J. b). Hyperaktivitätsstörung. Zugriff am 18.08.2014 unter http://arbeitsblaetter.stangl-taller.at/GEDAECHTNIS/Hyperaktivitaetsstoerung.shtml

Stein, A. (2014). In Unterfranken gibt es viele ADHS-Diagnosen. Die Welt, 17.03.2014.

Stöglehner, W. (2012). Förderung exekutiver Funktionen durch Bewegung. Eine Lehrer/innen-Handreichung für die Schule. Zugriff am 25.09.2014 unter http://www.eduhi.at/dl/LehrerHandreichung.pdf

Stollhoff, K., Skrodzki, K., Hartmann, W. (2013). Stellungnahme Barmer GEK Arztreport 2013. Arbeitsgemeinschaft ADHS der Kinder- und Jugendärzte e. V.

Weltgesundheitsorganisation (1994). Forschungskriterien für hyperkinetische Störungen gemäß ICD-10 (S. 187–189).

Zeit Online (2013). ADHS ist keine Modekrankheit. Zugriff am 26.09.2014 unter http://www.zeit.de/gesellschaft/zeitgeschehen/2013–01/adhs-behandlung-psychologe-johannes-streif/seite-2

Marianne Leuzinger-Bohleber, Katrin Luise Laezer, Inka Tischer und Birgit Gaertner

Beschleunigte Jungen – was tun?

Zu ausgewählten Ergebnissen der Frankfurter ADHS-Wirksamkeitsstudie

Einleitende Bemerkungen: ADHS – eine Jungskrankheit?

Die Diagnose ADHS (Aufmerksamkeitsdefizit-Hyperaktivitätssyndrom) ist zu einer Modediagnose geworden, die viel häufiger an Jungen vergeben wird als an Mädchen. In der KiGGS Studie erhielten 7,2 % aller Jungen im Alter von drei bis 17 Jahren, aber nur 1,8 % der Mädchen die Diagnose ADHS. Die Gründe dafür sind vielfältig: Vermutlich liegt es u. a. an der Wahrnehmung des Diagnostikers, bei Jungen eher an dieses Syndrom zu denken als bei Mädchen. Viele Autorinnen und Autoren weisen darauf hin, dass Jungen im Vorschul- und Grundschulalter genderspezifisch auf die Einschränkung von Bewegungs- und Spielräumen in städtischen Umgebungen in den westlichen Industrienationen reagieren (vgl. u. a. Amft, 2006; Borowski et al., 2010; Gerspach, 2006; Mattner, 2006). Sie sehen in der Zunahme der Diagnose einen Indikator, dass in unserer modernen Leistungsgesellschaft in erster Linie von den Kindern verlangt wird, dass sie sich an die Schule anpassen, und nicht etwa umgekehrt, dass von der Schule erwartet wird, dass sie pädagogisch auf die spezifischen Bedürfnisse und Schwierigkeiten heutiger Kinder eingeht (»schulgerechte Kinder statt kindgerechte Schule«).

In diesem Rahmen können die komplexen pädagogischen und gesellschaftlichen Aspekte dieser Modediagnose nicht eingehend diskutiert werden. Der Schwerpunkt unseres Beitrags liegt vielmehr erstens auf der Zusammenfassung der empirischen Ergebnisse der Frankfurter Wirksamkeitsstudie und zweitens auf klinisch-psychoanalytischen Perspektiven zum sogenannten ADH-Syndrom – wie einige Bemerkungen zum Abschluss sowie das folgende Fallbeispiel kurz illustrieren sollen.

Die klinisch-psychoanalytische Forschung hat in vielfältiger Weise belegt, dass Jungen häufiger als Mädchen, also – genderspezifisch – aktiv, »zappelig« sind und mit störendem Verhalten auf unverarbeitete psychische Konflikte und Traumatisierungen reagieren:

Eine Erzieherin erzählt wütend in einer Supervisionsstunde (Supervisorin: M. L.-B.), dass Max ihr heute ins Gesicht gespuckt habe. »Dies geht zu weit. Ich will ihn nicht mehr in meiner Gruppe haben. Er kann mir nicht auf der Nase herumtanzen – dabei habe ich mir solche Mühe mit ihm gegeben ... Hier muss eine Grenze gesetzt werden«. – »Sie haben sicher recht, wir wollen ein solches Verhalten nicht tolerieren, aber vielleicht könnten wir zuerst versuchen zu verstehen, warum er gerade Sie heute angespuckt hat, und nachher gemeinsam überlegen, was zu tun ist«, schlägt die Supervisorin vor. Eine andere Erzieherin berichtet dann, dass ihr die Köchin erzählte, Max habe ihr am gleichen Morgen gesagt: »Weißt du, manchmal möchte ich nicht mehr leben.« Wir nehmen diese Mitteilung in der Supervision sehr ernst und versuchen, ihr auf den Grund zu gehen. Die Leiterin der Kindertagesstätte ruft den Vater an und erfährt, dass dieser soeben wegen einer plötzlichen Erkrankung arbeitslos geworden ist. Dies bedeutet eine familiäre Katastrophe, weil der Vater bisher die Familie zusammengehalten hat. Er arbeitete nachts, um tagsüber bei den Kindern sein zu können. Die Mutter ist psychisch schwer krank, verlässt immer wieder die Familie, war mehrere Male psychiatrisch hospitalisiert (auch nach der Geburt von Max). Zwei ältere Geschwister wurden kurz nach ihrer Einschulung in ein Heim eingewiesen. Beide zeigen schwere Verhaltensprobleme und »ADHS«. In der Supervision verstehen wir schließlich, dass das Spucken einen unbewussten Hilferuf von Max darstellen könnte, den er an jene Person richtet, zu der er am meisten Vertrauen hat. Er leidet vermutlich unter der Angst, dass nun zu Hause »alles zusammenbricht« und auch er in ein Heim eingewiesen wird. Wir denken an den bekannten Mechanismus bei Bewältigungsversuchen von Traumatisierungen, passiv Befürchtetes in aktives Handeln umzusetzen: Wenn Max spuckt und unerträgliches Verhalten zeigt, trägt er – so vermutlich seine unbewusste Intention – wenigstens aktiv dazu bei, wenn er aus der Familie genommen wird. Er ist nicht nur passives Opfer.

Glücklicherweise kann der Vater psychotherapeutische Hilfe für seinen Sohn annehmen, die ihm im Rahmen der Frankfurter Präventionsstudie in der Kindertagesstätte selbst angeboten wird. Die Therapeutin arbeitet intensiv mit beiden Eltern. Die Mutter ist in psychiatrischer Behandlung, nimmt aber oft ihre Medikamente nicht. Der Vater ist fast zwanzig Jahre älter als seine Frau. Er hängt sehr an ihr, auch weil er eine erste Frau früh an eine schwere Krankheit verlor und selbst ohne Vater aufgewachsen ist. Er kämpft um Max: »Ich will nicht auch noch mein letztes Kind verlieren ...«

Max ist ein intelligenter Junge. Zu Beginn der Therapie stellt sich heraus, dass er eine unbewusste Phantasie entwickelt hat: »Wenn ich ein Mädchen wäre, wäre alles gut – meine Mutter wäre nicht krank, mein Vater hätte seine Arbeit nicht verloren, meine Geschwister wären zu Hause ...« Er zeigt in diesem frühen Alter schon Vorläufer eines transvestitischen Verhaltens, lehnt Jungenspiele ab und will sich zuweilen als Mädchen verkleiden. Eine andere magisch-omnipotente Phantasie ist, dass er die Ehe der Eltern retten kann: Er schläft zwischen beiden Eltern und hält ihre Hände. – Nachdem die Bedeutung dieser Phantasien in der Therapie verstanden wurde, lösen sich diese Symptome auf. Max schläft nun in seinem eigenen Bett und verhält sich in der Kindertagesstätte wieder wie ein Junge. Auch sein aggressives Verhalten bessert sich auffallend rasch: Er wird in der Peergroup vermehrt akzeptiert und gewinnt Freunde.

Eine schwere Krise ereignet sich kurz nach der Einschulung. Die Mutter reagiert auf den Schuleintritt ihres jüngsten Sohnes mit einem schweren Zusammenbruch und muss wieder hospitalisiert werden. In der Klinik entwickelt sie die Idee, Max solle Ritalin® bekommen. Glücklicherweise plädiert der hinzugezogene Kinderpsychiater für eine Fortsetzung der Kindertherapie und verhindert dadurch einen Therapieabbruch. Er verschreibt zwar Ritalin®, auch um die Mutter in ihrem vulnerablen Zustand nicht zu kränken. Max zeigt viele Nebenwirkungen (Schlaf- und Appetitprobleme, stark verändertes Verhalten), sodass die Eltern selbst nach einigen Monaten beschließen, auf das Medikament zu verzichten.

Ein halbes Jahr später stellt die Therapeutin fest, dass Max merkwürdige feinmotorische Störungen beim Zeichnen aufweist. Sie motiviert den Vater, Max von einem Kinderneurologen untersuchen zu lassen. Dieser stellt einen rasch wachsenden Hirntumor fest, der sofort operiert werden muss. Die Therapeutin besucht Max in der Klinik und unterstützt ihn und die gesamte Familie während dieser schwierigen Zeit. Die Operation verläuft glücklicherweise erfolgreich. Sehr eindrücklich ist, dass Max – identifiziert mit seiner Therapeutin – wie ein »kleiner Therapeut« mit den krebskranken Kindern auf der Station umgeht – für ihn, wie sich in der anschließenden Phase der Therapie zeigt, eine wichtige Erfahrung.

Die Therapie ist inzwischen abgeschlossen. Sie trug wesentlich dazu bei, dass Max in seiner Schulklasse bleiben konnte, sich so weit normal entwickelte und nun erfolgreich das Gymnasium besucht. Selbst wenn man die Hypothese verfolgen sollte, dass in der Familie von Max eine sogenannte »genetische Disposition für ADHS« vorliegen könnte (beide Geschwister erhielten ebenfalls diese Diagnose): Der Therapieverlauf zeigt, dass durch psychotherapeutische Interventionen die Manifestation einer »ADHS« Symptomatik positiv beeinflusst werden kann.[1]

Kinder mit einer Diagnose ADHS: Unerreichbar für psychoanalytische Therapien?

Die psychoanalytische Psychotherapie von Max widerspricht der Auffassung der Bundesärztekammer, die noch 2005 davon ausging, dass psychodynamische Verfahren bei der Diagnose Aufmerksamkeitsdefizit-Hyperaktivitätssyndrom (ADHS) nicht indiziert seien. Auch andere Leitlinien, wie die der Arbeitsgemeinschaft ADHS-Netzwerk (2007) und der Deutschen Gesellschaft für Kinder- und Jugendpsychiatrie und -psychotherapie (2007), hielten bisher daran fest, dass ausschließlich die Verhaltenstherapie und die medikamentöse Behandlung adäquate, evidenzbasierte Verfahren zur Behandlung von ADHS-Kindern darstellen. Die von Psychoanalytikern erarbeitete Leitlinie zur psychodynamischen Behandlung von sogenannten ADHS-Kindern (Borowski et al., 2010) findet in diesem Zusammenhang bislang wenig Gehör.

Dies motivierte eine Forschergruppe am Sigmund-Freud-Institut in enger Kooperation mit dem Anna-Freud-Institut in Frankfurt, eine Reihe von Frühpräventionsstudien durchzuführen (vgl. www.

---

1 Die Fallzusammenfassung findet sich in anderen Versionen auch in Leuzinger-Bohleber, Staufenberg u. Fischmann, 2007; Leuzinger-Bohleber, 2009.

sigmund-freud-institut.de). Nachdem schon in der Frankfurter Präventionsstudie gezeigt werden konnte, dass ein psychoanalytisch orientiertes Präventionsprogramm – verglichen mit einer unbehandelten Kontrollgruppe – zu einer statistisch signifikanten Reduktion der Aggression, Ängstlichkeit und Hyperaktivität (bei Mädchen) führte (vgl. dazu Leuzinger-Bohleber et al., 2007, Leuzinger-Bohleber u. Fischmann, 2010; Leuzinger-Bohleber et al., 2011), sollte nun die Wirksamkeit psychoanalytischer Behandlungen von Kindern mit der Diagnose ADHS und/oder Störung des Sozialverhaltens in einer eigenen Studie – in der sogenannten Frankfurter ADHS-Wirksamkeitsstudie – überprüft werden.

Die Untersuchung stand darüber hinaus im Kontext der gesellschaftlichen Debatte um ADHS und das hochwirksame Medikament Methylphenidat, bekannt als Ritalin®. Um die Aktualität und Brisanz der Debatte zu verdeutlichen: Der Arztreport der Barmer GEK (2013) belegt, dass der Anstieg an ADHS-Diagnosen in Deutschland seit 2006 ungebrochen anhält. Überproportional häufig fällt die Diagnose ADHS in die Latenzzeit. So erhalten mittlerweile 12 % aller zehnjährigen Jungen in Deutschland die Diagnose ADHS (vgl. Abbildung 1).

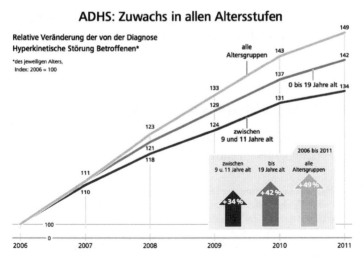

Abbildung 1: Zunahme der Diagnose von ADHS in verschiedenen Altersgruppen (Quelle: Barmer-GEK-Arztreport 2013)

Ungebrochen ist dem Arztreport zufolge zudem der Anstieg in der Verordnung von Psychostimulanzien, der bei einem Zuwachs von 40 % seit 2006 liegt. Auch hier sind die männlichen Latenzkinder besonders betroffen: 7 % aller elfjährigen Jungen in Deutschland nehmen Ritalin® oder ein ähnliches Präparat ein. Die World Health Organization (WHO) geht davon aus, dass sich der weltweite Verbrauch dieser Psychostimulanzien (Methylphenidat) von 4,2 Tonnen im Jahr 1992 auf 51 Tonnen im Jahr 2011 um das Zwölffache steigerte (International Narcotics Control Board, 2013). Für die mit diesen Medikamenten häufig über Jahre hinweg behandelten Kinder stellt dies einen äußerst kritischen Befund dar, da trotz der weiten Verbreitung des Medikaments Methylphenidat folgende Einschränkungen bestehen: Die vollständige Remission der Symptomatik unter ausschließlicher medikamentöser Behandlung ist selten (Banaschewski et al., 2006). Es liegen kaum Studien vor, die die Langzeitwirkungen absichern und belegen (Van de Loo-Neus, Rommelse u. Buitelaar, 2011; Bachmann, Bachmann, Rief u. Mattejat, 2008). Es werden Nebenwirkungen u. a. auf das Schlafverhalten, den Appetit und das Wachstum berichtet (Graham et al., 2011; Leuzinger-Bohleber, 2010). Ein Teil der medikamentös behandelten Kinder gilt als fälschlicherweise mit ADHS diagnostiziert (Evans, Morrill u. Parente, 2010). Zudem liegen Befunde zum Missbrauch unter Schülern und Studenten vor (Greely et al., 2008). Daher stehen viele Eltern dieser medikamentösen Behandlung kritisch gegenüber (Berger, Dor, Nevo u. Goldzweig, 2008).

Frankfurter ADHS-Wirksamkeitsstudie[2]

Vor diesem Hintergrund hat sich die Forschergruppe für ein mutiges Forschungsdesign entschieden, das die Wirkung psychoanaly-

---

2 Die Zusammenfassung der Studie beruht wesentlich auf der Publikation von Laezer, Tischer, Gaertner und Leuzinger-Bohleber (2014). Für die finanzielle Unterstützung der Frankfurter ADHS-Wirksamkeitsstudie danken wir der Vereinigung Analytischer Kinder- und Jugendlichenpsychotherapeuten (VAKJP), der Landes-Offensive zur Entwicklung Wissenschaftlich-Ökonomischer Exzellenz Hessen (LOEWE), der Zinnkann Stiftung, dem Research Advisory Board der Internationalen Psychoanalytischen Vereinigung

tischer Behandlungen *ohne* Medikation (PSA) mit verhaltenstherapeutischer Behandlung ohne und *mit* Medikation (VT/M) verglich. Soweit wir wissen, handelt es sich bei der Frankfurter ADHS-Wirksamkeitsstudie um die erste Studie, die sich solch einem Vergleich

---

(IPV) und dem Sigmund-Freud-Institut. Sehr herzlich danken möchten wir Dr. Wolfgang Woerner (Statistiker des IDeA-Forschungszentrums Individual Development and Adaptive Learning, Frankfurt am Main), PD Dr. Tamara Fischmann (Methodische Leiterin des Sigmund-Freud-Instituts) und Prof. Dr. em. Bernhard Rüger (Abteilung Statistik, Universität München) für die stets konstruktive Kritik und Unterstützung in methodischen Fragen insbesondere in der Phase der statistischen Auswertung. Die Autoren danken den Kolleginnen und Kollegen: Mirjam Weisenburger, Tanja Brand, Verena Neubert und Sybille Steuber vom Sigmund-Freud-Institut, Frankfurt am Main; Prof. Dr. Fritz Poustka, Prof. Dr. Christina Stadler, Dr. Bernd Meyenburg, Anna Conradi und Dr. Sabine Machowski von der Klinik für Psychiatrie, Psychosomatik und Psychotherapie des Kindes- und Jugendalters, Frankfurt am Main. Wir danken dem Vorsitzenden und den Mitgliedern des Wissenschaftlichen Beirats der VAKJP, die mit Sachverstand die Studie begleitet haben. In diesem Zusammenhang danken wir auch Prof. Dr. Gerd Lehmkuhl (Kinder- und Jugendpsychiatrie, Uniklinik Köln), der als externer Gutachter für den Wissenschaftlichen Beirat der VAKJP fungierte. Ganz besonderer Dank gilt unseren psychoanalytischen Studientherapeutinnen und -therapeuten: Claudia Burkhardt-Mussmann, Birgit Diestel, Karin Flor, Marion Hermann, Frank-Peter Hopf, Thomas Hüller, Geula ben Kalifa-Schor, Dr. Hiltrud Kirchmann, Gabriela Ladinger, Heide Linde-Maron, Sevgi Meddur-Gleissner, Angelika Proschwitz, Jochen Raue, Erika Ruppel, Brigitte Schiller, Heike Seuffert, Dr. Adelheid Staufenberg, Barbara Stein, Patricia Szogas-Fritsch, Sabine-Vogel, Karin Wagner, Christina Waldung, Angelika Wolff, Wolfgang Zaruba. Wir möchten uns an dieser Stelle auch sehr herzlich für das Engagement der Kolleginnen und Kollegen der Kinder- und Jugendpsychiatrie der Asklepios Klinik Hamburg-Harburg bedanken. Posthum gilt unser herzlichster Dank Dr. Branik, der aus reiner Solidarität für die Kinderpsychoanalyse die großen Mühen auf sich genommen hat, eine Vergleichsgruppe im Alltag seiner Klinik zu implementieren, und der mit uns zusammen auf zwei Kongressen der Deutschen Gesellschaft für Kinder- und Jugendpsychiatrie die Frankfurter ADHS-Wirksamkeitsstudie vorgestellt hat. Wir möchten uns bei seinem Team bedanken, zu dem Dr. Meike Gresch, Dr. Sabine Ott, Sönke Meyer-Lohmann, Dr. Nora Klemm, Katja Götting und Dr. Annette Ulrich gehörten. Vor allem danken wir herzlich den Kindern und Familien, die mit ihrer Teilnahme über mehrere Jahre hinweg die Studie überhaupt erst ermöglicht haben. Disclosure: Die Autoren berichten, keine Interessenkonflikte hinsichtlich biomedizinischer finanzieller Förderung zu haben.

stellt. Die meisten bisherigen Wirksamkeitsstudien untersuchen Kurzzeitinterventionen (vgl. Bachmann et al., 2008). Daher ist ein Alleinstellungsmerkmal der Studie, dass sie die Wirkung von *psychoanalytischen Langzeitbehandlungen* untersucht. Weiterhin ist entscheidend, dass in der ADHS-Wirksamkeitsstudie ein *naturalistisches* Studiendesign zur Anwendung kommt. Mit anderen Worten: Die Behandlungen und ihre Ergebnisse werden so untersucht, wie sie in der Praxis derzeit auch wirklich stattfinden. Wir untersuchten also einerseits psychoanalytische Behandlungen, die am Anna-Freud-Institut in Frankfurt durchgeführt wurden, und andererseits Verhaltenstherapien, wie sie zum Zeitpunkt der Durchführung der Studie in der Klinik für Psychiatrie, Psychosomatik und Psychotherapie des Kindes- und Jugendalters in Frankfurt (Leiter: Prof. Dr. F. Poustka) angeboten wurden.

Wichtig ist zudem, dass die in diesem Sinne »naturalistisch« durchgeführten Behandlungen mit mehreren Vergleichsgruppen systematisch verglichen wurden (Evidenzstufe 2, vgl. Leuzinger-Bohleber, Gaertner, Laezer u. Tischer, 2014).

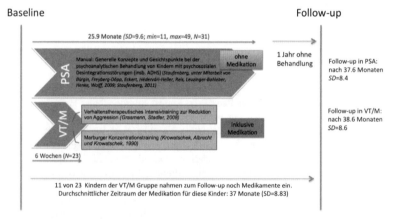

Abbildung 2: Übersicht über das Design der Frankfurter ADHS-Wirksamkeitsstudie und die Dauer der Behandlung (Grasmann u. Stadler, 2008; Krowatschek, Albrecht u. Krowatschek, 2004)

Die statistischen Auswertungen, die im Folgenden kurz zusammengefasst werden, beziehen sich auf die Stichprobe von 54 Kindern, die die Follow-up-Untersuchung durchliefen. Der durchschnittliche

Zeitraum zwischen der Eingangsmessung und der Follow-up-Messung beläuft sich in der PSA-Gruppe auf 37.6 Monate (SD = 8.4), in der VT/M-Gruppe auf 38.6 Monate (SD = 8.6). Zwischen den beiden Gruppen gab es keinen signifikanten Unterschied bezüglich der Gesamtdauer (t = -.418, df = 52, p = .678). Dennoch sind zwei wichtige Punkte zu beachten: Zum einen waren die Kinder der PSA-Gruppe zum Zeitpunkt der Follow-up-Untersuchung bereits durchschnittlich ein Jahr ohne Behandlung. Für diese Gruppe stellt die Follow-up-Untersuchung tatsächlich eine Ein-Jahres-Katamnese dar. Zum anderen wurden elf der 23 Kinder innerhalb der VT/M-Gruppe auch noch zum Follow-up-Zeitpunkt medikamentös mit Methylphenidat behandelt, das heißt, die medikamentöse Behandlung dauerte noch an. Daher war für die Hälfte der Kinder in der VT/M-Gruppe die Behandlung zum Follow-up-Messzeitpunkt noch nicht abgeschlossen. Diese über Jahre dauernde medikamentöse Behandlung war ein für uns unerwartetes Ergebnis, das nicht im ursprünglichen Studienprotokoll vorgesehen war. Dies muss bei der Interpretation der Ergebnisse berücksichtigt werden.

Das methodische Design und alle Detailergebnisse wurden ausführlich beschrieben, sodass wir in diesem Rahmen darauf verweisen und uns auf eine kurze Zusammenfassung der wichtigsten erzielten Ergebnisse beschränken können (Laezer et al., 2014; Laezer, 2015; Tischer, Laezer, Gaertner u. Leuzinger-Bohleber, 2014).

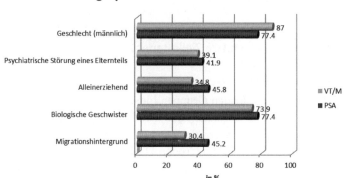

Abbildung 3: Demografische Merkmale der Kinder

Wie eingangs erwähnt, zeigt sich auch in dieser Studie, dass sowohl in der psychoanalytischen (PSA) als auch in der verhaltenstherapeutisch/medikamentösen Gruppe (VT/M) über drei Viertel der behandelten Kinder männlich sind (siehe Abbildung 3). Zudem fällt der hohe Anteil von Kindern psychisch kranker Eltern, von Alleinerziehenden und von Kindern mit Migrationshintergrund auf. Methodisch wichtig ist zudem, dass sich die beiden Stichproben zu Beginn der Studie bezüglich dieser Variablen (wie auch bezüglich des Alters der Kinder, der Eltern und ihrer Schulbildung) statistisch nicht unterscheiden, daher miteinander vergleichbar sind.

Veränderungen von der Eingangsmessung zum Follow-up nach durchschnittlich 38 Monaten

Generelle Symptomreduktion (primäres Zielkriterium)

Die beobachteten Mittelwerte, Standardabweichungen der Eingangsmessung und der Follow-up-Untersuchung sowie die statistischen Kennziffern der Varianzanalyse sind in Abbildung 4 zusammengefasst. Das wichtigste Ergebnis vorweg: Die Einfacheffekte für die PSA- und die VT-Gruppe zeigen eine hoch signifikante Reduktion der Symptome der Störung des Sozialverhaltens, der Hyperaktivität, der Impulsivität und der Unaufmerksamkeit in beiden Gruppen, die insgesamt zu einem signifikanten Haupteffekt der Zeit und zu keiner signifikanten Interaktion zwischen den Faktoren Gruppe und Zeit führt.

Reduktion der Symptomatik aufgrund unterschiedlicher Perspektiven (sekundäre Zielkriterien)

Elternperspektive

Der Vergleich der beiden Gruppen hinsichtlich des ADHS-Index, des oppositionellen Verhaltens und der Hyperaktivität/Impulsivität (CPRS) zeigten signifikante Effekte ($p < .001$) für den Faktor Zeit und keinen Effekt für den Faktor Gruppe. Die Einzeleffekte zeigten signifikante Verbesserungen in beiden Gruppen ($p < .001$). Die durch die Child Behavior Checklist (CBCL) erfassten Dimensionen ergaben folgende Ergebnisse: Während für die externalisierenden Probleme ein signifikanter Haupteffekt der Zeit für beide Gruppen festgestellt wurde, ergab sich eine Verbesserung hinsichtlich der internalisierten Probleme nur für die PSA-Gruppe ($p < .001$). Es wurde keine signifikante Interaktion zwischen dem Faktor Zeit und dem Faktor Gruppe aufgedeckt (Details: vgl. Laezer et al., 2014; Laezer, 2015).

Lehrerperspektive

In der Einschätzung der Lehrerinnen und Lehrer ergab sich eine hoch signifikante Verbesserung für beide Gruppen im ADHS-Index und in den Subskalen des oppositionellen Verhaltens und der Hyperaktivität/Impulsivität (CTRS) mit einem Haupteffekt auf dem Faktor Zeit ($p < .001$) und keinem Effekt auf dem Faktor Gruppe sowie keiner Interaktion zwischen den beiden Faktoren (Abbildung 5). Ebensolche signifikanten Verbesserungen stellten sich für die externalisierten Probleme (TRF) dar mit einem Haupteffekt der Zeit und keinem Gruppen- und Interaktionseffekt (Details: vgl. Laezer et al., 2014; Laezer, 2015).

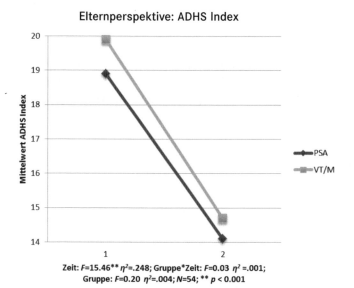

Zeit: $F=15.46^{**}$ $\eta^2=.248$; Gruppe*Zeit: $F=0.03$ $\eta^2=.001$;
Gruppe: $F=0.20$ $\eta^2=.004$; $N=54$; ** $p < 0.001$

Abbildung 4: Veränderungen aus der Elternperspektive (Conners' Rating Scales)

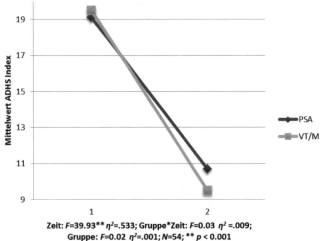

Abbildung 5: Veränderungen aus der Lehrerperspektive (Conners' Rating Scales; Conners, 2001)

Perspektive des Kindes

Die von den Studienkindern eingeschätzte eigene Lebensqualität (ILK) verbesserte sich in beiden Gruppen signifikant, verbunden mit einem Haupteffekt auf dem Faktor Zeit und keinem Gruppen- oder Interaktionseffekt (Abbildung 6; Details: vgl. Laezer et al., 2014; Laezer, 2015).

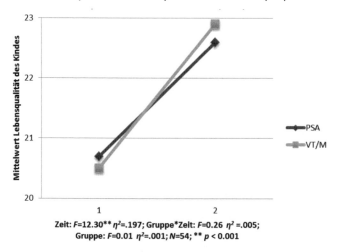

Abbildung 6: Veränderungen aus der Sicht des Kindes (Inventar zur Erfassung der Lebensqualität des Kindes, ILK; Mattejat u. Remschmidt, 2006)

Diskussion

Die Kinder in dieser naturalistischen, kontrollierten klinischen Studie (Evidenzstufe 2, vgl. Leuzinger-Bohleber, Gaertner, Laezer u. Tischer, 2014) waren zu Beginn der Behandlung zwischen sechs und elf Jahre alt und mit einer Störung des Sozialverhaltens und/oder ADHS (nach ICD-10 bzw. DSM-IV) diagnostiziert. Die Studie erbrachte folgende Hauptergebnisse: Beide Gruppen zeigten signifikante Symptomreduktionen mit ähnlichen Effektstärken zur Follow-up-Untersuchung (durchschnittlich drei Jahre und zwei Monate nach der Eingangsmessung). Aus Sicht der Eltern wurden entlang der Conners-Fragebögen (CPRS) signifikante Verbesserungen im ADHS-Index, im oppositionellen Verhalten und in der Hyperaktivität/Impulsivität sowie entlang der Child Behavior Checklist (CBCL) für die externalisierten Probleme beobachtet. Die Einschätzung der Lehrer fiel ähnlich aus. Sie attestierten für den ADHS-Index, für das oppositionelle Verhalten, die Hyperaktivität/Impulsivität (CTRS) und für die externalisierten Probleme (TRF) signifikante Verbesserungen. Die Veränderungen über die Zeit zeigten dabei mittlere bis starke Effektstärken in folgenden Skalen: oppositionelles Verhalten und Hyperaktivität/Impulsivität in der Elterneinschätzung, ADHS-Index, oppositionelles Verhalten und Hyperaktivität/Impulsivität in der Lehrereinschätzung. Für den hier interessierenden Gruppenvergleich bedeutet dies: Unsere Ergebnisse stützen die Annahme, dass Kinder, die psychoanalytisch behandelt werden, mindestens im vergleichbaren Maße von dieser Therapie profitieren und eine vergleichbare Symptomreduktion der Hyperaktivität, der Unaufmerksamkeit und der Störung des Sozialverhaltens erreichen wie Kinder, die verhaltenstherapeutisch/medikamentös behandelt wurden.[3]

Wie bereits berichtet, erhielt die Hälfte der Kinder aus der verhaltenstherapeutisch/medikamentös behandelten Gruppe beim Follow-up nach durchschnittlich 38 Monaten immer noch Medikamente (Methylphenidat). In der sogenannten MTA-Studie (Jensen et al., 2007) nahm die Mehrheit der Kinder (71 %), die der medikamentösen Behandlungsgruppe oder der Kombinationsgruppe zugewiesen worden waren, nach 36 Monaten ebenfalls noch Psychostimulanzien als Medikamente ein (vgl. Swanson et al., 2008). Die relativ lange Zeit der Medikation – häufig über Jahre – schürte bei verschiedenen Forschern berechtigte Befürchtungen hinsichtlich möglicher Beeinträchtigungen der Entwicklung, insbesondere da sich Kinder und Jugendliche in einer vulnerablen Phase neuronaler, hormoneller und physischer Veränderungen befinden, während sie mit Psychostimulanzien behandelt werden (Volkow, 2012; Leuzinger-Bohleber, 2010; Furman, 2008; Hüther, 2006).

---

3 Einen ähnlichen Befund schildern Jensen und Kollegen (2007) für die Follow-up-Messung der sogenannten MTA-Studie, 36 Monate nach Beginn der Behandlung: Die Kinder aller vier Untersuchungsgruppen verbesserten sich hinsichtlich ihrer ADHS-Probleme, ihres oppositionellen Verhaltens und ihrer allgemeinen Funktionsfähigkeit. Allerdings zeigte in der MTA-Studie die medikamentös behandelte Untersuchungsgruppe und die Behandlungsgruppe, die mit einer Kombination aus Medikation und Verhaltenstherapie behandelt wurde, keine Überlegenheit mehr gegenüber der nur verhaltenstherapeutisch behandelten Gruppe und gegenüber der Community-Vergleichsgruppe.

Vor dem Hintergrund der aufgezeigten Ergebnisse der Frankfurter ADHS-Wirksamkeitsstudie stellt die psychoanalytische Behandlung eine alternative Behandlungsmöglichkeit dar – auch ohne Medikation. Wir halten es daher für äußerst wünschenswert, in Zukunft darauf hinzuwirken, dass für Kinder mit einem ADHS-affinen Verhaltensprofil psychotherapeutische Alternativen zur Langzeit-Medikation angeboten werden. Wie ebenfalls berichtet, dauerte die medikamentöse Behandlung (im Durchschnitt 29,6 Monate) länger als die psychoanalytische Behandlung (25,9 Monate). Dieses unerwartete Ergebnis widerspricht dem immer wieder vorgebrachten Vorurteil, die psychoanalytische Therapie dauere stets länger als andere Behandlungen.

Wie in jeder Studie gelten auch für die Frankfurter ADHS-Wirksamkeitsstudie bestimmte Einschränkungen, insbesondere da sie die erste Studie dieser Art ist. Die Stichprobe liegt im gewünschten Bereich nach den Kriterien des Wissenschaftlichen Beirats Psychotherapie, ist aber gleichwohl relativ klein ($N = 54$). Um diese erste Studie auf den Weg bringen zu können, entschieden wir uns für ein naturalistisches Design. Dies hat Vorteile und Nachteile. Wie noch zu sehen sein wird, liegt die Stärke eines naturalistischen Designs in der hohen externen Validität. Das bedeutet, es wurden Behandlungen, Patienten und Institutionen in der Weise untersucht, wie sie in der Versorgungspraxis auch wirklich vorkommen. Wir wissen bislang von keiner anderen Studie, die Kinder mit der Diagnose ADHS und/oder Störung des Sozialverhaltens im Verlauf einer psychoanalytischen Langzeitbehandlung im Vergleich zu verhaltenstherapeutisch/medikamentösen Behandlungen in einem naturalistischen Setting untersucht. In dieser Hinsicht handelt es sich bei der Frankfurter ADHS-Wirksamkeitsstudie um eine Pionierstudie. Wie wir diskutiert haben, sind die Stichproben bezüglich wesentlicher Merkmale (z. B. Schweregrad der Störung) vergleichbar. Doch besteht eine Schwäche des naturalistischen Designs immer darin, dass die Stichprobe eben wegen der fehlenden zufälligen Zuweisung trotz der ausgewiesenen statistischen Vergleichbarkeit der wesentlichen Merkmale eine gewisse Heterogenität aufweist. Diese Heterogenität zeigte sich in der Wirksamkeitsstudie sowohl zwischen als auch innerhalb der beiden Gruppen und führte zu einem Bias in einigen Merkmalen der Stichprobe.

Auf der anderen Seite geht die Heterogenität einer Stichprobe auch immer mit einer höheren Varianz einher. Die Tatsache, dass beide Gruppen hoch signifikante Verbesserungen trotz der erhöhten Varianz auswiesen, lässt ähnliche Effekte in einer zukünftigen Untersuchung erwarten mit einer größeren Stichprobe, die eine Aufteilung in homogenere Untergruppen erlaubt. Vor dem Hintergrund der vergleichbaren Outcome-Resultate in beiden Untersuchungsgruppen erschien es uns in einem nächsten Schritt besonders interessant, die Kosten der psychoanalytischen Behandlung und der verhaltenstherapeutisch/medikamentösen Behandlung vergleichend zu untersuchen.[4]

Ausblick auf die gesundheitsökonomische Nachuntersuchung

Im Anschluss an die Frankfurter ADHS-Wirksamkeitsstudie wurde deshalb 2013 eine gesundheitsökonomische Nachuntersuchung durchgeführt. Darin wurden die Kosten aller symptombezogenen Interventionen in einer Teilstichprobe von insgesamt 18 Kindern (matched pairs nach Alter, Geschlecht, Diagnose und IQ) aus beiden Behandlungsarmen untersucht. In die Berechnung der Kosten gingen alle Interventionen über einen durchschnittlichen Zeitraum von 41 Monaten ein:
- *reguläre* Behandlungen und Leistungen im Rahmen der ADHS-Wirksamkeitsstudie (psychoanalytische Behandlung, verhaltenstherapeutische Behandlung, Medikamente, Kinderarztbesuche, Besuche beim Kinderpsychiater) und
- *zusätzliche* Behandlungen und Leistungen (stationäre Aufenthalte in der Kinder- und Jugendpsychiatrie, teilstationäre Aufenthalte/Tagesklinik, Kur/Reha, ambulante Psychotherapie (Verhaltenstherapie, psychotherapeutische Beratung), Leistungen, die durch das Jugendamt finanziert wurden (Familienhelfer, Integrationshelfer, Tagesgruppen, Kinderwerkstatt), Ergotherapie und Logopädie.

---

4 Eine größere Vergleichsstudie ist zurzeit an der Adelphi University in New York in Planung (von Hilsenroth u. a.).

Zum Einsatz kam ein einschlägiger gesundheitsökonomischer Fragebogen, der Client Socio-Demographic and Service Receipt Inventory – European Version (CSRI) (Chrisholm et al., 2000), der im Elterninterview erhoben und durch Einsichtnahme in die Patientenakten und in andere einschlägige Dokumente ergänzt wurde. Hilfreich war in diesem Zusammenhang § 630 g BGB des Patientenrechtegesetzes vom 26. Februar 2013, nach dem der Patient das Recht hat, eine Abschrift seiner Patientenakte zu erhalten. Die gesundheitsökonomische Nachuntersuchung erbrachte folgende interessante Ergebnisse, die wir an anderer Stelle veröffentlicht haben (Laezer, Tischer, Gaertner u. Leuzinger-Bohleber, 2015) und in Kürze zusammenfassen: Isoliert betrachtet erweist sich die psychoanalytische Behandlung zunächst als mehr als doppelt so teuer wie die verhaltenstherapeutisch/medikamentöse Behandlung. Werden in einem zweiten Schritt die zusätzlich notwendig gewordenen symptombezogenen Interventionen (zusätzliche teilstationäre und stationäre Aufenthalte, zusätzliche ambulante Psychotherapie sowie sozialpädagogische Maßnahmen und Einzelfallhilfen) betrachtet, zeigen sich dagegen deutliche Unterschiede zugunsten der psychoanalytischen Behandlung. Die Kosten der zusätzlichen Maßnahmen der verhaltenstherapeutisch/medikamentösen Behandlungsgruppe überstiegen um das 23-Fache die Kosten der zusätzlichen Maßnahmen in der psychoanalytischen Behandlungsgruppe.

Ergebnisse der unbehandelten Kontrollgruppe

Wie bereits erwähnt, war es aus methodischen Gründen nicht möglich, die unbehandelte Kontrollgruppe hinsichtlich der Messzeitpunkte, Instrumente und Altersstruktur mit der PSA- und der VT/M-Gruppe zu parallelisieren. Dennoch vermittelt die systematische Untersuchung der unbehandelten Kontrollgruppe für sich genommen die Einsicht, dass ADH-Symptome nicht einfach mit der Zeit remittieren. Da das methodische Vorgehen der Untersuchung und die Ergebnisse an anderer Stelle ausgeführt wurden (Laezer, Neubert u. Leuzinger-Bohleber, 2010), fassen wir die Ergebnisse in diesem Rahmen nur kurz zusammen. Sechs Jahre nach dem Beginn der Frankfurter Präventionsstudie wurden 2009 diejenigen Kinder nachuntersucht, die in der unbehandelten Kontrollgruppe während der Frankfurter Präventionsstudie (Leuzinger-Bohleber u. Fischmann, 2010) keine Interventionen erhalten hatten. Dafür wurden nur solche Kinder ausgewählt, die hinsichtlich ihrer Baseline-Werte (2003) auf den Skalen der Aggressivität und/oder der Hyperaktivität hohe Werte aufwiesen (Döpfner, Berner, Fleischmann u. Schmidt, 1993), bereits im Kindergarten mit drei bzw. vier Jahren von ihren Erzieherinnen als auffällig beschrieben wurden und für die – wie wir aus verschiedenen Langzeitstudien wissen – das Risiko der Entwicklung einer Psychopathologie oder späteren delinquenten Verhaltens im Jugendalter besonders hoch ist (vgl. Laucht, 2009). Von 96 Kindern, die den Auswahlkriterien entsprachen, konnten die Adressen von 76 Kindern über das Landesschulamt recherchiert und 69 Familien angeschrieben werden. Von schließlich 25 teilnehmenden Familien wurden die Daten von 21 Familien durch telefonische Interviews erhoben, vier Familien sandten die Fragebögen per Post an das Sigmund-Freud-Institut zurück. Die Kinder waren zum Zeitpunkt der Nacherhebung zwischen neun und elf Jahre alt.

Eines der zentralen Ergebnisse der Nachuntersuchung war, dass die mit dem Elternfragebogen (CPRS; Conners, 2001) erhobenen Ausprägungen des oppositionellen Verhaltens, der Unaufmerksamkeit und des ADHS-Index keinen statistisch signifikanten Rückgang sechs Jahre nach der Ersterhebung zeigten. Die Werte blieben auf hohem Niveau. Lediglich für die Subskala der Hyperaktivität konnte ein statistisch signifikanter Rückgang beobachtet werden. Dieses Ergebnis, dass sich ADH-Symptome nicht mit der Zeit »auswachsen«, steht im Einklang mit Ergebnissen anderer Forscher. Die Reduktion lediglich der Hypermotorik bei Jugendlichen beobachteten auch Adam, Döpfner und Lehmkuhl (2002) sowie Retz-Junginger, Sobanski, Alm, Retz und Rösler (2008). Ingram, Hechtman und Morgenstern (1999) stellten in ihrer Übersichtsarbeit zu Langzeituntersuchungen bei Adoleszenten mit ADHS fest, dass bei 70 % bis 80 % der Adoleszenten die Kernsymptome der ADHS-Diagnose weiter bestehen blieben. Sobanski und Alm (2004) stellten eine Persistenz des ADH-Syndroms bei 50 % der untersuchten Personen im Erwachsenenalter fest. Zu einem ähnlichen Befund kamen auch Tischler, Schmidt, Petermann und Koglin (2010). Diese Ergebnisse verstehen wir als einen indirekten Beleg dafür, dass sich die Kinder in der PSA- und VT/M-Gruppe mit hoher Wahrscheinlichkeit nicht allein aufgrund des Älterwerdens und ihrer Reifung gebessert haben.

Ein abschließendes Plädoyer für eine multiperspektivische Betrachtung »beschleunigter Jungen«

Im Rahmen dieses Beitrags konnten die komplexen Hintergründe, die zu der enormen Zunahme der Diagnose ADHS vor allem bei Jungen und ihrer medikamentösen Behandlung führen, nur erwähnt, aber nicht diskutiert werden. Wie wir in anderen Arbeiten ausführten, scheint uns wichtig, solche für viele Eltern zwar entlastenden, zugleich aber auch stigmatisierenden Diagnosen immer und immer wieder kritisch zu hinterfragen.

Abschließend möchten wir nur noch eine Perspektive herausgreifen, die sich aus dem aktuellen Dialog zwischen Psychoanalyse und den Neurowissenschaften ergibt (vgl. dazu Leuzinger-Bohleber, 2015) und für den hier interessierenden Problembereich der »beschleunigten Jungen« relevant ist. Der wohl bekannteste Forscher der sogenannten Affective Neurosciences, Jaak Panksepp (1998), weist aufgrund jahrelanger Forschung darauf hin, dass sich bei denjenigen Ratten, die sich vor anderen durch eine auffallende Vitalität, ein besonders lebhaftes »Temperament« auszeichnen, gezeigt hat, dass diese Tiere ihr sogenanntes »rough and tumble playing«, das heißt die aktive, quirlige Exploration ihrer Umwelt, brauchen, um die neokortikalen Kontrollfunktionen auszubilden, die sie zu einem »produktiven Umgang« mit ihrer genetisch bedingten Vitalität befähigt. Unterbindet man das lebhafte, »hyperaktive« Spiel- und Explorationsverhalten, etwa durch sedierende Medikamente, hat diese kurzfristige »Beruhigung« einen langfristigen Preis: Die Ratten verlieren ihre besondere Begabung kreativer Problemlösung. Panksepp nimmt diese Forschungsergebnisse zum Anlass für einige grundlegende Reflexionen zum Umgang mit sogenannten ADHS-Kindern in unseren westlichen Gesellschaften. Er plädiert dabei leidenschaftlich für die Bedeutung des kreativen, freien Spiels von Kleinkindern – und nimmt dezidiert gegen eine frühe »Ruhigstellung« durch Amphetamine Stellung. So schreibt er u. a.:

»Except for a minority of cases involving distinct medical problems such as hyperthyroidism and explicit brain injuries, most youngster diagnosed with ADHD may simply be normal, highly playful children who have difficulties adjusting to certain institutional expectations [...]
- From this perspective, much of ADHD may need to be substantially reconceptualized as a symptom of our contemporary society and our modes of regulating children's behavior, rather than a symptom of any neurobiological imbalance or disorder [...].
- Can psychostimulans modify the neural plasticity (learning and other semipermanent neural changes) that characterize childhood?« (Panksepp, 1998, S. 92 f.).

In eine ähnliche Richtung zielten unsere eigenen interdisziplinären Konzeptualisierungen der Frankfurter Präventionsstudie, wie überhaupt alle unsere psychoanalytischen Präventionsstudien (vgl. www.sigmund-freud-institut.de). Sie basieren auf einem Verständnis früher Entwicklungsprozesse, wie sie seit einigen Jahren in der sogenannten »Embodied Cognitive Science« in grundlagenwissenschaftlichen interdisziplinären Studien zum Gedächtnis formuliert werden (vgl. dazu u. a. Leuzinger-Bohleber, 2015; Leuzinger-Bohleber, Emde u. Pfeifer, 2013). Immer schon hat die Psychoanalyse postuliert, dass gerade früheste Erfahrungen unbewusst späteres – »gesundes« und »krankes« – Verhalten prägen, das heißt, dass unbewusste Erinnerungen unser Denken, Fühlen und Handeln beeinflussen. Seit 25 Jahren beschäftigen sich Rolf Pfeifer und Marianne Leuzinger-Bohleber mit der grundlagentheoretischen Frage, welche *Gedächtnismodelle* diese klinisch-psychoanalytischen Erfahrungen und Erkenntnisse am adäquatesten abbilden bzw. welche psychoanalytischen Erklärungen und Gedächtnistheorien die geringsten Widersprüche zu Gedächtnistheorien aus den Neurowissenschaften aufweisen, obschon diese auf gänzlich anderen Daten beruhen.

Gerade die Gedächtnismodelle der »klassischen« Psychoanalyse mussten aufgrund neuerer neurowissenschaftlicher Studien in den letzten Jahren stark modifiziert werden, da sie sich als nicht mehr kompatibel mit diesem Wissen erwiesen. Aber auch in der Cognitive Science hat sich in den letzten Jahren ein Paradigmenwechsel bezüglich des Verständnisses von Gedächtnis vollzogen (vgl. dazu u. a. auch Leuzinger-Bohleber u. Pfeifer, 2002, 2006). Bei diesen Theorieentwicklungen werden vor allem Ergebnisse der biologisch orientierten Gedächtnisforschung berücksichtigt, die belegen, dass die Computermetapher, die noch heute vielen Gedächtnistheorien und auch dem psychoanalytischen Repräsentanzenmodell zugrunde liegt, falsch ist (etwa wenn wir von »Speichern« sprechen, die im Langzeitgedächtnis enthalten seien und aus denen Wissen ins »Kurzzeitgedächtnis« transferiert werde). Lebende Systeme sind zu einer ständigen Adaptation an eine sich dauernd verändernde Umwelt gezwungen. Wissen aus früheren Situationen wird dabei benutzt, muss aber immer wieder »umgeschrieben« und an die neue Situation angepasst werden. Daher wird Gedächtnis heute verstanden als ein aktiver, kreativer Vorgang des gesamten Organismus, der auf sensomotorisch-affektiven Koordinationsprozessen und den damit in Zusammenhang stehenden »automatischen«, sich ständig adaptierenden Rekategorisierungsprozessen beruht. Gedächtnis ist also kein vorwiegend kognitives Geschehen, sondern ist immer »embodied« (vgl. u. a. Leuzinger-Bohleber u. Pfeifer, 2002).

Interessant war nun, dass – bezogen auf mögliche Erklärungen der Entstehung von ADHS und anderen psychosozialen Integrationsstörungen – Neurobiologen und Hirnforscher (etwa wie schon erwähnt Panksepp, 1998, oder Hüther, 2006) Konzepte zur Bedeutung früher Regulationsmechanismen sowie der Entwicklung des Gehirns vorgelegt haben, die sich mit den eben skizzierten exzellent verbinden lassen. Um dies hier verkürzt zusammenzufassen:

Das Gehirn funktioniert nicht wie eine Maschine, deren Defekte (z. B. bei ADHS ein »Defekt« im Neurotransmitter-Regulationssystem) sinnvollerweise durch »Tricks« oder durch ein Medikament funktional auszugleichen sind. Vielmehr ist das Gehirn ein lebendiges, biologisches System mit einer enormen Neuroplastizität, das sich nur in ständiger Auseinandersetzung mit der Umwelt weiterentwickelt und – wie Gerald D. Edelman in seinen beeindruckenden Arbeiten (z. B. Edelman, 1987, 1992) gezeigt hat – ohne interagierende, sensomotorisch-affektive Koordinationen nicht dazu in der Lage ist, Kategorien zu entwickeln, das heißt, sich selbst und die Umwelt inmitten aller Veränderungen zu verstehen. Norman Doidge

(2010) kommt aufgrund seiner Übersichtsarbeiten zur Neuroplastizität zu einer ähnlichen Folgerung: Sogar wenn genetisch oder durch frühe problematische Beziehungserfahrungen »Defizite« in der Affektregulation, der motorischen Steuerungs- und Konzentrationsfähigkeit vorliegen sollten, können durch alternative, intensive Beziehungserfahrungen (wie sie in den psychoanalytischen Therapien angeboten werden) die neuroplastischen Fähigkeiten des Gehirns gerade in den ersten Lebensjahren in erstaunlicher Weise genutzt werden, um Schwächen in bestimmten psychischen und psychosozialen Bereichen »nachzuentwickeln« (vgl. Leuzinger-Bohleber, Röckerath u. Strauss, 2010).

In diesem Sinne gibt es auch kein vom Körper losgelöstes Denken: Alle seelischen und geistigen Prozesse sind »embodied«, das heißt an Informationsaufnahme und -verarbeitung des gesamten Körpers gebunden. Diese Konzeptualisierungen führen zu spannenden theoretischen Debatten, zum Beispiel zu der These von Antonio Damasio, dass der klassische Descartes'sche Dualismus: hier Körper – da Seele in diesem Sinne überholt ist: Körper und Seele bilden eine untrennbare Einheit (vgl. Damasio, 1999).

Diese Überlegungen sind jedoch nicht nur von theoretischem Interesse. Sie erweisen sich auch für den praktischen Umgang von Eltern, Erzieherinnen und Therapeuten mit Kindern als entscheidend. Fehlgelaufene Entwicklungen – neurobiologische und psychische – können also durch geeignete, adäquatere Beziehungs- und Umwelterfahrungen noch weitgehend korrigiert oder wenigstens abgemildert werden. Diese Chance wird durch eine medikamentöse Behandlung, die – aufgrund des oben skizzierten veralteten »Maschinenmodells« des Gehirns – einen postulierten Defekt pharmakologisch auszugleichen versucht, weitgehend vergeben.

Daher versuchen psychoanalytische Kindertherapeuten und -therapeutinnen in der oben diskutierten Frankfurter ADHS-Wirksamkeitsstudie sowie in den verschiedenen Präventionsprojekten, statt möglichen neurobiologischen oder psychischen Defiziten ausschließlich mit medikamentösen Behandlungen zu begegnen, mithilfe pädagogischer und psychoanalytischer Beziehungsangebote dem betroffenen Kind (bzw. seinem Gehirn) die Chance zu geben, fehlgeleitete Bindungs- und Beziehungserwartungen durch neue, adäquatere Erfahrungen zu korrigieren und dadurch der Selbst- und Identitätsentwicklung eine andere Richtung zu geben. Nehmen wir die erwähnten neurobiologischen Forschungsergebnisse ernst, bedeutet dies gleichzeitig, fehlgeleitete Verknüpfungen in den neuronalen Netzwerken der Kinder zu schwächen und stattdessen neue, adäquatere neuronale Verknüpfungen zu unterstützen.

Solche Chancen können verpasst bzw. nicht optimal genutzt werden. Diese Gefahr haben wir im Auge, wenn wir in unserer ersten Publikation zu ADHS von einer »Medikalisierung[5] sozialer Probleme« sprechen (vgl. Amft, 2006; Gerspach, 2006; Mattner, 2006). Eine medikamentöse Behandlung kann zwar in einzelnen Fällen eine wichtige Maßnahme sein, um psychische und psychosoziale Eskalationen zu unterbrechen und soziale Stigmatisierungen bis hin zum Ausschluss des Kindes aus dem Kindergarten oder der Schule zu verhindern. Allerdings wird aus psychoanalytischer und neurobiologischer Sicht dem Kind hierdurch die Möglichkeit der Entwicklung

---

5 Damasio (1997, S. 350f.) thematisiert diese Gefahr ebenfalls, wenn er schreibt: »Ich denke, die Neurobiologie und die Medizin müssten höchste Anstrengungen unternehmen, um Leiden der oben beschriebenen Art zu lindern. Ein ebenso wichtiges Anliegen der biomedizinischen Bemühungen müssten die Leiden bei Geisteskrankheiten sein. Doch was man gegen das Leid tun kann, das aus persönlichen und sozialen Konflikten außerhalb des medizinischen Sektors erwächst, ist eine ganz andere und völlig offene Frage. Gegenwärtig ist der Trend zu beobachten, überhaupt keinen Unterschied zu machen und jeglichem Unbehagen mit medizinischen Mitteln zu Leibe zu rücken. Die Vertreter dieser Richtung führen ein bestechend klingendes Argument ins Feld. Wenn beispielsweise ein Anstieg der Serotoninkonzentration nicht nur Depressionen lindert, sondern auch Aggressionen dämpft, die Schüchternheit reduziert und das Selbstbewusstsein stärkt, warum soll man sich dann diesen Umstand nicht zunutze machen? Muß man nicht ein schlimmer Spielverderber und Puritaner sein, um einem Mitmenschen die Vorzüge aller Wundermittel vorzuenthalten? Das Problem liegt natürlich darin, dass die Situation aus vielen Gründen nicht so eindeutig ist. Erstens sind die langfristigen biologischen Wirkungen der Medikamente unbekannt. Zweitens wissen wir nicht, welche Folgen eine gesellschaftlich so verbreitete Medikamentenverwendung hätte. Drittens und vielleicht am wichtigsten: Wenn die vorgeschlagene Lösung für individuelles und soziales Leiden die Ursachen für individuellen und sozialen Konflikt außer acht lässt, dann dürfte sie nicht lange Bestand haben. Vielleicht behandelt sie ein Symptom, aber an den Wurzeln der Krankheit verändert sie nichts.«

innerer Selbststeuerungsprozesse zum Umgang mit seinen Affekten, Impulsen und Konflikten vorenthalten. Dies kann nur durch einen verstehenden Zugang zum Kind in empathischen, tragfähigen emotionalen Beziehungen geschehen. Wir wissen, dass dies ein anspruchsvolles, zeitaufwendiges und immer wieder neu ins Bewusstsein von uns allen zu hebendes Vorhaben ist. Die Ergebnisse der Frankfurter ADHS-Wirksamkeitsstudie scheinen dafür zu sprechen, dass sich dieser Aufwand lohnt. Die kindliche Seele und das kindliche Gehirn sind noch derart plastisch, anpassungs- und lernfähig, dass auch schwere frühinfantile Traumatisierungen durch korrigierende emotionale Beziehungserfahrungen in den ersten Lebensjahren in ihrer Wirkung relativiert werden können und die weitere Entwicklung in eine progressive Richtung gelenkt werden kann. Dabei ist der Aufwand, wie schon verschiedentlich erwähnt, verglichen mit Verhaltensänderungen bei Erwachsenen, relativ gering – eine enorme Chance für Frühpräventionen und -interventionen! Das einleitende Fallbeispiel sollte dies illustrieren (vgl. auch die eindrücklichen Fallberichte von Gaertner, Laezer, Tischer u. Leuzinger-Bohleber, 2014).

Zusammenfassend postulieren wir wie viele psychoanalytische Autorinnen und Autoren, dass einem oberflächlich homogenen Bild des hyperaktiven, aufmerksamkeitsgestörten Verhaltens von Kindern ganz unterschiedliche frühe Beziehungsschicksale zugrunde liegen können. Allerdings scheinen sie eine gemeinsame schmerzliche Früherfahrung zu teilen: Sie haben entweder bedingt durch äußere Ereignisse und damit verbundene frühe Traumatisierungen (so z. B. im Zusammenhang mit Krieg und Verfolgung, Unfällen, Krankheiten) oder aber in ihren primären Objektbeziehungen zu wenig die zentrale, basale Erfahrung des Zusammenseins mit einem »hinreichend guten« Objekt machen können, das zuverlässig die Spitzenaffekte des Säuglings zu lindern und milde, angenehme, positive Erfahrungen als die psychisch dominierenden zu vermitteln in der Lage war. Durch diese Defizite wurden sowohl die Entwicklung der Trieb- und Affektregulation als auch die eines stabilen, tragenden Kernselbstgefühls und sicherer Grenzen zwischen Objekt- und Selbstrepräsentanzen erschwert.

Auf diesem Hintergrund bieten Medikamente aus psychoanalytischer Perspektive eine Hilfe in einer akuten (sozialen) Eskalation, aber kaum eine kausale Bearbeitung der frühen Affektregulationsstörung dieser Kinder. Nur in einer intensiven (therapeutischen) Beziehung mit einem verstehenden Zugang zur individuellen komplexen Lebens- und Traumageschichte kann dem Kind/Jugendlichen zu einer nachhaltigen Veränderung verholfen werden. So plädieren wir im Umgang mit »beschleunigten Jungen« bzw. Kindern mit einer sogenannten ADHS-Problematik dafür, eine multiperspektivische Betrachtung einzunehmen: »Nature *and* nurture«, Neurobiologie *und* frühe Beziehungserfahrungen, biologische *und* gesellschaftliche Faktoren, individuelle *und* institutionelle Determinanten verdienen eine sorgfältige Berücksichtigung und kritische Reflexion.

Literatur

Achenbach, T. M. (1991). Integrative guide to the 1991 CBCL/4–18, YSR, and TRF profiles. Burlington, VT: University of Vermont, Department of Psychology.

Adam, C., Döpfner, M., Lehmkuhl, G. (2002). Der Verlauf von Aufmerksamkeitsdefizit-/Hyperaktivitätsstörung (ADHS) im Jugend- und Erwachsenenalter. Kindheit und Entwicklung, 11 (2), 73–81.

ADHS-Netzwerk – Arbeitsgemeinschaft ADHS der Kinder- und Jugendärzte e. V. (2007). ADHS bei Kindern und Jugendlichen (Aufmerksamkeits-Defizit-Hyperaktivitäts-Störung). Aktualisierung des Kapitels Medikation 2009. Zugriff am 26.04.2013 unter http://www.agadhs.de/uploads/Leitlinie2009.pdf

American Psychiatric Association (1994). Diagnostic and Statistical Manual for Mental Disorders (4th ed.). Washington, DC: American Psychiatric Association.

Amft, H. (2006). ADHS: Hirnstoffwechselstörungen und/oder Symptom einer kranken Gesellschaft? Psychopharmaka als Mittel einer gelingenden Naturbeherrschung am Menschen. In M. Leuzinger-Bohleber, Y. Brandl, G. Hüther (Hrsg.), ADHS – Frühprävention statt Medikalisierung. Theorie, Forschung, Kontroversen (S. 70–90). Göttingen: Vandenhoeck & Ruprecht.

Arbeitsgruppe Deutsche Child Behavior Checklist (1993). Lehrerfragebogen über das Verhalten von Kindern und Jugendlichen; deutsche Bearbeitung der Teacher's Report Form (TRF) der Child Behavior Checklist. Einführung und Anleitung zur Handauswertung, bearb. von M. Döpfner u. P. Melchers. Köln: Arbeitsgruppe Kinder-, Jugend- und Familiendiagnostik.

Arbeitsgruppe Deutsche Child Behavior Checklist (1998). Elternfragebogen über das Verhalten von Kindern und Jugendlichen; deutsche Bearbeitung der Child Behavior Checklist (CBCL/4–18). Einführung und Anleitung zur Handauswertung. Köln: Arbeitsgruppe Kinder-, Jugend- und Familiendiagnostik.

Bachmann, M., Bachmann, C., Rief, W., Mattejat, F. (2008). Wirksamkeit psychiatrischer und psychotherapeutischer Behandlungen bei psychischen Störungen von Kindern und Jugendlichen. Eine systematische Auswertung der Ergebnisse von Metaanalysen und Reviews. Teil II: ADHS und Störung des Sozialverhaltens. Zeitschrift für Kinder- und Jugendpsychiatrie und Psychotherapie, 36 (5), 321–333.

Banaschewski, T., Coghill, D., Santosh, P., Zuddas, A., Asherson, P., Buitellar, J., Danckaerts, M., Döpfner, M., Faraone, S. V., Rothenberger, A., Sergeant, J., Steinhausen, H.-C., Sonuga-Barke, E. J. S., Taylor, E. (2006). Long-acting medications for the hyperkinetic disorders: A systematic review and European treatment guideline. European Child & Adolescent Psychiatry, 15, 476–495.

Barmer GEK (Hrsg.) (2013). Arztreport 2013. Schwerpunkt Aufmerksamkeitsdefizit-/Hyperaktivitätsstörungen ADHS. Schriftenreihe zur Gesundheitsanalyse, 18. Zugriff am 26.04.2013 unter https://www.barmer-gek.de/barmer/web/Portale/Versicherte/Rundum-gutversichert/Infothek/Wissenschaft-Forschung/Reports/Arztreport-2013/Arztreport-2013.html

Berger, I., Dor, T., Nevo, Y., Goldzweig, G. (2008). Attitudes toward attention-deficit hyperactivity disorder (ADHD) treatment: Parents' and children's perspectives. J Child Neurol, 23, 1036–1042.

Borowski, D., Bovensiepen, G., Dammasch, F., Hopf, H., Staufenberg, H., Streeck-Fischer, A. (2010). Leitlinie zu Aufmerksamkeits- und Hyperaktivitätsstörungen. Analytische Kinder- und Jugendlichenpsychotherapie, 41 (146), 238–274.

Bundesärztekammer (Hrsg.) (2005). Stellungnahme zur »Aufmerksamkeitsdefizit-/Hyeraktivitätsstörung (ADHS)« – Langfassung. Zugriff am 02.04.2013 unter http://www.bundesaerztekammer.de/downloads/ADHSLang.pdf

Chisholm, D., Knapp, M. R. J., Knudsen, H. C., Amaddeo, F., Gaite, B., van Wijngaarden, B., Epsilon Study Group (2000). Client Socio-Demographic and Service Receipt Inventory – European Version: Development of an instrument for international research. BMJ, 177, 28–33.

Conners, C. K. (2001). Conners' Rating Scales – Revised. Technical Manual. Instruments for use with Children and Adolescents. New York u. Toronto: Multi-Health Systems Inc.

Damasio, A. (1997). Descartes' Irrtum. Fühlen, Denken und das menschliche Gehirn. München: dtv.

Damasio, A. (1999). The feeling of what happens. Body and emotion in the making of consciousness. New York: Harcourt Brace & Company.

Deutsche Gesellschaft für Kinder- und Jugendpsychiatrie und Psychotherapie u. a. (Hrsg.) (2007). Leitlinien zur Diagnostik und Therapie von psychischen Störungen im Säuglings-, Kindes- und Jugendalter (S. 239–254). Köln: Deutscher Ärzte-Verlag.

Dilling, H., Mombour, W., Schmidt, M. H., Schulte-Markwort, E. (2011) (Hrsg.). Internationale Klassifikation psychischer Störungen, ICD-10. Kapitel V (F): Diagnostische Kriterien für Forschung und Praxis (5. Aufl.). Bern: Huber.

Doidge, N. (2010). Wie wir Gespenster in Vorfahren verwandeln. Die Psychoanalyse als neuroplastische Therapie. In M. Leuzinger-Bohleber, K. Röckerath, L. V. Strauss (Hrsg.), Depression und Neuroplastizität. Frankfurt a. M.: Brandes & Apsel.

Döpfner, M., Berner, W., Fleischmann, T., Schmidt, M. (1993). VBV 3–6, Verhaltensbeurteilungsbogen für Vorschulkinder (S. 31–63). Weinheim: Beltz.

Döpfner, M., Lehmkuhl, G. (2003). Diagnostik-System für psychische Störungen im Kindes- und Jugendalter nach ICD-10 und DSM-IV (DISYPS-KJ). Bern: Huber.

Döpfner, M., Schürmann, S., Frölich, J. (1998). Therapieprogramm für Kinder mit hyperkinetischem und oppositionellem Problemverhalten THOP: Materialien für die klinische Praxis. Weinheim: Beltz.

Edelman, G. (1987). Neural Darwinism: The theory of neural group selection. New York: Basic Books.

Edelman, G. (1992). Bright Air, brilliant fire: In the matter of the mind. New York: Basic Books.

Englert, E., Jungmann, J., Lam, L., Wienand, F., Poustka, F. (1998). Basisdokumentation Kinder- und Jugendpsychiatrie (BADO). Kommission Qualitätssicherung, DGKJP/BAG/BKJPP.

Evans, W. N., Morrill, M. S., Parente, S. T. (2010). Measuring inappropriate medical diagnosis and treatment in survey data: The case of ADHD among school-age children. Journal of Health Economics, 29, 657–673.

Furman, L. M. (2008). Attention-deficit hyperactivity disorder (ADHD): Does new research support old concepts? Journal of Child Neurology, 23, 775–784.

Gaertner, B., Laezer, K. L., Tischer, I., Leuzinger-Bohleber, M. (2014). Mutter und Kind in depressiver Verklammerung – drei Fallstudien zur frühen Genese des sogenannten ADH-Syndroms sowie der Störung des Sozialverhaltens. Zeitschrift für Analytische Kinder- und Jugendlichen-Psychotherapie, 164 (4), 521–559.

Gerspach, M. (2006). Zum Verstehen von Kindern mit Aufmerksamkeitsstörungen. In M. Leuzinger-Bohleber, Y. Brandl, G. Hüther (Hrsg.), ADHS – Frühprävention statt Medikalisierung. Theorie, Forschung, Kontroversen (S. 91–110). Göttingen: Vandenhoeck & Ruprecht.

Graham, J., Banaschewski, T., Buitelaar, J., Coghill, D., Danckaerts, M., Dittmann, R. W. …, Taylor, E. (2011). European Guidelines Group: European guidelines on managing adverse effects of medication for ADHD. European Child & Adolescent Psychiatry, 20, 17–37.

Grasmann, D., Stadler, C. (2008). Verhaltenstherapeutisches Intensivtraining zur Reduktion von Aggression. Multimodales Programm für Kinder, Jugendliche und Eltern. Wien u. New York: Springer.

Greely, H., Sahakian, B., Harris, J., Kessler, R. C., Gazzaniga, M., Campell, P., Farah, M. J. (2008). Towards responsible use of cognitive-enhancing drugs in the healthy. Nature, 456, 702–705.

Hilsenroth, M. J., Cromer, T., Ackerman, S. (2012). How to make practical use of therapeutic alliance research in your clinical work. In R. A. Levy, J. S. Ablon, H. Kaechele (Eds.), Psychodynamic psychotherapy research: Evidence-based practice and practice-based evidence (pp. 361–380). New York, NY: Springer Press.

Hüther, G. (2006). Die nutzungsabhängige Herausbildung hirnorganischer Veränderungen bei Hyperaktivität und Aufmerksamkeitsstörungen. Einfluss präventiver Maßnahmen und therapeutischer Interventionen. In M. Leuzinger-Bohleber, Y. Brandl, G. Hüther (Hrsg.), ADHS – Frühprävention statt Medikalisierung. Theorie, Forschung, Kontroversen (S. 222–238). Göttingen: Vandenhoeck & Ruprecht.

Ingram, S., Hechtman, L., Morgenstern, G. (1999). Outcome issues in ADHD: Adolescent and adult long-term outcome. Mental Retardation and Developmental Disabilities Research Reviews, 5, 243–250.

International Narcotics Control Board (2013). Report of the International Narcotics Control Board for 2012. E/INCB/2012/1. United Nations Publication, New York, published 5th of March 2013, eISBN: 978-92-1-055936-8.

Jensen, P. S., Arnold, L. E., Swanson, J. M., Vitiello, B., Abikoff, H. B., Greenhill, L. L. ..., Hur, K. (2007). 3-year follow-up of the NIMH MTA study. Journal of the American Academy of Child & Adolescent Psychiatry, 46 (8), 989–1002.

Krowatschek, D., Albrecht, S., Krowatschek, G. (2004). Marburger Konzentrationstraining (MTK) für Schulkinder (6. Aufl.). Dortmund: Borgmann.

Laezer, K. L. (2015). Effectiveness of psychoanalytic psychotherapy and behavioral therapy treatment in children with attention deficit hyperactivity disorder and oppositional defiant disorder. Journal of Infant, Child and Adolescent Psychotherapy; doi: 10.1080/15289168.2015.1014991.

Laezer, K. L., Neubert, V., Leuzinger-Bohleber, M. (2010). Wachsen sich ADH-Symptome mit der Zeit aus? Ergebnisse der Nacherhebung der unbehandelten Kontrollgruppe der Frankfurter Präventionsstudie. Analytische Kinder- und Jugendlichen-Psychotherapie, 4, 558–578.

Laezer, K. L., Tischer, I., Gaertner, B., Leuzinger-Bohleber, M. (2014). Forschungsbericht: Psychoanalytische und verhaltenstherapeutisch/medikamentöse Behandlung von Kindern mit Desintegrationsstörungen. Ergebnisse der Frankfurter ADHS-Wirksamkeitsstudie. Zeitschrift für Analytische Kinder- und Jugendlichen-Psychotherapie, 164 (4), 451–493.

Laezer, K. L., Tischer, I., Gaertner, B., Leuzinger-Bohleber, M. (2015). Aufwendige Langzeit-Psychotherapie und kostengünstige medikamentengestützte Verhaltenstherapie im Vergleich. Ergebnisse einer gesundheitsökonomischen Analyse der Behandlungskosten von Kindern mit der Diagnose ADHS und Störung des Sozialverhaltens. Gesundheitsökonomie & Qualitätsmanagement, 20, 1–8; doi: 10.1055/s-0034–1398880.

Laucht, M. (2009). Vulnerabilität und Resilienz in der Entwicklung von Kindern: Ergebnisse der Mannheimer Längsschnittstudie. In K. H. Brisch (Hrsg.), Bindung und Trauma: Risiken und Schutzfaktoren für die Entwicklung von Kindern (S. 53–71). Stuttgart: Klett-Cotta.

Leuzinger-Bohleber, M. (2009). Frühe Kindheit als Schicksal? Trauma, Embodiment, Soziale Desintegration. Psychoanalytische Perspektiven. Mit kinderanalytischen Fallberichten von Angelika Wolff und Rose Ahlheim. Stuttgart: Kohlhammer.

Leuzinger-Bohleber, M. (2010). Psychoanalytic preventions/interventions and playing »rough-and-tumble« games: Alternatives to medical treatments of children suffering from ADHD. Int J Appl Psychoanal Studies, 7 (4), 332–338.

Leuzinger-Bohleber, M. (2015). Finding the body in the mind. Embodied memories, trauma and depression. London: Karnac.

Leuzinger-Bohleber, M., Emde, R. N., Pfeifer, R. (Hrsg.) (2013). Embodiment – ein innovatives Konzept für Entwicklungsforschung und Psychoanalyse. Göttingen: Vandenhoeck & Ruprecht.

Leuzinger-Bohleber, M., Fischmann, T. (2010). Attention-deficit-hyperactivity disorder (AD/HD): A field for contemporary psychoanalysis? Some clinical, conceptual and neurobiological considerations based on the Frankfurt Prevention Study. In J. Tsiantis, J. Trowell (Eds.), Assessing Change in psychoanalytic psychotherapy of children and adolescents (pp. 139–176). London: Karnac.

Leuzinger-Bohleber, M., Fischmann, T., Laezer, K. L., Pfenning-Meerkötter, N., Wolff, A., Green, J. (2011). Frühprävention psychosozialer Störungen bei Kindern mit belasteten Kindheiten. Psyche – Zeitschrift für Psychoanalyse, 65, 989–1022.

Leuzinger-Bohleber, M., Gaertner, B., Laezer, K. L., Tischer, I. (2014). Psychoanalyse: eine »spezifische Wissenschaft des Unbewussten«. Zum Kommunikationsversuch zwischen klinischer und extraklinischer Forschung in einer Therapiewirksamkeitsstudie zu Kindern mit einem sogenannten »ADHS«. Zeitschrift für Analytische Kinder- und Jugendlichen-Psychotherapie, 164 (4), 423–450.

Leuzinger-Bohleber, M., Pfeifer, R. (2002). Remembering a depressive primary object. The International Journal of Psychoanalysis, 83 (1), 3–33.

Leuzinger-Bohleber, M., Pfeifer, R. (2006). Recollecting the past in the present: Memory in the dialogue between psychoanalysis and cognitive science. Psychoanalysis and Neuroscience, 63–95.

Leuzinger-Bohleber, M., Röckerath, K., Strauss, L. V. (Hrsg.) (2010). Depression und Neuroplastizität. Psychoanalytische Klinik und Forschung. Frankfurt a. M.: Brandes & Apsel.

Leuzinger-Bohleber, M., Staufenberg, A., Fischmann, T. (2007). ADHS – Indikation für psychoanalytische Behandlungen? Einige klinische, konzeptuelle und empirische Überlegungen ausgehend von der Frankfurter Präventionsstudie. Praxis der Kinderpsychologie und Kinderpsychiatrie, 56, 356–385.

Mattejat, F., Remschmidt, H. (2006). Inventar zur Erfassung der Lebensqualität bei Kindern und Jugendlichen (ILK). Ratingbogen für Kinder, Jugendliche und Eltern. Bern: Huber.

Mattner, D. (2006). ADS – die Biologisierung abweichenden Verhaltens. In M.

Leuzinger-Bohleber, Y. Brandl, G. Hüther (Hrsg.), ADHS – Frühprävention statt Medikalisierung. Theorie, Forschung, Kontroversen (S. 51–69). Göttingen: Vandenhoeck & Ruprecht.

Panksepp, J. (1998). Attention deficit hyperactivity disorders, psychostimulants, and intolerance of childhood playfulness: A tragedy in the making? Current Directions in Psychological Science, 7 (3), 91–98.

Retz-Junginger, P., Sobanski, E., Alm, B., Retz, W., Rösler, M. (2008). Alters- und geschlechtsspezifische Besonderheiten der Aufmerksamkeitsdefizit-/Hyperaktivitätsstörung. Der Nervenarzt, 7, 809–819.

Sobanski, E., Alm, B. (2004). Aufmerksamkeitsdefizit-/Hyperaktivitätsstörung (ADHS) bei Erwachsenen. Der Nervenarzt, 7, 697–716.

Staufenberg, A. (2011). Zur Psychoanalyse der ADHS. Manual und Katamnese. Frankfurt a. M.: Brandes & Apsel.

Swanson, J., Arnold, L. E., Kraemer, H., Hechtman, L., Molina, B., Hinshaw, S., MTA Cooperative Group (2008). Evidence, interpretation, and qualification from multiple reports of long-term outcomes in the multimodal treatment study of children with ADHD (MTA): part I: executive summary. J Atten Disord, 12 (1), 4–14; doi: 10.1177/1087054708319345.

Tischer, I., Laezer, K. L., Gaertner, B., Leuzinger-Bohleber, M. (2014). Unter der Lupe betrachtet: Eine klinische Beschreibung charakteristischer Belastungsmomente der Kinder in der Frankfurter ADHS-Wirksamkeitsstudie. Zeitschrift für Analytische Kinder- und Jugendlichen-Psychotherapie, 164 (4), 495–519.

Tischler, L., Schmidt, S., Petermann, F., Koglin, U. (2010). ADHS im Jugendalter. Symptomwandel und Konsequenzen für Forschung und klinische Praxis. Zeitschrift für Psychiatrie, Psychologie und Psychotherapie, 58 (1), 23–34.

Van de Loo-Neus, G. H., Rommelse, N., Buitelaar, J. K. (2011). To stop or not to stop? How long should medication treatment of attention-deficit hyperactivity disorder be extended? Eur Neuropsychopharmacol, 21, 584–599.

Volkow, N. (2012). Long-term safety of stimulant use for ADHD: Findings from nonhuman primates. Neuropsychopharmacology, 37, 2551–2552.

WBP – Wissenschaftlicher Beirat Psychotherapie (2010). Methodenpapier des Wissenschaftlichen Beirats Psychotherapie nach § 11 PsychThG. Verfahrensregeln zur Beurteilung der wissenschaftlichen Anerkennung von Methoden und Verfahren der Psychotherapie. Version 2.8. Zugriff am 26.11.2013 unter http://www.wbpsychotherapie.de/downloads/Methodenpapier28.pdf

Die Autorinnen und Autoren

Peter Angerer, Prof. Dr., Arzt für Arbeitsmedizin, Umweltmedizin, Innere Medizin, Kardiologie und Direktor des Instituts für Arbeitsmedizin und Sozialmedizin, Centre for Health and Society an der Heinrich-Heine-Universität Düsseldorf.

Heribert Blaß, Dr., Facharzt für Psychosomatische Medizin und Psychotherapie, Arzt für Psychiatrie, Psychoanalytiker, Lehranalytiker der Deutschen Psychoanalytischen Vereinigung (DPV) und Leiter des zentralen Ausbildungsausschusses der DPV. Er ist niedergelassen in eigener Praxis in Düsseldorf.

Manfred Endres, Dr., Vorsitzender der Ärztlichen Akademie für Psychotherapie von Kindern und Jugendlichen e. V. (München), Facharzt für Psychosomatische Medizin, Lehranalytiker, Supervisor für Kinder, Jugendliche und Erwachsene (DGPT, MAP), Weiterbildung von Kinderärzten, Ausbildung von Sozialpädagogen und Psychologen in Psychoanalyse sowie niedergelassen in eigener Praxis.

Matthias Franz, Prof. Dr., Professor für Psychosomatische Medizin und Psychotherapie an der Universität Düsseldorf, Lehranalytiker (DPG, DGPT) und Facharzt für Psychosomatische Medizin und Psychotherapie, Facharzt für Neurologie und Psychiatrie, stellvertretender Direktor des Klinischen Institutes für Psychosomatische Medizin am Universitätsklinikum Düsseldorf, Vorsitzender der Akademie für Psychoanalyse und Psychosomatik Düsseldorf.

Birgit Gaertner, Prof. Dr., Professorin für Klinische Psychologie und Psychotherapie, Entwicklungs- und Sozialpsychologie an der Frankfurt University of Applied Sciences und Psychoanalytikerin (DPV).

André Karger, Facharzt für Psychosomatische Medizin und Psychotherapie, Facharzt für Psychiatrie, Psychoanalytiker (DGPT), ist Oberarzt am Klinischen Institut für Psychosomatische Medizin und Psychotherapie am Uniklinikum Düsseldorf.

Katrin Luise Laezer, Dipl.-Psych. und Dipl.-Soz., ist zurzeit wissenschaftliche Mitarbeiterin am Sigmund-Freud-Institut in verschiedenen Projekten.

Marianne Leuzinger-Bohleber, Prof. Dr., Professorin für Psychoanalyse an der Universität Kassel sowie geschäftsführende Direktorin des Sigmund-Freud-Instituts in Frankfurt am Main. Sie ist Lehranalytikerin (DPV) und Visiting Professor u. a. am University College London, Co Research Research Boards der International Psychoanalytical Association for Europe sowie Action Group der Society for Neuro-Psychoanalysis.

Anne Maria Möller-Leimkühler, Prof. Dr., leitende Dipl.-Sozialwissenschaftlerin, Psychiatrische Klinik für Psychiatrie und Psychotherapie, LMU München, Mitglied des wissenschaftlichen Beirats (Deutsche Gesellschaft für Mann, Gesundheit e. V., Stiftung Männergesundheit und andere) und Mitglied der Task Force on Men's Mental Health der World Federation of Societies of Biological Psychiatry.

Wolfgang Neumann, Dr., ist als Psychologe und Psychotherapeut in einer Psychologischen Praxis in Bielefeld tätig.

Peter Schneider, Prof. Dr., M.A., Privatdozent für klinische Psychologie und Psychoanalyse an der Universität Zürich, Vertretungsprofessor für Entwicklungs- und Pädagogische Psychologie an der Universität Bremen, Psychoanalytiker in eigener Praxis.

Christoph Schwamm, Promotionsstudent an der Universität Mannheim und Stipendiat des Institut für Geschichte der Medizin der Robert-Bosch-Stiftung.

Die Autorinnen und Autoren

Johannes Siegrist, Prof. Dr., emeritierter Lehrstuhlinhaber für Medizinische Soziologie, Seniorprofessor an der Universität Düsseldorf.

Bernhard Stier, Dr., niedergelassener Kinder- und Jugendarzt, ist stellvertretender Landesverbandsvorsitzender und Beauftragter für Jugendmedizin des Berufsverbandes Kinder- und Jugendärzte e. V. Hessen und des Netzwerkes »Jungen- und Männergesundheit«. Arbeitsschwerpunkte: Jugendmedizin, Jungenmedizin und -gesundheit, Pubertät.

Heino Stöver, Prof. Dr., ist Dipl.-Sozialwissenschaftler und geschäftsführender Direktor des Instituts für Suchtforschung der Frankfurt University of Applied Sciences.

Björn Süfke, Dipl.-Psych., ist seit 1998 als freiberuflicher Therapeut sowie in der Männerberatung in Bielefeld tätig.

Inka Tischer, Dipl.-Psych., arbeitet wissenschaftlich als Doktorandin im Themenbereich ADHS. Sie arbeitet psychotherapeutisch mit Kindern und Jugendlichen und führt psychologische Testverfahren durch.